붓다의 호흡 명상

붓다의 호흡명상

빠띠삼비다막가 호흡관,
정신·물질, 중도,
팔정도, 사성제

김근중 엮음

운주사

추천서

석가모니 부처님의 성도聖道는 사성제四聖諦로 알려져 있는데, 사성제는 단지 언어가 아닌 몸과 마음으로 실참하는 성스러운 진리의 발자취이다. 추천인이 일찍이 편역한 『법화경』을 이 책 저자가 수지독송하고 「화성유품」에서의 사성제를 통찰하기를 서원하였다. 「법사공덕품」에서의 육근이 청정한 무량한 삼매에서 정신·물질〔名色〕을 '이것에 조건성'인 연기緣起에서 꿰뚫고 알아 사성제의 바른 깨달음에 이르는 길〔八正道〕을 학자의 공덕으로 펼쳐 보였다.

금정산 범어사 화엄전에서 여천如天 무비無比

서경序經

온 세상, 모든 세계의 천신들이시여,
이 자리에 오셔서 위대하신 성자의
천상으로 태어나게 하고
대 자유를 얻을 수 있는
숭고한 가르침을 들으소서.
천인들이시여,
[이제 부처님의 가르침을 들을 시간입니다](3번)

1. Samanatā cakkavāḷesu, atrāgacchantu devatā Saddhammaṁ munirājassa, suṇantu saggamokkhadaṁ. [May deities of the entire universe assemble here and listen to the sublime Dhamma of the Great Sage which can bring about the heavenly states and freedom (Nibbana)]
2. Dhammassavanakālo ayam bhadantā.(3번)
   [Sirs, now is the time to listen to the Dhamma]

Anekajāti Pāḷi
Namo tassa bhagavato arahato sammāsambudhassa.
Namo tassa bhagavato arahato sammāsambudhassa.
Namo tassa bhagavato arahato sammāsambudhassa.
나모 땃사 바가와또 아라하또 삼마 삼붓다사 (3번)
[아라한이시며, 정등각자이신 그분 세존께 귀의합니다.]

머리말

석가모니 부처님이 걸으신 성도聖道의 자취는 괴로움을 떨쳐버리고 평온을 추구하는 현대인에게도 절실하다. 본서는 불제자들이 깨달음의 길에 함께하고, 성도의 자취를 받아 지녀 탐·진·치가 준 병에서 회복할 수 있는 수행 지침서이다. 성도는 사성제四聖諦로 알려졌지만 단지 언어로 아는 진리가 아니고 '깨달음에 이르는 길'이라고 하는 팔정도八正道에서 사성제의 큰 발자국을 따라가며 밝혀야 한다. 부처님은 유소년 시절 문지기에 대한 기억으로부터 초선初禪을 깨달음(bodhāya)에 이르는 길로 회상하셨고, 보리수에서 고통과 쾌락의 양극단을 여의는 중도中道를 '이것에 조건성[緣起]'으로 완전하게 깨달아(sambuddhā) 사성제의 바른 깨달음(sambodhāya)을 성취하셨다.

　석가모니 부처님의 당시 말로 전한 가르침을 패엽으로 옮긴 5부『니까야』에서 주요 경전들 속의 언설에 대한 의미를 본서에서 전승한다. 먼저 사마타 삼매의 개발이다.『청정도론』의 수식관數息觀으로 '빠띠빠가 니밋따'의 밝은 빛을 얻고 선정을 개발하는 미얀마 '파아욱 센터'는 연중 고온 다습한 기후인 반면에 위도가 높아 차갑고 건조한 날씨가 많은 한국은 삼매의 개발이 쉽지가 않다.『청정도론』이 소의한 '사리붓다(舍利弗)' 존자의『빠띠삼비다막가(無礙解道)』호흡관으로부터 사선정을 개발하고 법들의 차례대로 결정을 설명한다. 선정을 닦아서 여섯 감각장소의 일어남과 사라짐을 법으로 꿰뚫어 알아 여섯 감각기능[안·이·비·설·신·의]의 문門에 대한 청정을 구한다.

다음은 '위빠사나'의 전개이다. 사선정을 출정한 뒤, 감각기능이 결여되지 않은 상태인 '마노로 만든 몸[意成身]'에서 감각 대상을 접촉할 때마다 안·이·비·설·신 오문五門과 의문意門의 전향들을 구한다. 12연기의 '이것에 조건성[緣起]'에서, 알음알이(識)와 정신·물질(名色)과의 '이것에 조건성'의 연기緣起로부터 '재생연결식再生連結識'을 꿰뚫어 알아 '괴로움의 일어남[집성제]'에 대한 바른 깨달음을 구한다.

괴로움은 연기된 법이다. 감각기능이 결여되지 않은 '마노로 만든 몸[意成身]'이라는 의문 인식과정에서, 차례대로 기우는 특징인 '감각접촉·느낌·인식·의도·작의' 등의 정신들이 사대물질에서 변형되고 심장을 토대로 하는 특징인 눈(眼) 감성 물질을 '위빠사나 앎'으로 결정하는 여리작의를 의지하는 것으로부터 '정신·물질의 그침'을 식별할 수가 있다.

이처럼 정신·물질의 그침을 식별하고 '괴로움의 일어남'에서 '괴로움의 그침[멸성제]'으로 바른 관찰[正受觀]하는 정도正道를 구하게 된다. 따라서 '괴로움의 그침으로 인도하는 길[도성제]'을 '붓다의 옛길'이라는 팔정도에서 구현하고, 바른 깨달음의 사성제를 성취한다.

'재생연결식'으로부터 숙명통과 멀리 떨어져 있는 뭇 삶을 보게 되는 천안통과 사성제라는 바른 깨달음의 누진통 등 삼명三明을 완성하고, 이들이 '아라한의 도'임을 밝힌다. '붓다의 옛길'인 팔정도를 기뻐하며 석가모니 부처님을 예경한다.

우법 김근중 金根中

일러두기

¶. 본서에 기술한 『니까야』의 번역은 각묵스님과 대림스님, 전재성박사 등의 역서에서 참고, 인용, 발췌, 수정하였다. 소부 논서 경장 『빠띠삼비다막가』는 임승택 교수의 역서를, 사대 물질 명상은 무념스님 번역을, 물질과 정신 명상의 『아비담마』 지침서는 정명스님의 역서에서 참고, 인용, 발췌, 수정, 활용하였다. 발견되는 번역 오류에 대한 책임은 본 저자에게 있다.

* 본서에서 〈 〉는 반복을, ( )와 〔 〕는 보충적 설명을 뜻한다.
* Daum 카페 '잠부나무아래 선정과 깨달음'에서 본서에 대한 '질의응답 Q/A'를 한다. 옆 'QR코드'로 카페 참여를 권한다.

¶. 약호는 다음과 같다.

AN. Aṅguttara Nikāya〔앙굿따라 니까야, 증지부〕
AA. Aṅguttara Nikāya Aṭṭhakathā〔앙굿따라 니까야 주석서〕
DN. Dīgha Nikāya〔디가 니까야, 장부〕 DA. 〔디가 니까야 주석서〕
MN. Majjhima Nikāya〔맛지마 니까야, 중부〕
MA. Majjhima Nikāya Aṭṭhakathā〔맛지마 니까야 주석서〕
SN. Saṁyutta Nikāya〔상윳따 니까야, 상응부〕
SA. Samyutta Nikāya Aṭṭhakathā〔상윳따 니까야 주석서〕
Abhī. Abhidhamma〔아비담마〕. VS. Visuddhi Magga〔청정도론〕
Ps. Paṭisambhidā Magga〔빠띠삼비다막가, 무애해도〕, PsA〔무애해도 주석서〕. Stn. Sutta Nipada〔수타니파타, 경집〕
Vbh. Vibhaṅga〔분별론〕, VbhA. 〔분별론 주석서〕

추천서 • 5
머리말 • 7

제1장 깨달음을 위한 길과 『빠띠삼비다막가』 호흡관 13

   1. 긴 들숨과 긴 날숨에서 일으킨 생각과 지속적 고찰 • 17
   2. 짧은 들숨과 짧은 날숨 그리고 니밋따 빛의 인식 • 29
   3. 온몸에서 일으킨 생각과 지속적 고찰 • 33
   4. 징소리의 여운처럼 일으킨 생각과 지속적 고찰 • 35
   5. 초선정의 개발과 빠띠바가 니밋따의 빛 • 37
   6. 사선정에서 법들의 차례대로 결정과 수식관 • 45
   7. 『빠띠삼비다막가』의 호흡관에서 사념처와 반조 • 50

제2장 물질과 정신 명상 그리고 정신·물질〔名色〕 59

   1. 걷기 명상〔행선〕과 감각장소의 알아차림 • 59
   2. 사대 물질 명상 • 62
   3. 법과 정신·물질 • 87
   4. 『아비담마』 인식과정과 볼 때는 단지 보기만 하라 • 105
   5. 사선정과 『아비담마』에서 법의 인식과정 • 119
   6. 신통의 밝음〔숙명통과 천안통〕과 까시나 • 151

제3장 팔정도의 청정범행과 바른 깨달음 176

1. 괴로움을 벗어나는 구도求道와 법에 머무는 앎 • 176
2. 중도의 깨달음과 팔정도 • 189
3. 연기법緣起法의 이해 • 219
4. 탐·진·치에 대한 고요함과 법에 머무는 앎 • 229
5. 12연기의 최상의 앎과 사성제의 바른 깨달음 • 256

제4장 주요 경전 독송과 예불 281

1. 주요 경전 독송 • 281
2. 예불 • 334

주요 참고 문헌 • 341

제1장 깨달음을 위한 길과 『빠띠삼비다막가』 호흡관

석가모니 부처님의 유훈인 DN16 『대반열반경』[1]에서 "내가 떠난 후에 그대들에게 가르치고 천명한 법法과 율律이 그대들의 스승이 될 것이다."라고 말씀한다. 괴로움을 벗어나는 길로써 여섯 감각장소(āyatana)를 일어남과 사라짐에 꿰뚫어 아는 청정범행[2]을 '법法과

---

1 DN16 Mahāparinibbānasutta(대반열반경), "사성제를 있는 그대로 보지 못했기 때문에 긴 세월을 이생 저생으로 치달려 왔다. 이제 이들을 보았다. 존재로 인도함을 근절하였다. 괴로움의 뿌리를 잘라버렸다. … 아난다여, 내가 떠난 뒤에 내가 그대들에게 가르치고 천명한 법과 율이 그대들의 스승이 될 것이다. … 어떻게 비구가 자신을 섬(diipa)으로 삼고 자신을 의지하여 머물고, 남을 의지하여 머물지 않는가? 어떻게 법을 섬으로 삼고 법에 의지하여 머물고 다른 것에 의지하여 머물지 않는가? 비구는 몸〈느낌, 마음, 법〉에서 몸〈느낌, 마음, 법〉을 관찰하며 머문다." '〈 〉'는 반복 기호.

2 SN35:73 Chaphassāyatanasutta3, "여섯 감각장소(āyatana)의 일어남과 사라짐을 달콤함과 위험함에서 벗어나 있는 그대로 꿰뚫지 못하면 청정범행을 성취하지 못했고 법과 율에서 멀리 있다. 즉, '눈, 귀, 코, 혀, 몸, 의'는 무상하고

율律'에서 구한다. 부처님은 어떻게 하면 '자신과 법을 섬으로 삼고 의지하고 머물 것인가'를 몸〈느낌, 마음, 법〉에서 몸〈느낌, 마음, 법〉을 따라가며 머무는 사념처四念處로 말씀한다. 장부 DN22『대념처경』은 사념처를 ①4가지 호흡 명상에 대한 알아차림, 행주좌와, 32가지 몸의 부위, 4가지 근본물질, 묘지의 시체와 같은 몸에서 몸의 관찰[身隨觀], ②느낌에서 느낌의 관찰[受隨觀], ③마음에서 마음의 관찰[心隨觀], ④5가지 장애[五蓋], 오취온五取蘊, 6가지 안팎의 감각장소, 7가지 깨달음의 요소[七覺支], 사성제四聖諦와 같이 법에서 법을 관찰[法隨觀]하는 등 4가지 문지기(sati)의 확립으로 구분하고 안팎으로 법을 구한다.

이는 유일한 도(magga)이니, 중생들을 청정하게 하고 근심과 탄식을 건너고, 고통과 싫어하는 마음을 사라지게 하고 옳은 방법을 터득하고 열반을 실현하는 것이다. 그것은 4가지의 문지기 확립(satipaṭṭhāna)이다. 무엇이 넷인가? 여기 비구는 안으로 몸〈느낌, 마음, 법〉을 따라가며 보면서 머문다. 세상에 대한 욕심과 싫어하는 마음을 버리고 근면하게, 꿰뚫어 알아차리고 문지기하며 머문다. …(중략)… 이와 같이 안으로〈밖으로, 안팎으로〉[3] 법에서 법을

무상한 것은 괴로움이고 무상하고 괴로움이고 변하는 것을 '이것은 내 것이다. 이것은 나다. 이것은 나의 자아다.' 라는 것을 타당하지 않음에 잘 배운 성스러운 제자는 '눈, 귀, 코, 혀, 몸, 의'를 염오하고 탐욕이 빛바래고 해탈한다. '태어남은 다했다. 청정범행은 성취되었다.'"

3 안으로 안이비설신의, 밖으로 (색성향미촉법) 정신·물질, 안팎으로 육내외입처 감각장소.

따라가며 보면서 머문다. 혹은 사라지는 법을 따라가며 보면서
법에 머문다. 혹은 일어나거나 사라지기도 하는 법을 따라가며
보면서 법에 머문다. 혹은 '법이 있구나'라고 문지기를 확립하나니,
앎만이 있고 문지기만이 현전할 때까지! 그는 이제 의지하지
않고 머문다.[4]

중부中部 MN36 『Mahāsaccakasutta』에 '깨달음의 길'에 대한 회상
이 있다.[5] 사문유관으로 출가한 고따마 보살은 '알라라 깔라마'와
'웃따카 라마뿟따'를 찾아갔으나 청정범행을 구하지 못한다. 숨을
멈추는 고행과 한 움큼의 절식으로 몸이 피폐하였지만 청정범행을
구하지 못하자, 청정범행에 대한 몸과 마음의 상태를 물에 젖은
나무토막으로 불을 지피는 것에 사유한다. 즉, "어떻게 하면 몸을
닦으며 마음을 닦는 것인가?"라고, 대상을 접촉할 때 감각기능으로
써 몸을 닦지 않았기 때문에 즐거운 느낌이 마음을 압도하면 기쁨에
오염되고 쾌락에 노출된다. 또한 감각접촉을 '일어난 법은 반드시
그침'에 작의作意하는 마음에 닦지 않았기 때문에 통증이라는 괴로
운 느낌이 마음을 압도하면 슬픔에 노출되고 고통이 되는 것을
물에 젖은 생나무 토막으로 보셨다. 반면에 물기가 없는 마른 장작에

---

4 DN22 mahāsatipaṭṭhānasutta(대념처경).

5 MN36 mahāsaccakasutta(마하삿짜까경), 물에 빠진 젖은 생나무 토막은 탐진치
에 빠진 범부, 물에서 멀리 떨어진 땅바닥에 놓여 있는 젖은 생나무 토막은
오개五蓋에 물든 출가자, 물기가 없는 마른 장작에서 불을 지피고 열을 내는
수행자는 감관 몸과 마음[心·意, 識]을 닦아 청정한 문지기의 청정범행에서
괴로움을 벗어나는 길을 보는 자.

서 불을 지피는 앎⁶을 팔정도八正道라는 청정범행(brahmacariya)으로 보셨다. 부처님은 '어떤 길이 깨달음에 이르게 될까?'라고 사유하시다가 유소년시절 호흡呼吸 명상에서의 감각적 욕망과 상관없고 유익하지 않은 법⁷과도 상관없는 초선初禪의 행복(jhāna sukha)으로부터 '문지기에 대한 기억(satānusāri)'을 회상하고 그 길을 '깨달음에 이르는 길(maggo bodhāya)'에 결심한 그날, 초저녁에 사선四禪을 얻고 삼경에 사성제의 바른 깨달음을 성취하셨다.

그런 내게 이런 생각이 들었다. ― "아버지가 삭까족의 농경제 의식을 거행하실 때 나는 시원한 잠부 나무 그늘에 앉아서 감각적 욕망을 완전히 떨쳐버리고 유익하지 않은 법들을 떨쳐버린 뒤 일으킨 생각과 지속적 고찰이 있고, 떨쳐버렸음에서 생긴 희열과 행복이 있는 초선初禪을 구족하여 머물렀던 적이 있었는데, 혹시 그것이 '깨달음을 위한 길'이 되지 않을까?" 악기웻사나여, 그런 내게 그 기억을 따라가 이런 알음알이가 일어났다. ― '이것이 깨달음을 위한 길(maggo)이다.'라고.⁸

---

6 '이것에 조건성[緣起]'으로부터 구한 '괴로움의 일어남'에 대한 최상의 앎.
7 MN36 mahāsaccakasutta, "나는 유익한 것을 구하고(kusalagavesī) 위없는 평화로운 경지를 찾아 마가다 지방에서 차례로 유행하다가 우루웰라 장군촌에 이르렀다."라고, 유익한 것[선법]을 팔정도라는 청정범행에서 구한다.
8 MN36 mahāsaccakasutta, 주석서『멸희론소(Papañcasūdanī)』에서 붓다가 어린 시절 초선에 들었다는 수행 방법이 있다. "어린 싯다르타 태자 보살이 도달했던 초선은 호흡관 명상-초선(Anāpānasati-paṭṭhamajjhāna)이다. 그리고 '그 길(eso maggo)'은 '호흡 명상으로 도달한 초선'을 의미한다."(MA.ii.291)

여섯 감각장소의 일어남과 사라짐을 꿰뚫어 알아 청정범행을 구하고 괴로움을 벗어난다. 숨 쉬는 몸에서 몸을 따라가는 4가지 기본 정형구의 MN118 『Ānāpānasatisutta(安般守意經)』으로부터 몸과 느낌과 마음과 법 등 4가지 문지기를 확립〔satipaṭṭhāna, 四念處〕하고 법에 머무는 의미에 꿰뚫는다.

1. 긴 들숨과 긴 날숨에서 일으킨 생각과 지속적 고찰

부처님이 아들 라훌라에게 가르친 16개 정형구의 호흡 명상〔安般禪〕[9]은 '아나빠나 사띠〔Ānāpānasati, 入出息念〕'이다. 양무릎과 척추가 삼각형의 좌선에서 허리를 곧추세워 턱을 당기고 혀를 윗잇몸에 붙여 눈을 살짝 감고 들숨과 날숨이 닿는 곳을 파악하는 문지기(sati) 역할에 대해서 몸과 마음이 적합하게 정진한다.

비구는 숲속이나 나무 아래나 빈방에 가서 허리를 곧추세우고 전면에 문지기를 확립하고 앉는다. 그는 문지기 하면서 숨을 들이쉬고 문지기 하며 숨을 내쉰다. 비구여,
① 길게 들이쉬면서 '길게 들이쉰다.'라고 꿰뚫어 알고, 길게 내쉬면서 '길게 내쉰다.'라고 꿰뚫어 안다.
② 짧게 들이쉬면서 '짧게 들이쉰다.'라고 꿰뚫어 알고, 짧게 내쉬면서 '짧게 내쉰다.'라고 꿰뚫어 안다.

---

[9] MN118 Ānāpānasatisutta(안반수의경), MN62 Mahārāhulovādasuttaṃ(라훌라를 교계한 긴경), 들숨 ānā의 安과 날숨 pāna의 般, sati의 守意를 합쳐 '安般禪'.

③ '온몸을 경험하면서 들이쉬리라.'라며 공부 짓고, '온몸을 경험하면서 내쉬리라.'라며 공부 짓는다.

④ '몸의 형성〔身行〕을 고요히 하면서 들이쉬리라.'라며 공부 짓고, '몸의 형성을 고요히 하면서 내쉬리라.'라며 공부 짓는다.

⑤ '희열을 경험하면서 들이쉬리라.'라며 공부 짓고, '희열을 경험하면서 내쉬리라.'라며 공부 짓는다.

⑥ '행복을 경험하면서 들이쉬리라.'라며 공부 짓고, '행복을 경험하면서 내쉬리라.'라며 공부 짓는다.

⑦ '마음의 형성〔心行〕을 경험하면서 들이쉬리라.'라며 공부 짓고, '마음의 형성을 경험하면서 내쉬리라.'라며 공부 짓는다.

⑧ '마음의 형성을 편안히 하면서 들이쉬리라.'라며 공부 짓고, '마음의 형성을 편안히 하면서 내쉬리라.'라며 공부 짓는다.

⑨ '마음을 경험하면서 들이쉬리라.'라며 공부 짓고, '마음을 경험하면서 내쉬리라.'라며 공부 짓는다.

⑩ '마음을 기쁘게 하면서 들이쉬리라.'라며 공부 짓고, '마음을 기쁘게 하면서 내쉬리라.'라며 공부 짓는다.

⑪ '마음을 집중하면서 들이쉬리라.'라며 공부 짓고, '마음을 집중하면서 내쉬리라.'라며 공부 짓는다.

⑫ '마음을 해탈하게 하면서 들이쉬리라.'라며 공부 짓고, '마음을 해탈하게 하면서 내쉬리라.'라며 공부 짓는다.

⑬ '항상하지 않음을 관찰하며 들이쉬리라.'라며 공부 짓고, '항상 않음에 관찰하면서 내쉬리라.'라며 공부 짓는다.

⑭ '탐욕이 빛바램을 관찰하면서 들이쉬리라.'라며 공부 짓고, '탐욕이 빛바램을 관찰하면서 내쉬리라.'라며 공부 짓는다.

⑮ '그침을 관찰하면서 들이쉬리라.'라며 공부 짓고, '그침을 관찰하면서 내쉬리라.'라며 공부 짓는다.
⑯ '놓아버림을 관찰하면서 들이쉬리라.'라며 공부 짓고, '놓아버림을 관찰하면서 내쉬리라.'라며 공부 짓는다.[10]

Ānāpānasatisutta의 16개 정형구의 언설에 대한 의미를 『빠띠삼비다막가〔無礙解道〕』[11]의 '아나빠나 사띠의 함의'로부터 활용한다. 명상 주제의 정형구 ①은 숨을 길게 들이쉬면서 길게 들이쉰다고 꿰뚫어 알고, 숨을 길게 내쉬면서 길게 내쉰다고 꿰뚫어 아는 것이다. 『빠띠삼비다막가』 아나빠나 사띠 함의〔이하 '호흡관呼吸觀'에 칭함〕에서는 들숨과 날숨과 숨이 닿는 곳의 니밋따(nimitta) 등 3개가 한마음이 아님에 알아 수행을 얻는다. 손등에 닿은 입김을 느끼듯이 윗입술이나 코끝에 닿아 살짝 치는 숨의 일시적 모습〔相〕이 니밋따이다.[12] 길게 들이쉬거나 길게 내쉴 때 꿰뚫어 아는 것을 『빠띠삼비다

---

10 MN118 Ānāpānasatisutta, 대림스님(2003), 『들숨 날숨으로 공부짓는 마음챙김』, 초기불전연구원, pp.13-14. 마음챙김은 sati의 문지기(dovāriko, A7:67 Nagaropamasutta)를 옮긴 mindful의 번역.

11 논서 『Patisambhidamagga(빠띠쌈비다막가)』는 法將 사리불(Sāriputta)에 의해서 저술. A. K. Warder는 논장의 성립을 아쇼카왕 시대(BC. 236)에 봄.

12 임승택 역(2021), 『빠띠삼비다막가 역주』, 가산불교문화연구원, p.452. (이하 『Patisambhidamagga』 1. mahāvaggo 3. ānāpānassatikathā에 칭함.) 해석 21. "들숨과 날숨과 그리고 니밋따는 한마음이 아니다. 세 법들을 알면 수행을 얻는다. … 니밋따란 들숨과 날숨이 닿는 장소이다. 긴 코를 지닌 이에게 들숨과 날숨은 코끝을 스치며 발생하고, 짧은 코를 지닌 이에게 윗입술을 스치며 발생한다."(PsA. p.471)

『막가』의 호흡관이 말한다.

어떻게 길게 들이쉬면서 '길게 들이쉰다'라고 꿰뚫어 알고, 길게 내쉬면서 '길게 내쉰다'라고 꿰뚫어 아는가?
① 긴 들숨을 긴 헤아림 속에서 들이쉰다.
② 긴 날숨을 긴 헤아림 속에서 내쉰다.
③ 긴 들숨과 긴 날숨을 긴 헤아림 속에서 들이쉬고 내쉰다. 긴 들숨과 날숨을 긴 헤아림 속에서 들이쉬고 내쉴 때 열의가 일어난다.
④ 열의를 통해서 그보다 더 미세한 긴 들숨을 긴 헤아림 속에서 들이쉰다.
⑤ 열의를 통해서 그보다 더 미세한 긴 날숨을 긴 헤아림 속에서 내쉰다. (혹은 긴 날숨을 그냥 놓아버린다)
⑥ 열의를 통해서 그보다 더 미세한 긴 들숨과 긴 날숨을 긴 헤아림 속에서 들이쉬고 내쉰다.
열의를 통해서 그보다 더 미세하게 긴 헤아림 속에서 긴 들숨과 날숨을 들이쉬고 내쉴 때 기쁨이 일어난다.
⑦ 기쁨을 통해서 그보다 더 미세한 긴 들숨을 긴 헤아림 속에서 들이쉰다.
⑧ 기쁨을 통해서 그보다 더 미세한 긴 날숨을 긴 헤아림 속에서 내쉰다.
⑨ 기쁨을 통해서 그보다 더 미세한 긴 들숨과 날숨을 긴 헤아림 속에서 마시고 내쉰다.
기쁨을 통해서 그보다 더 미세하게 긴 들숨과 날숨을 긴 헤아림

속에서 들이쉬고 내쉴 때, 긴 들숨과 날숨으로부터 마음이 방향을 바꾸어 평온이 머문다. 이러한 9가지 특징을 지닌 긴 들숨과 날숨은 몸(身)이다.[13]

1단계: 니밋따의 파악

위와 같이 길게 들이쉬거나 길게 내쉬거나 그리고 길게 들이쉬고 내쉬는 3가지 긴 헤아림을 열의에 반복하고 또 기쁨에 반복한다. 이렇게 9번 반복하는 첫 15분 동안에 윗입술(혹은 코끝) 부근에서 살짝 치는 촉감을 찾고 이를 니밋따(nimitta)에 파악해야 한다. 손등에 입김을 후하고 불 때 느껴지는 촉감이 니밋따(相)이다. 즉, 길게 내쉴 때 놓아버림을 따라가며 긴 헤아림 속의 날숨이나 혹은 긴 헤아림 속의 들숨에서 살짝 치는 촉감이 윗입술(혹은 코끝)에 있다. 이렇게 윗입술에서 살짝 치는 일시적인 현상[表象]이 니밋따이다.[14] 동양인처럼 코가 적은 사람은 입술 위를 치면서 니밋따가 생기고 코가 큰 사람은 코끝을 치면서 생기는데,[15] 그러면 "이곳이 니밋따이다."라고 말한다. 니밋따를 파악할 때 헤아림 속의 영역을 지키는 역할의 문지기가 'sati'이다.[16] MN10『satipatthanasutta(염처경)』에

---

13 『Patisambhidamagga』 1. mahāvaggo 3. ānāpānassatikathā 해석 35-40번, 긴 헤아림 속의 들숨과 날숨과 숨이 닿는 곳에서 감각접촉〈무명, 갈애, 업〉의 조건으로 인해서 느낌(受)과 인식(想)과 일으킨 생각(尋) 등이 알려진다.
14 '슈미트하우젠'은 니밋따를 감각대상이나 원인의 의미로 사용되지 않는 한 명상 대상에 선택된 현상적現象的 형태라고 말한다. 요가에서 일시적 모습은 '니밋따'이다.
15 대림스님 역(2003), 『청정도론』 2권(8장), 초기불전연구원, p.114.

서 숨을 톱날에 비유하고 "면전에서 문지기(sati)를 확립한다."라고
한다.

> 니밋따는 땅 위에 놓인 나무와 같고, 들숨과 날숨은 톱날과 같다.
> 나무에 닿는 톱날로써 그의 마음에 문지기(sati)가 확립된다. 다가
> 오고 나간 톱날들에 작의하지 않는다. 그러나 다가오고 나간 톱날
> 들이 알려지지 않은 것은 아니다. 이와 같이 노력이 있고 일을
> 성취한다. 이와 같이 비구는 코끝과 입술 위 사이에 문지기를
> 확립하고 앉는다. 문지기는 확립의 의미이다. 그러므로 '면전에서
> 문지기를 확립한다'라고 말한다.[17]

긴 날숨의 긴 헤아림 속에서 입술 위(혹은 코끝)까지 길게 닿아
긴장을 하며 놓아버리면서 입술 위(혹은 코끝)를 살짝 치거나 혹은
연이은 들숨의 긴 헤아림 속에서 입술 위에 살짝 치는 듯한 촉감을
니밋따에 파악한다. 이때의 들숨에서 콧구멍 바닥(코끝)까지 촉감
이 있다. 긴 헤아림 속의 숨을 3곳에 나눈다. 윗입술 바로 위(A)와
양 콧구멍 앞 바닥(코끝)(B)과 콧구멍 안쪽의 짧은 공간(C)이다.
윗입술과 콧구멍 바닥(코끝)까지의 촉감〔영역〕을 지키는 역할로써

---

16 SN35:245, "비구여, 문지기(dvāriko)란 sati를 두고 한 말이다." S48:42
Uṇṇābhabrāhmaṇasutta, "안이비설신은 意를 의지한다. 意가 그들의 대상과
영역을 경험한다. 意는 sati를 의지한다." SN48:9, 분석경, "sati 문지기를 가진
자(satimā)는 최상의 문지기로 최상의 안목을 갖는다. 오래전에 행한 것을
기억하고 순서대로 기억하는 이것이 sati의 기능이다."
17 『Patisambhidamagga』 1. mahāvaggo 3. ānāpānassatikathā 21~23번 해석.

문지기(sati)이다. 니밋따를 파악하고 영역을 지키는 문지기의 확립에 대해 몸과 마음이 적합하게 노력해야 한다.

부지런히 정진하는 자의 몸과 마음이 일에 적합함이 노력이다. 무엇이 일인가? 부지런히 정진하는 자가 오염원이 없어지고 일으킨 생각이 가라앉는 것이 일이다. 무엇이 수승함인가? 부지런히 정진하는 자에게 [열 가지] 족쇄가 끊어지고 잠재성향이 멸하는 것이 수승함이다. … 들숨과 날숨에 대한 문지기를 완전하게 잘 닦고 순서대로 증장시키면, 부처님께서 설하신 대로 그는 구름에서 나온 달처럼 이 세상을 비추리다.[18]

〈그림 1〉 문지기 확립

2단계: 문지기의 확립과 오개五蓋의 극복

문지기가 성문에 들어오고 나가는 사람만을 조사하듯이, 숨의 강도와 관계없이 입술 위(혹은 코끝)에 살짝 치는 듯한 촉감을 니밋따에 파악한다. 아직 들숨과 날숨이 거칠어서 입술 위에서 니밋따를 놓치기도 하지만 길게 들이쉬거나 길게 내쉬거나 또한 길게 들이쉬고 내쉬는 3가지 헤아림에 집중하면 니밋따가 드러난다. 그러한 헤아림 속에서 니밋따를 파악하고 "놓아버림을 따라가며 보면서 들숨을 통해서, 놓아버림을 따라가며 보면서 날숨을 통해서 마음의 하나됨과 산란하지 않음에 꿰뚫어 알 때가 문지기를 확립[satipaṭ-

---

18 『Patisambhidamagga』 1. mahāvaggo 3. ānāpānassatikathā 21번 해석.

ṭhāna, 念處]한 것이다."¹⁹ 윗입술과 콧구멍 바닥(코끝)까지의 촉감들을 지키는 영역에서 니밋따를 파악하고 문지기(sati)에 확립할 때²⁰ 비로소 지나친 접촉의 감각적 욕망이나, 좌선에서 통증을 거부하던 성냄[악의]이나, 잦은 망상과 감빡 졸음[해태와 혼침]이나, 들뜸과 후회[도개와 회한], 의심 등의 5가지 덮개[오개五蓋]를 떨쳐버리는 일을 하게 된다.

3단계: 꿰뚫어 알아차림과 일으킨 생각과 지속적 고찰

정형구 ①의 명상주제에서 "꿰뚫어 안다."라는 경문은 느낌과 인식(saññā)과 일으킨 생각(vitakka) 등의 꿰뚫어 알아차림을 의미한다. 열의와 기쁨을 가지고 길게 들이쉬고 또한 길게 내쉬고 그리고 길게 들이쉬고 내쉬는 것을 반복하는 동안에 감각접촉으로부터 느낌이 알려지는 것(viditā)²¹이고, 감각접촉이 일어나 머물다 사라지는 변화로써 찰나 내외입처[숨(身)-촉觸]의 감각장소를 대상에 인식하는 것이 알려진다[識]. 이때 인식에 대해서 마음이 향하게 하는 '일으킨 생각[尋]'²²이 알려진다.

---

19 확립(setting up) upaṭṭhāna는 문지기에 속하며, 따라가며 보는 것이 앎이다.
20 대림스님 역(2012), 『맛지마 니까야』 4권, 초기불전연구원, pp.174-175, "전면에 문지기 확립을 『위방가(Vbh.252)』는 문지기가 코끝이나 입의 니밋따에 잘 확립되었다. 주석서(VbhA.368)는 입의 니밋따를 윗입술의 가운데 코의 바람이 닿는 곳에 말한다."
21 주격 viditā는 알려지는('known; found out')의 뜻이다. 受, 想, 尋는 알려진다.
22 대상이 일어날 때 일으킨 생각(尋)이 마음으로 하여금 그쪽에 도달하도록 보내주는 것.

먼저 콧구멍 안쪽에서 시작한 긴 날숨이 콧구멍 앞 바닥(코끝)에서 윗입술까지를 충분히 닿고 있음을 긴 시간의 헤아림 속에서 느낄 수가 있다. 즉, (根境識) 감각접촉들로부터 느낌이 알려진 것이다. 또한 길게 내쉴 때 긴장 속에 놓아버림을 따라가며 긴 헤아림 속의 날숨이나 혹은 긴 헤아림 속의 들숨에서 살짝 치는 니밋따가 윗입술(혹은 코끝)에 있다. 니밋따가 인식의 원인이 된다.[23] 니밋따의 파악에 의해서 인식이 알려질 수가 있다. 즉, 입술 위(혹은 코끝)에서 살짝 치는 니밋따로써 감각접촉이 일어나 머물다 사라지는 변화의 인식이 알려진 것이다.[24] 그런데 인식의 알려짐은 정형구 ④의 '몸의 형성에 대한 고요함'이나 혹은 정형구 ⑦에서 능숙하다. 정형구 ①에서 ③까지는 아직 거친 호흡관이다.

이처럼 감각접촉이 일어나 머물다 사라지는 니밋따로부터 인식에 대한 마음이 향하는 '일으킨 생각〔vitakka〕'을 갖고 또한 인식에 대해서 마음을 고정하기 위해서 '일으킨 생각'으로서 감각접촉을 계속 문지르는 지속적 고찰〔vicāra〕을 결심하고 정진한다. 인식에 마음이 향하는 일으킨 생각과 지속적 고찰을 행하는 언어적 형성〔語行〕[25]을 '믿고 정진하며 문지기할 때 고요함과 지혜' 등의 오근五根에

---

23 각묵스님 역(2006), 『디까 니까야』 2권, 초기불전연구원, pp.135-137. DN15 『대인연경』 주석, "인식의 원인이 되기 때문에 니밋따라 함."(DA.ii.500 재인용)
24 AN3:47 saṅkhatalakkhaṇasutta, "일어나는 것이 알려지고, 사라지는 것이 알려지고, 머물러 있는 것의 변화가 알려진다." '물질의 수명은 17개의 마음 찰나에 존재한다.'(대림스님·각묵스님 역(2021), 『아비담마 길라잡이』 1권, 초기불전연구원, pp.214~218)
25 임승택(2005), 「vittaka(尋) 개념의 수행론적 의의에 대한 고찰」, 『불교학연구』

힘쓰며〔五力〕 오개五蓋를 막아낸다. 문지기(sati)의 확립이 능숙하고, 망상으로부터 산란하지 않고, 정형구 ①의 명상 주제에서 마음이 하나가 됨〔심일경〕을 평등(sama)의 의미에 꿰뚫는다.[26]

정진을 고르게 유지해야 한다. 기능들〔五根〕을 균등하게 꿰뚫어야 하고 거기서 니밋따를 파악해야 한다. … 몸에 대해 몸을 관찰하면서 마음이 집중되지 않고 오염원이 제거되지 않아서 그는 니밋따를 파악하지 못했다.[27]

긴 들숨과 날숨에서 니밋따의 파악이 서툴고 인식을 자주 놓치지만, 망상 없이 1시간 이상 정진하면 정형구 ②의 명상 주제에 분절없이 연결된다. 지나친 열기가 생기거나 밖으로 마음이 흩어지면 니밋따의 파악에 대한 생각을 일으켜야 한다.[28] 거친 마음에서는 명상 주제가 무너져 빛남이 없고 삼매에 들지 못한다. 허리나 무릎에서의 불편한 통증〔고통〕을 '삼법인〔무상, 고, 무아〕'으로 체험한다.

마음에 5가지 오염원이 있나니, 그 오개에 오염되면 마음은 부드럽지도 않고 다루기에 적합하지 않고 빛나지도 않고 잘 부서지며,

---

12호. pp.189-193. "일으킨 생각은 '대상을 향해 일으키는 마음작용'이고 지속적 고찰은 대상에 마음을 고정시키는 뜻이다. … 일으킨 생각은 언어 형성이다."
26 『Patisambhidamagga』 1. mahāvaggo 3. ānāpānassatikathā. 해석 41 42번 45번, 오근 오력 칠각지 등으로 영역〔處〕을 꿰뚫고 영역의 모음에 평등.
27 AN6:55 Soṇasutta, 니밋따의 파악(uggaha)은 오근에 균등할 때 가능함.
28 SN47:10 Bhikkhunupassayasutta.

번뇌를 멸진하기 위한 바른 삼매에 들지 못한다.[29]

항상하지가 않아〔無常〕 괴로움〔苦〕이고, 항상하지가 않고 괴로움이며 변하는 특징의 느낌을 '나의 것으로 말할 수가 없음〔無我〕'에 대해 오근五根을 다해 힘쓴다. 즉, 감각접촉의 연유로 생겨난 불편스러운 느낌을 거부하였던 성냄을 버리고, 세상사를 싫어하고 감각적 욕망도 버린다. 망상을 자학하지 않고 미소를 띠고, 통증을 반드시 그치는 법에 받아들이며 단지 '통증, 통증 … 통증'에 되새기며 성내거나 거부하지 않고[30] '나의 것'으로 받아들여 반드시 그치는 법에 알아차리고 연민하며 벗어난다. 이처럼 명상에서 생겨난 괴로운 느낌[31]을 팔정도[32]에서 체험하므로 괴로움을 성스러운 진리라고 말씀한 것이다. 석가모니불은 MN128 Upakkilesasutta[33]에서 정형구 ①~④까지의 언어 영역〔vācāgocarā〕에 대한 제자들의 말다툼

---

29 AN5:23 Upakkilesasutta. 다섯 덮개〔五蓋〕의 장애에 대한 벗어남이 出離.
30 통증에 대한 삼법인은 맨 뒷장의 SN35:73 Chaphassāyatanasutta(무아상경).
31 SN12:25 bhūmijasutta(부미자경), "아난다여, 즐거움과 괴로움은 연유로 함께 생겨난 것〔緣起〕에 나는 말한다. 무엇이 연유인가? 감각접촉을 연유로 한다. SN35:60 Pariññāsutta, "눈과 형색〈귀와 소리, … 의와 법〉을 연유로 눈〈귀, … 의〉 식識이 일어난다. 이 셋의 화합이 감각접촉이다. 감각접촉을 연유로 느낌이 있다."
32 『Patisambhidamagga』 1. mahāvaggo 3. ānāpānassatikathā. 해석44번 팔정도, 그침을 있는 그대로 봄(정견), 고통을 연기된 법에 출리하는 정사유, 확립의 의미로서 바른 문지기(정념), 산란하지 않음으로서 바른 삼매(정정).
33 "나도 아직 깨달음을 이루기 전 보살일 때 빛을 인지하고 (멀리) 형상들을 보았다."

을 오개의 극복으로부터 얻은 '빛의 인지'로서 처방하셨다.

새벽 3시 30분부터 1회 90분에 1시간 휴식과 묵언을 1일 6회, 오후 불식에 5일 동안을 명상한다. 긴 들숨은 입술 위 어딘가를 스친 뒤 콧방울에 강한 접촉을 하고 코 안으로 들어갔다. 긴 날숨은 역순이다. 접촉 모두를 확연히 알아차림한 것은 아니다. 윗입술의 니밋따 파악에서 접촉 장소가 자주 변했고, 불안정할 때가 많다. 문득 다리가 저린다. 무릎과 허리에 통증이 있다. 몸을 조금 움직인다. 도반들 사이에서 몸을 움직이거나 기침하는 소리가 들린다. 민감해진 귀에 그 소리가 크게 들려 방해가 된다. 내 소리도 도반에게 그럴 것이다. 몸을 움직인다. 집중이 무너진다. 어느새 깜빡 졸음 속에 빠진다. 망상이 생긴다. 종잡을 수 없는 생각들이 불쑥 일어나고 다른 곳으로 번진다. 다리에 쥐가 난다. 명상은 이미 저리로 갔다. 저린 다리가 걱정이다. 통증을 피하는 몸동작이 생긴다. 피가 통하고 시원해지는 느낌에 대가를 치른다. 그새 호흡을 놓쳤다. 다시 집중한다. 또 온갖 망상이 일어난다. 다시 호흡에 집중. 그러나 통증과 망상으로 집중은 힘들고 몸은 지친다. 자꾸만 굽어지는 등허리가 민망하다. 방선을 알리는 소리가 반갑다. 다리 운동에 허리를 돌린다. 그나마 정신이 맑아졌다. 3일차 아침에 마음을 다잡고 앉는다. 오후에 진전이 있다. 윗입술 부근의 니밋따 파악에 대해서 절실하게 온몸을 다해 매달 때 유체이탈이 생겨났다. 희열에 찬 몸이 다음날까지 솜털처럼 가볍다. 구름 같은 빛이 눈앞에 나타난다. 빛을 주시하면 빛은 사라진다. 눈앞에 다른 빛이 나타나 조금 머문다. 깊은 집중에 들떠

기쁜데, 호흡을 전혀 알아차리지 못한다. 들뜸이 니밋따 파악을 엉망으로 만들어 수행이 망가졌다. 다시 집중한다. … 숨을 쉬는 "작은 것에 만족하고 분주하지 않으며 간소한 생활과 고요한 감각 기관에 대해서 겸손을 지니며 가까운 이들에게 집착하지 않는다. 이 세상 모든 존재가 평화롭고 행복하길."[34]이라고 종종 기도한다.

2. 짧은 들숨과 짧은 날숨 그리고 니밋따 빛의 인식

정형구 ②는 숨을 짧게 들이쉬면서 짧게 들이쉰다고 꿰뚫어 알고, 숨을 짧게 내쉬면서 짧게 내쉰다고 꿰뚫어 아는 것이다. 짧게 들이쉬거나 짧게 내쉬거나 그리고 짧게 들이쉬고 내쉬는 등의 3가지를 열의와 기쁨에 반복하며 꿰뚫어 안다.

1. 짧은 들숨을 짧은 헤아림 속에서 들이쉰다. 짧은 날숨을 짧은 헤아림 속에서 내쉰다. 짧은 들숨과 날숨을 짧은 헤아림 속에서 들이쉬고 내쉰다. 짧은 들숨과 날숨을 짧은 헤아림 속에서 들이쉬고 내쉴 때 열의가 일어난다.
2. 열의를 통해서 그보다 더 미세한 짧은 들숨을 헤아림 속에서 들이쉰다. 열의를 통해서 그보다 더 미세한 짧은 날숨을 헤아림 속에서 내쉰다. 열의를 통해서 그보다 더 미세한 짧은 들숨과 날숨을 짧은 헤아림 속에서 들이쉬고 내쉰다. 열의를 통해서 그보

---

34 고통스러운 마장을 이겨내는 '자애경'이다. 명상하기 전에 '제4장 주요 경전'에 있는 '서경, 자애경, 깨달음 요인경'을 읽고, 명상을 마친 후에 회향게를 읽음.

다 더 미세한 짧은 들숨과 날숨을 짧은 헤아림 속에서 들이쉬고 내쉴 때 기쁨이 일어난다.

3. 기쁨을 통해서 그보다 더 미세한 짧은 들숨을 짧은 헤아림 속에서 들이쉰다. 기쁨을 통해서 그보다 미세한 짧은 날숨을 헤아림 속에서 내쉰다. 기쁨을 통해서 그보다 더 미세한 짧은 들숨과 날숨을 짧은 헤아림 속에서 들이쉬고 내쉰다. 기쁨을 통해서 그보다 더 미세한 짧은 들숨과 날숨을 짧은 헤아림 속에서 들이쉬고 내쉴 때 짧은 들숨과 날숨으로부터 마음이 방향을 바꾸어 평정심이 든다.[35]

짧게 들이쉬거나 짧게 내쉬거나 그리고 짧게 들이쉬고 내쉬는 3가지 헤아림을 열의에 반복하고 또 기쁨에 반복한다. 이렇게 9번을 반복하는 첫 15분여 동안에 윗입술(혹은 코끝) 부근에서 살짝 치는 듯한 촉감을 찾고 이를 니밋따로 파악해야 한다. 즉, 짧게 내쉴 때 놓아버림을 따라가며 짧은 헤아림 속의 날숨이나 혹은 짧은 헤아림 속의 들숨에서 살짝 치는 촉감이 윗입술(혹은 코끝)에 있다. 이렇게 윗입술(혹은 코끝)과 코 내벽까지의 영역을 문지기로 삼고 윗입술(혹은 코끝)에서 살짝 치는 니밋따를 파악한다. 니밋따를 파악할 때 헤아림 속의 영역이 마음의 문[城門]을 지키는 역할이고, 문지기(sati)이다. 정형구 ①에서와 같이 니밋따를 파악하고 영역을 지키는 역할의 문지기에 대해서 숨 쉬는 몸과 마음이 적합하게 노력하면서 오개五蓋를 막아낸다.

---

35 『Patisambhidamagga』 1. mahāvaggo 3. ānāpānassatikathā. 해석 46번.

이처럼 니밋따를 파악하는 동안에 감각접촉에 대한 느낌이 알려지는 것이고, 감각접촉이 일어나 머물다 사라지는 변화로써 찰나 내외입처를 대상에 인식하는 것이 알려지고, 인식에 마음이 향하게 하는 일으킨 생각이 알려진다. 인식에 마음이 향하게 하는 일으킨 생각을 하고, 일으킨 생각을 지속적 고찰하는 것을 오근五根[36]으로 힘쓰며 오개를 막아낸다. 문지기(sati)의 확립이 능숙하며 정형구 ②의 명상 주제가 산란하지 않고 마음이 하나가 됨을 평등의 의미로 꿰뚫는다. 망상에 산란하지 않고 명상 주제에 대해서 마음이 하나가 될 때 거미줄, 뭉게구름, 회색빛, 금륜의 빛(obhāsa)이 함께한다. 즉, 정형구 ②에서 1시간 동안 망상 없이 니밋따를 파악하면 얼굴 전면에서 빛을 인식할 수가 있다.

『빠띠삼비다막가』의 '아나빠나 사띠의 함의'에서도 니밋따 파악에 대한 일으킨 생각을 지속적으로 고찰하면서 빛을 인식하고 망상과 졸음[해태와 혼침]을 막아내는 일을 벗어남[出離]에 말한다.

빛의 인식[ālokasaññā, 光明相]은 거룩한 이들의 벗어남이다. 혹은 거룩한 이들은 망상과 졸음에서 나간다. 망상과 졸음은 삼매의 장애이다. 빛의 인식은 삼매에 유익하다.[37]
비구여, 이 마음은 빛나는데 빈번히 찾아온 오염원에 의해 오염되었다. 배우지 못한 범부는 그것을 있는 그대로 알지 못한다. 그래서

---

36 오근은 '믿음, 정진, 문지기, 삼매(집중), 지혜' 등의 순서이다.
37 『Patisambhidamagga』 1. mahāvaggo 3. ānāpānassatikathā 해석 2, 4번. (임승택 역(2021), 『빠띠삼비다막가 역주』, 가산불교문화연구원, p.436, 438)

마음을 닦지 않는다고 나는 말한다.[38]

> 열의를 가지고 명상하지만 망상에 빠져 빛이 떠오르지 않으면 생활의 간소함과 감관의 고요함에 노력하였는지를 점검하라. 그러면 니밋따의 파악이 쉽고 빛을 인식할 수가 있다.

정형구 ②의 명상 주제에 대해서 산란하지 않고 마음이 하나가 될 때 단지 감각기능의 역할을 갖게 되고[39] 니밋따의 빛을 인식〔光明想〕한다. 즉, 지나친 접촉의 감각적 욕망, 고통을 거부하는 성냄〔악의〕, 망상과 깜빡 졸음, 들뜸 및 후회, 의심 등의 오개五蓋를 떨쳐버리고 마음이 명상주제에 일치(ekaggatā)할 때 니밋따의 빛이 함께한다. 윗입술(혹은 코끝)의 니밋따 파악에 대한 일으킨 생각으로부터 망상과 졸음을 막아내는 일을 결심하고 지속적 고찰로서 정진하며 니밋따 빛을 인식하고 산란하지 않는 상태가 삼매이고 5가지 덮개〔五蓋〕를 떨쳐버리는 나감〔出離〕이다. 여기까지 2시간이 소요된다. 그리고 정형구 ③에 분절 없이 연결된다.

---

[38] AN vol.1, p.10(1:6:1-2), Pabhassaravaggo, "이 마음은 빛나는 데 빈번히 찾아온 오염원으로부터 벗어났다."

[39] MN38 Mahātaṇhāsaṅkhayasutta, 몸을 연유로 닿은 알음알이〔觸識〕에서 니밋따〔相〕 전체를 취하지 않고 부차적으로도 취하지 않아 단지 감각기능〔根〕의 역할만 안다. (SN35:235 Ādittapariyāyasutta," 눈으로 감지할 수 있는 형상들에 대해 부차적으로 니밋따〔相〕에 파악해서는 안 된다. 알음알이가 니밋따〔相〕의 달콤함에 빠진 채로 죽는다면 지옥이나 축생의 모태의 어느 한 곳에 갈 것이다.")

망상과 졸음이 없이 머물고, 빛을 인식하고 문지기하고 분명하게
알아차리며 망상과 졸음에서 마음을 청정하게 한다.[40]

오근五根에 깨어 있을 때 5가지 덮개〔五蓋〕가 잠들어 있고, 오개가
잠잘 때 오근이 깨어 있다.[41] 이처럼 5가지 덮개로써 오염을 뒤집어쓰
면 오근을 힘써 떨쳐버리는 것에 노력한다.

> 정형구 ①과 ②를 안대로 눈을 가린 채로 윗입술(혹은 코끝)에서
> 살짝 치는 니밋따에 집중하는 들숨과 날숨에서, 다음 차례의 들숨
> 앞에 숫자 하나를 세고 여덟까지 세고는 그것을 손가락 하나로
> 셈하고 열 손가락이 다하면 손목, 팔목, 어깨, 귀, 머리를 십
> 등분 하며 좌우로 거듭 셈하는 '칸니 명상'과 함께 하면 니밋따
> 빛의 인식이 효과가 있다.

3. 온몸에서 일으킨 생각과 지속적 고찰

정형구 ③은 온몸을 경험하면서 숨을 들이쉬리라고 공부 짓고,
온몸을 경험하면서 숨을 내쉬리라고 공부를 짓는 것이다. 즉, 짧은
헤아림 속의 들숨 혹은 날숨을 시작과 중간과 끝이라는 온몸에
공부하는 것이다. 짧게 들이쉬는 들숨의 당김이나 짧게 내쉬는
날숨의 밂으로부터 시작과 중간과 끝을 온몸에 파악하고 문지기를

---

40 MN39 Mahāassapurasutta(MN38, DN2 Sāmaññaphalasutta) 사선까지 청정범행.
41 SN1:6 jāgarasutta(깨어있음 경), 천신의 5가지 질문에 대답하신 부처님 게송.

확립할 수가 있다. 윗입술(혹은 코끝)에서부터 코 내벽까지의 영역에 모인 밂과 당김의 시작과 중간과 끝이 온몸에 대한 공부이다.[42] 온몸의 감각접촉으로부터 느낌이 알려진다. 온몸이 일어나 머물다 사라지는 변화로써 인식이 알려진다. 인식에 대해서 마음이 향하는 일으킨 생각과 그 인식에 마음을 고정하기 위해서 계속 문지르는 지속적 고찰을 결심하고 정진하며 온몸을 오개五蓋로부터 막아내면서 문지기(sati)를 확립한다. 이렇게 온몸의 인식에 대해 마음이 향하는 일으킨 생각과 이를 지속적 고찰하는 등을 오근五根으로 힘써 오개를 막아낸다. 문지기의 확립이 능숙하고, 정형구 ③에 대해서 산란하지 않고 마음이 하나가 됨으로써 평등의 의미를 꿰뚫는다. 이처럼 온몸을 형성할 때 분절없이 정형구 ④에 연결된다.

사대로 이루어진 들숨과 날숨, 니밋따에 묶여 연결된 것들로써 몸의 형성들〔身行〕이라고 하는 그것이 물질적 몸이다.[43]

몸(kāya)을 정신적 몸〔名身〕과 물질적 몸〔色身〕으로 구분할 때, 온몸에 묶여 있는 들숨과 날숨은 몸의 형성〔身行〕이고, 마음에 묶여 있는 인식과 느낌은 마음의 형성〔心行〕이다.[44] 니밋따에 연결된

---

[42] 김근중(2017), 「니까야 Majjha의 이해와 초기불교 수행체계에서의 Majjha의 구현」, 『불교학연구』 52호. pp.222-223.
[43] 『Patisambhidamagga』 1. mahāvaggo 3. ānāpānassatikath, 해석 48번. "몸이라고 할 때, 두 가지 몸이 있다. 정신적인 몸〔名身〕과 물질적인 몸〔色身〕이다. 느낌, 인식, 의도, 감각접촉, 작의作意의 기우는 뜻이 정신(名)이고 정신적 몸이며, 또한 마음의 형성들〔心行〕이라고 부르는 그것이 정신적 몸이다."

몸의 형성들은 물질적 몸이다. 느낌[受], 인식[想], 의도[思], 감각접촉[觸], 작의作意 등의 기우는 특징으로써 정신적 몸의 식별과, 사대 물질에서 변형되는 특징으로써 물질적 몸 등을 함께 묶어 구분한 정신·물질[名色]이 마음[識]의 일어남이다.

4. 징소리의 여운처럼 일으킨 생각과 지속적 고찰

정형구 ④에서 '몸의 형성들(kayasankhārā)을 고요히 하며 숨을 들이쉬리라, 몸의 형성들을 고요히 하며 숨을 내쉬리라.'라고 한다. 정형구 ③에서의 온몸을 계속 반복하며 몸을 형성[身行]한다. 몸의 형성들을 가라앉히고 그치고 진정시키는 것이 정형구 ④의 명상 주제이다. 정형구 ③에서 윗입술(혹은 코끝)에서부터 코 내벽 사이에 모인 영역으로부터 온몸이 일어나 머물다 사라지고, 온몸이라는 니밋따로써 인식이 알려진다. 인식에 마음이 향하는 일으킨 생각을 결심하고, 인식에 마음을 고정하기 위해서 계속 문지르며 지속적 고찰에 정진할 때 이쪽저쪽으로 흔들리거나 떨고 움직이며 동요하

---

44 MN44 『교리문답의 짧은 경』, "3가지 형성들이 있다. 그것은 몸의 형성[身行], 말의 형성[口行], 마음의 형성[心行]이다. … 들숨과 날숨이 몸의 형성이고, 일으킨 생각과 지속적 고찰이 말의 형성이고, 인식과 느낌이 마음의 형성이다. … 들숨과 날숨은 몸에 속하며 이 법들은 몸에 묶여 있다. 그래서 들숨과 날숨은 몸의 형성[身行]이다. 먼저 생각을 일으키고 지속적으로 고찰하고 그리고 말을 한다. 그래서 일으킨 생각과 지속적 고찰이 말의 형성[語行]이다. 인식과 느낌은 마음부수이다. 이 법들은 마음에 묶여 있다. 그러므로 인식과 느낌은 마음의 형성[心行]이다."

는 몸을 관찰하고, 이를 고요히 가라앉히며 마시고 내쉰다고 미래 시제에 공부한다. 즉, "거친 숨이 고요해지기를!"이라고 다짐하며 점차 작아지는 온몸에 만족하고 망상하지 않으며 고요함에 정진한다. 온몸이 더욱 고요해지길 미래 시제에 다짐하고 오근五根에 힘쓰고 정진하면서 온몸의 형성을 고요히 취한다. 온몸의 들숨(당김)이나 날숨(밈)을 파악하고 작의하고 간직하면 나중에 고요한 온몸에 의지하려는 마음이 생겨난다. 온몸의 형성을 마치 징소리의 여운처럼 온몸에서 온몸을 따라가면서 망상이 없게 되고 더욱 고요한 온몸에 의지하는 마음이 생긴다.

청동의 징을 두드렸을 때, 처음에 거친 소리가 울린다. 거친 소리의 니밋따를 잘 듣고 잘 작의하고 잘 간직하고 나면, 거친 소리가 그치면서 나중에 미세한 소리가 울린다. 미세한 소리의 니밋따[징소리 여운]를 잘 듣고 잘 작의하고 잘 간직하고 나면 미세한 소리가 그치면서 나중에는 미세한 소리의 니밋따에 의지하는 마음이 생긴다.[45]

> 선정에 들기까지 망상 없는 알아차림 1시간을 3번 반복하면 니밋따 빛에 호흡이 통합된다.[46]

---

[45] 『Patisambhidamagga』 1. mahāvaggo 3. ānāpānassatikathā, 해석 51번.
[46] 정명스님(2008), 『구름을 헤치고 나온 달처럼』, 불교정신문화원, p.77, "니미따 빛으로 마음을 옮긴 후 집중력이 강화되고, 빛이 점점 강해지게 되면 계속해서 빛을 본다. 집중력이 떨어지고 빛이 흐려지면 다시 호흡으로 돌아온다. 니미따

징소리의 여운처럼 온몸에서 온몸을 따라가면, 온몸의 형성을 더욱 고요히 하는 것에 마음이 스스로 의지하므로 산란하지 않고 망상이 없다. 징소리의 여운처럼 온몸의 형성을 고요하게 따라가면서 온몸의 형성이 한 개의 니밋따에 모인다. 일어나 머물다 사라지는 온몸이라는 인식에 마음이 향하는 생각을 일으키고, 온몸을 고요히 지속적 고찰할 때 '욱가하(uggaha) 니밋따'[47]의 목화솜과 같은 밝은 빛이 드러난다. 이처럼 온몸을 징소리 여운처럼 고요하게 정진하며 오개에 산란하지 않아 마음의 하나됨[심일경]을 얻는다. 이렇게 능숙하게 평등의 의미를 꿰뚫는다.

> 수행에서 발생하는 오개五蓋는 초선初禪의 5가지 구성요소를 하나씩 갖추면서 버려진다. 즉, 감각적 욕망은 '심일경'으로부터, 악의는 '희열'로부터, 망상과 졸음은 '일으킨 생각'으로부터, 들뜸과 후회는 '행복'으로부터, 의심은 '지속적 고찰'로부터 버려지게 된다.

5. 초선정의 개발과 빠띠바가 니밋따의 빛

1) 초선정 5요소와 니밋따

정형구 ①~④는 언어의 영역(vācāgocara)이고, 이들 명상 주제는

와 함께 할 때는 호흡은 잊어버려라. 단지 호흡을 보던 그 자리에서 니미따와 함께 머문다. 3시간의 좌선 시간을 단계적으로 늘려 4시간까지 앉아 명상하라."
47 대림스님 역(2004), 『청정도론』 2권 8장, 초기불전연구원, pp.116~118.

언어적 형성들[口行]이다. 언어적 형성이 그치고[48] 오개를 떨쳐버리며 '일으킨 생각, 지속적 고찰, 희열, 행복, 마음의 하나가 됨' 등의 5가지 요소로써 초선初禪을 개발한다. 정형구 ⑤는 '희열을 경험하면서 들이[내]쉬리라.'라고, 그리고 ⑥은 '행복을 경험하면서 들이[내]쉬리라.'라고 공부하는 것이다. 정형구 ④에서 몸의 형성[身行]을 고요히 하는 것에 대해서 1시간 동안 망상 없이 산란하지 않음에 분명히 안다. 즉, 징소리의 여운처럼 온몸에서 온몸을 따라가면 더욱 고요한 온몸의 형성에 의지하는 마음이 일어난다. 이를 지속적 고찰로써 정진하면서 망상과 졸음[五蓋]에 더는 산란하지 않고 떨쳐버림 하므로 정형구 ⑤의 희열이 있다. 또한 마음이 하나가 됨[心一境]과 산란하지 않음을 꿰뚫어 알 때의 문지기 확립과 그러한 앎에 의한 행복, 몸 형성의 경안輕安에 의한 즐거움 혹은 감각기능이 마음을 통제할 때의 앎으로써 유쾌한 즐거움 등이 정형구 ⑥에서 행복이다.

초선을 증득한 비구에게 감각적 욕망, 성냄, 망상과 졸음, 들뜸과 후회, 의심이 버려진다. 일으킨 생각과 지속적 고찰과 희열과 행복과 마음이 하나 됨이 있다. 초선에서 이와 같이 5가지 구성요소들이 버려지고 5가지 구성요소들을 가진다.[49]

---

[48] SN36:11 Rahogatasutta(홀로경), "초선을 증득한 자에게는 언어가 그친다. 이선을 증득한 자에게는 일으킨 생각과 지속적 고찰이 그친다. 삼선을 증득한 자에게는 희열이 그친다. 사선을 증득한 자에게는 들숨과 날숨이 그친다."
[49] MN43 mahāvedallasutta

초선에 서툰 것은 오개로 인해서 온몸을 니밋따에 제대로 파악하지 않았음에 있다. 한거閑居하면서 마음에 니밋따를 파악할 수가 있고, 오근에 균등하게 힘쓰며 바른 견해와 바른 삼매를 갖추어야 한다.[50] 청정하게 믿을 니밋따의 파악으로 마음이 향하면 환희와 희열과 행복을 갖게 되고 초선을 얻을 수가 있다.

비구가 초선에 들고 머무는 데 서투르다. 그 니밋따를 반복하지 않고, 닦지 않고, 많이 짓지 않고, 바르게 확립하지 않았다.[51]

2) 사리붓다가 초선정의 법들을 차례대로 결정하다

정형구 ①에서 ④까지의 명상 주제들은 시나리오〔각본〕이므로 '언어의 형성〔vacīsaṅkhāra, 口行〕'에 해당한다. 정형구 ④까지의 '긴 들숨과 긴 날숨, 짧은 들숨과 짧은 날숨, 온몸'들은 몸의 형성〔kāyasaṅkhāra, 身行〕에도 해당된다. 이때 긴 들숨과 긴 날숨〈짧은 들숨과 짧은 날숨, 온몸〉[52]의 명상 주제들을 마음의 하나됨〔심일경〕과 산란하지 않음〔삼매〕에 꿰뚫어 알 때, 감각접촉으로부터 알려지는 것으로써 느낌과 인식이 일어나고, 인식에 마음이 향하는 일으킨 생각이 일어난다. 이때의 일으킨 생각을 지속적 고찰로 정진하면서 명상 주제에 대한 마음의 하나 됨과 산란하지 않음을 얻고 오개의 떨쳐버림을 한다. 또한 정형구 ④의 징소리 여운처럼 몸에서 몸을

---

50 AN6:68 Saṅgaṇikārāmasutta
51 AN9:35 Gāvīupamāsutta
52 본서에서 '〈 〉' 기호는 문구가 반복될 때 사용함.

따라가며 몸의 형성을 고요히 하기를 결심하고 더욱 고요한 몸의 형성에 의지하는 마음이 일어나는 것에 지속적 고찰로써 정진하면서 망상과 졸음에 산란하지 않아 장애를 떨쳐버리는 충만한 희열이 정형구 ⑤이다. 긴〔짧은〕들숨과 날숨을 통해서, 온몸을 느끼는 들숨과 날숨을 통해서, 몸의 형성을 가라앉히는 들숨과 날숨 등을 통해서 마음이 하나가 됨과 산란하지 않음을 알아차릴 때 희열의 기쁨이 일어난다. 마음을 전향할 때 그러한 희열을 꿰뚫게 된다.[53] 또한 들숨과 날숨을 통해 마음이 하나가 됨과 산란하지 않음을 꿰뚫어 알 때, 문지기의 확립과 앎에 의한 행복과 들숨 혹은 날숨의 경안輕安에 의한 유쾌한 행복 등이 정형구 ⑥에서의 행복이다. 감각기능〔根〕이 마음을 통제하는 바를 알 때 경안의 유쾌함이나 즐거움이 행복이다. 즉, 몸의 형성에서 유쾌함, 몸의 접촉에서 생겨난 유쾌함이나 즐거운 경험, 느낌이 몸에 속한 즐거움으로써 행복이다. 마음의 유쾌함, 마음의 접촉에서 생겨난 유쾌함으로써 즐거운 경험, 느낌이 마음에 속한 즐거움이다. 긴 들숨과 긴 날숨을 통해서 마음이 하나가 됨과 산란하지 않음을 꿰뚫어 알 때 문지기가 확립된다. 그러한 문지기와 앎에 의해서 행복을 꿰뚫는다. 문지기의 확립이 평온하므로 정신들의 식별을 법으로 작의할 수가 있다. 이와 같이 정형구 ⑥까지의 명상 주제들로부터 초선정의 16가지

---

53 『Patisambhidamagga』 1. mahāvaggo 3. ānāpānassatikathā, 해석 30번, "알〈볼, 관찰할, 마음을 지닐〉때 믿음〈정진, 문지기, 집중, 지혜〉을 할 때, 철저히 알 때, 끊어야 할 것을 끊을 때, 닦아야 할 것을 닦을 때 겪어 알 때 희열을 꿰뚫는다."

법들을 차례대로 결정할 수가 있었다.

> 법들을 차례대로 결정지었다. 차례대로 결정지었고 한정되었고 분명하게 안 것이 알려졌다. 법들을 볼 때 [대상에 향하여] 기울이는 특징을 가진 일으킨 생각의 있음이 알려졌다. 그와 같이 계속 문지르는 특징의 지속적 고찰, 충만한 특징을 가진 희열과 기쁘게 하는 행복, 산란하지 않은 특징을 가진 '마음의 하나됨[심일경]'이 알려졌다. 닿는 특징의 감각접촉, 느낌, 인식, 의도[行], 아는 특징의 알음알이가 알려졌다. 열의, 결심, 정진, 확립의 문지기, 평온[捨], 작의가 알려졌다.[54]

즉, MN111 『Anupadasutta(차례대로경)』에서 말하길 "일으킨 생각, 지속적 고찰, 희열, 행복, 심일경, 감각접촉, 느낌, 인식, 의도[行], 알음알이 마음[識], 열의, 결심, 정진, 문지기(sati), 평온, 작의" 등과 같은 16가지 정신들의 식별로써 사리뿟따(Sāriputta) 존자가 초선정의 법들을 차례대로 결정지었다.

사리뿟따는 보름 동안 차례대로 법에 대해 위빠사나를 닦았다. … 초선에는 일으킨 생각과 지속적 고찰, 희열, 행복, 마음이 한 끝에 집중됨(cittekaggatā), 감각접촉, 느낌, 인식, 의도, 마음[識], 열의, 결심[信解], 정진, 문지기, 평온[捨], 작의 등의 법들이

---

54 대림스님 역(2012), 앞의 책, pp.77-84. Anupadasutta 주석서(MA.iv.87~88), https://cafe.daum.net/pali-study/8Xy1/3307?svc=cafeapi.

있는 바 그는 이 법들을 차례대로 결정지었다.⁵⁵

3) 빠띠바가 니밋따의 빛과 마노의 문(意門)에 전향

초선 이후에 『청정도론』이 말한 '얼음, 유리, 백열전구'와 같은 밝은 빛의 '빠띠바가(paṭibhāga) 니밋따' 빛⁵⁶으로 마음을 옮긴다. 부처님도 "나도 아직 깨달음을 이루기 전에 보살이었을 때 밝은 빛을 인지하고 (눈 투명물질을 무상에 안 것으로) 형상들의 봄(dassana)을 하였다."⁵⁷라고 '빠띠바가 니밋따'의 밝은 빛으로 인식하면서 형상들의 봄을 행하였다고 말씀한다. '빠띠바가 니밋따'의 밝은 빛에 대해서 망상 없이 어떻게 하면 오래 머물 수가 있는지를 4가지 성취수단(四如意足)에서의 '열의'로부터 닦는다.

비구는 "이처럼 나의 '열의, 정진, 마음, 검증(vīmaṃsa)'은 지나치게 느슨하지도 않을 것이고 지나치게 팽팽하지도 않을 것이다. 안으로 수축되지도 않을 것이고 밖으로 흩어지지도 않을 것이다." 라고 하면서 '열의, 정진, 마음, 검증'을 삼매와 노력의 형성[行]에서 갖춘 성취수단으로 닦는다. 그는 '앞에서처럼 뒤에도 뒤에서처럼 앞에도, 아래처럼 위에도 위처럼 아래도, 밤에처럼 낮에도 낮에처럼 밤에도'라고 하면서 이후와 이전[앞과 뒤]에 대한 인식을 가진

---

55 MN111 Anupadasutta, 사리붓다는 선정과 관계된 법들을 순서대로 증득하고 禪의 구성요소에 대해 차례대로 위빠사나를 닦아 보름 만에 아라한과를 얻음.
56 파욱 명상센터는 별처럼 찬란하게 반짝이는 빠띠바가 니밋따 빛의 마노 문(意門)에서 초선정의 5요소를 확인한다. 1시간 이상의 빠띠바가 니밋따 빛을 성취.
57 AN8.64 Gayāsutta(가야경), MN128 Upakkilesasutta(오염원경)

자가 되어 머문다. 그는 이처럼 열려 있는 마음과 방해받지 않은 마음으로 마음을 밝게 만든다. … 어떤 것이 비구가 '밤에처럼 낮에도 낮에처럼 밤에도'라고 하면서 머무는 것인가? 여기 비구는 각각의 성질들이나 특징들이나 니밋따〔相〕들을 통해서 낮〈밤〉에 열의를 삼매와 노력의 형성〔行〕에서 갖춘 성취수단으로 닦았던 그대로 그 각각의 성질들이나 특징들이나 니밋따〔相〕들을 통해서 밤〈낮〉에도 열의를 삼매와 노력의 형성에서 갖춘 성취수단으로 닦는다. … 어떻게 열려 있는 마음과 방해받지 않은 마음으로 마음〔意〕을 밝게 만드는가? 여기 비구는 광명의 인식〔光明想〕을 잘 파악하고 대낮의 인식을 확고하게 한다. 이처럼 비구는 열려 있는 마음과 방해받지 않은 마음으로 마음을 밝게 만든다.[58]

> '칸니 명상'은 먼저 눈앞 팔길이의 과녁을 상상하며 숨을 길게 내쉰다. 그리고 눈을 감고 과녁을 볼 때 밝은 니밋따 빛을 본다. 들이쉬며 코앞에 주의를 두기를 반복하면서 과녁을 조금씩 눈앞으로 옮기며 빛을 본다. 밝은 '빠띠바가' 니밋따 빛을 주시하며, 빛을 콧구멍 안팎에서 심장으로 옮긴다. 밝게 빛나는 토대 위

---

58 SN51:20 Vibhaṅgasutta(SN51:11 Pubbasutta), 사여의족 설명. '광명의 인식〔光明想〕을 잘 파악하고'라고, 비구는 눈을 떴거나 감았거나 간에 직접 쳐다보는 것처럼 확립되면 그때 광명의 인식이 생겼다. '낮이라는 인식'이라는 것이다. 그리고 그것이 밤에도 생겨나면 잘 파악했다고 한다. '광명의 인식을 작의한다.'라고, 낮이나 밤에도 태양이나 달이나 등불의 빛(광명)에 작의하는 것이다. '밤처럼 낮에도 낮처럼 밤에도'라고, 밤에 광명을 보았던 것과 같이 낮〔오전〕에도 그 밝은 빛을 작의해야 하는 것이다.

> 에서 튀는 '눈' 감성 물질을 보게 되고 '깔라빠'로 식별한다. 이러한 '근접 삼매'로부터 2장의 사대물질 명상에서 눈 투명물질을 식별하고 무상으로 '안 것'이다.

'빠띠바가 니밋따'라는 표상을 통해서 마음[意]을 밝게 만든다. '빠띠바가 니밋따'라는 표상을 닦는 수행으로부터 낮〈밤〉에 열의를 삼매와 노력의 형성[行]에서 갖춘 성취수단으로 닦았던 그대로 그 니밋따[相]를 통해서 밤〈낮〉에도 열의를 삼매와 노력의 형성에서 갖춘 성취수단으로 닦는다. 즉, '밤에처럼 낮에도 낮에처럼 밤에도' 니밋따의 빛에 머물러야 한다. 이처럼 '빠띠바가 니밋따'라는 표상을 통해서 광명의 인식[光明想]을 잘 파악하고 낮에도 광명의 인식을 확고히 한다. 열려 있는 마음과 방해받지 않은 마음으로 마음[意]을 밝게 만든다.

삼매를 갖추면, 여섯 감각기능[六根]과 그 대상[六境]을 결박할 때마다 여섯 감각장소[六門]에 대한 전향을 식별할 수가 있는데, 이러한 식별은 오문五門과 의문意門과 같은 인식과정을 의미한다. 4시간의 호흡관에서 선정에 들어가 '빠띠바가 니밋따'의 밝은 빛에서 망상 없이 1시간을 머물 수가 있어야 여섯 감각기능에 대한 구체적 물질[59]을 식별할 수가 있고 따라서 심장 토대의 의문 전향을

---

59 몸을 사대물질로써 땅과 물의 32부위[相]와 구체적인 물질의 깔라빠 10원소 (땅, 물, 불, 바람, 색깔, 냄새, 맛, 영양소, 생명기능, 눈 투명요소)에 식별한다. 여섯 감각기관의 모든 요소들을 보는 데 능숙하면 위빠사나(무상, 고, 무아)로

알 수가 있다.

> 1시간 이상의 빠띠바가 니밋따의 빛으로써 사선정을 얻을 수가 있다. 즉, 눈을 감으면 떠오른 빛에 망상 없이 집중하는 시간을 2시간 이상을 유지하도록 선정에 머무는 시간을 늘려간다. 그렇게 할 때 심장에서 마노의 문(意門)을 확인할 수가 있다.[60]

6. 사선정에서 법들의 차례대로 결정과 수식관

1) 사선정에서 법들의 차례대로 결정

MN111 『차례대로경(Anupadasutta)』은 초선정의 5가지 요소들을 조사하고 거친 단점들을 거두어들여 가라앉혀 차례대로 이선과 삼선과 사선으로 실현하는 것이다. 즉, 법들이 알려지는 것으로써 일어나고, 알려지는 것으로써 머물고 사라진다고 꿰뚫어 알고 '이 법들은 없었는데 생겨나고 있다가는 사라진다.'라고, 법들에 대한 홀림과 저항과 집착을 하지 않고 벗어나고 자유로운 반조에 마음이 머문다. 따라서 '보다 높은 벗어남이 있다.'라고 확신하고 마음을 안으로 향한다. 인식에 마음이 향하게 하는 일으킨 생각과 지속적 고찰이 그치므로 이선정에 든다. 마음이 감각기능에 통합되므로 희열이 빛바래고 그친다. 문지기와 알아차림에 평온하고 몸이 유쾌

보이게 됨.
[60] 정명스님(2008), 앞의 책, pp.80-81, 빠띠바가 니밋따 빛이 밤에서 오전까지.

한 행복에 삼선정에 든다. 감각접촉에 반연한 유쾌한 행복함마저 그친다. 이전에 이미 정신적 만족(somanassa)과 정신적 불만족(domanassa)도 그치고 괴롭지도 즐겁지도 않아 평온하고 문지기가 청정한 사선정에 든다. 이때 숨이 잠시 멈추거나 코끝(윗입술)에서 되살아난다. 이처럼 공기에 대한 얻음이 분명하며 들숨과 날숨이 분명하고, 고요한 온몸의 형성에서 문지기 확립이 분명하고, 문지기 확립에 의한 삼매가 분명하면 선정에 들어가기도 하고 나오기도 한다.〔입정과 출정에 자재〕몸에서 몸이 일어나 사라지는 것에 따라가는 것이 문지기 확립이다. 그러한 문지기와 앎으로 몸을 따라가며 본다.

일으킨 생각과 지속적 고찰을 가라앉혔기 때문에 안으로〔감각기능의 충만〕확신이 있으며, 심일경이고, 일으킨 생각과 지속적 고찰은 없고, 삼매에서 생긴 희열과 행복의 이선에 머문다. 일으킨 이선에는 안으로 확신, 희열, 행복, 심일경, 감각접촉, 느낌, 인식, 의도, 마음, 열의, 결심, 정진, 문지기, 평온, 작의 법들이 있고 이 법들을 차례대로 결정지었다. 이 법들이 알려지는 것으로서 일어나고 머물고 사라진다고 꿰뚫어 안다. '이와 같이 이 법들은 없었는데 생겨나고, 있다가 사라진다.'라고. 그는 법들에 대해 홀리지 않고 저항하지 않고 집착하지 않고 매이지 않고 벗어나 자유롭고 한계가 없는 마음에 머물며 '이보다 높은 벗어남이 있다.' 라고 꿰뚫어 안다. 많이 닦았기 때문에 반드시 그것이 있다고 확신에 희열이 빛바래고 평온하게 머물고, 문지기하고 알아차리며 몸으로 행복을 경험했다. '평온하고 문지기하며 행복하게 머문다.'라고 성자들이 말하는 삼선을 구족하여 머문다. 삼선에는 행복, 알아차림, 심일경, 〈감각접촉, 느낌, … 문지기, 평온〉, 작의 법들이 있고 이 법들을 차례대로 결정지었다. 이 법들이 알려지는 것으로서 일어나고 머물고 사라진다고 꿰뚫어 안다. … 다시 행복도 버리고 괴로움도 버리고, 아울러 그 이전에 이미 정신적 만족과 불만족도 소멸하였으므로 괴롭지도 즐겁지도 않으며, 평온하고 문지기가 청정한 사선에 머문다. 사선에는 느낌에서 평온, 괴롭지도 즐겁지도 않은 느낌, 경안에 대한 무관심, 지속적인 문지기의 청정함, 심일경, 〈감각접촉, 느낌, … 청정함의 평온〉, 작의의 법들이 있고 이 법들을 차례대로 결정지었다. 이 법들이 알려지는 것으로써 일어나고 머물고 사라진다.[61]

초선, 이선, 삼선에 다시 들어가고 나와 문지기에서 선정의 요소들을 평온함에 비추어 다시 반조하면서 거친 '일으킨 생각 및 지속적 고찰, 희열, 행복' 등을 MN111 Anupadasutta의 16가지 법들에서 차례대로 내려놓아 이선, 삼선, 사선에 실현한다. 이처럼 『빠띠삼비다막가』 호흡관에서 '언어의 형성, 일으킨 생각과 지속적 고찰, 희열, 행복' 등의 법들이 차례대로 그친다.

2) 『청정도론』의 수식관에 대한 이해
『청정도론』의 수식관數息觀에 기반한 미얀마 파욱 명상센터는 '빠띠

---

[61] 대림스님 역(2012), 앞의 책, pp.77-84, MN111 Anupadasutta(차례대로경)

바가 니밋따'를 먼저 개발하고 나서 초선 5개 요소들에서 거칠고 덜 고요함에 반조하고 그 요소를 차례대로 버리는 것이다. 수식관은 숫자를 헤아리며 들숨 날숨에 대한 문지기를 찾고 아라한과에 이르는데, 다음과 같은 명상 주제들이 있다. ①헤아림은 단지 수에 헤아리는 것이다. ②연결은 쫓아감이다. ③닿음은 숨이 닿는 곳이다. ④안주함이 본삼매이다. ⑤주시란 (삼법인) 위빠사나이다. ⑥환멸은 도道다. ⑦두루 청정함은 과果이다. ⑧그들을 되돌아봄이란 반조이다.[62]

---

[62] 대림스님 역(2004), 앞의 책, pp.105-120. "들숨날숨이 드러나는 것을 잡고서 '하나'라고 시작하여 열 번에 이를 때까지 숫자를 헤아림에 작의한다. 처음에는 천천히 헤아린다. 흩트리면 숫자를 다시 헤아린다. 이와 같이 헤아릴 때 들어오고 나가는 들숨날숨이 분명해지면 천천히 헤아림을 버리고, 빨리 열까지 헤아린다. 숨이 닿는 곳에 문지기를 두고 닦을 때 수행은 성취된다. 헤아림으로 작의한 뒤에 연결로 작의한다. 연결이란 헤아림을 내려놓은 뒤 문지기로써 끊임없이 들숨날숨을 쫓아감이다. 배꼽은 나가는 바람의 시작이고 심장은 중간이고 코끝은 마지막이다. 코끝은 들어오는 바람의 시작이고 심장은 중간이고 배꼽은 마지막이다. 오직 숨이 닿는 곳을 헤아리면서 헤아림과 닿음에 작의한다. 코가 큰 사람은 코끝을 치면서 생기고, 코가 작은 사람에게는 윗입술을 치면서 생긴다. (닿는 기억으로) 문지기로써 닿음을 쫓아 연결하고, 본삼매로써 마음을 안주한다. 니밋따의 밝은 표상은 안주함을 통해서 닦는다. 들숨날숨과 몸은 '물질'에 또 마음과 함께 한 법들은 '정신'에 구분하고 정신·물질(名色)의 조건을 찾는다. 찾은 결과 삼세에서 "정신·물질의 일어남"에 대한 의심을 극복한다. 의심을 극복한 그는 깔라빠로 그들을 명상함을 통해 삼특상(무상 고 무아)에 제기하고(주시), 일어나고 사라짐에 대한 관찰의 예비 단계에서 일어난 광명 등 열 가지 위빳사나의 경계를 버린 뒤 이런 경계에서 벗어난 도 닦음의 지혜가 도道라고 구분한다. 그 후에 일어남을 버리고 무너짐을

1. 일으킨 생각 – 빠띠바가 니밋따에 마음을 향하게 하는 것
2. 지속적 고찰 – 빠띠바가 니밋따에 마음을 유지시키는 것
3. 희열 – 빠띠바가 니밋따를 기뻐하는 것
4. 행복 – 빠띠바가 니밋따를 경험할 때 유쾌한 행복
5. 일념 – 빠띠바가 니밋따에 심일경을 이룬 마음[63]

초선에 숙달했을 때 이선에 나아가려면 초선의 단점과 이선의 장점을 관찰한다. 오개에 관련되고, 일으킨 생각과 지속적인 고찰의 초선이 일으킨 생각과 지속적인 고찰이 없는 이선보다 거칠고 덜 고요하다고 본다. 희열, 행복, 심일경만을 원하며, 빠띠바가 니밋따에 집중하고 초선에 다시 들어가고 나와 문지기(sati)에서 선정의 요소들을 다시 반조하면, 일으킨 생각과 지속적 고찰이 거칠게 나타나고 희열과 행복 그리고 심일경이 평화롭게 나타난다. 일으킨 생각과 지속적 고찰들은 버리고 평화로운 요소만을 원하고 다시 빠띠바가 니밋따에 집중하며 희열, 행복, 심일경을 가진 이선을 얻고 이선에서 5가지[64]를 자유자재한다. 삼선의 개발에서 초선에

관찰하는 것에 이른다.(환멸) 계속해서 무너짐을 관찰함으로 상카라들이 공포로 나타날 때 상카라들을 역겨워하고, 그들에 대한 탐욕이 빛바래고 해탈한다. (두루 청정함) 서서히 4가지 성스러운 도(사성제)에 이르러 아라한과에 서서, 열아홉 가지 반조하는 지혜를 마지막으로 얻는다." '삼법인'을 '삼특상'에 표기.

63 무념스님 역(2003), 『사마타와 위빠사나』(파욱 『knowing and Seeing』), p.13.
64 ①언제든 선정에 들어감 ②머물려고 하는 동안 머물 수 있음 ③나오려는 시간에 벗어남 ④선정의 요소에 전향을 쉽게 기울임 ⑤선정의 요소를 자재로이 반조.

근접한 이선의 희열이, 희열이 없는 삼선보다 덜 고요하다고 본다. 평화로운 요소만을 원하고 빠띠바가 니밋따에 집중하며 이선에 다시 들어가고 나와 선정의 요소들을 반조한다. 희열의 요소는 거칠게 나타나고 행복과 심일경은 평화롭게 나타난다. 평화로운 요소만을 얻기 위해서 다시 빠띠바가 니밋따에 집중하며 행복과 집중을 가진 삼선을 얻으며 삼선에서 5가지를 자유자재한다. 사선의 개발에서 이선에 근접한 삼선의 행복이, 행복이 없는 사선보다 덜 고요하다고 본다. 평화로운 요소만을 원하며 빠띠바가 니밋따에 집중하고 삼선에 다시 들어가고 나와 선정의 요소들을 반조한다. 그러면 행복의 요소는 거칠게 나타나고, 평온과 심일경의 요소는 평화롭게 나타난다. 평화로운 요소를 얻기 위해서 빠띠바가 니밋따에 집중하고 평온과 심일경을 가진 사선을 얻고, 사선에서 5가지를 자유자재한다. 사선의 성취로 호흡이 멈춘 호흡관의 4번째 단계가 완성된다. 4가지 근접삼매와 4가지 본삼매로써 사선정이다.

7. 『빠띠삼비다막가』의 호흡관에서 사념처와 반조

『청정도론』은 정형구 ④번까지 첫 번째 4개 조를 모든 측면에서의 명상 주제로써 배워서 초선정에 도달하고, 나머지 3개의 4개조는 몸, 느낌, 마음, 법 등 사념처四念處에 대한 관찰을 말한다.[65] 4가지 염처念處는 '몸, 느낌, 마음, 법'에서 '몸, 느낌, 마음, 법'의 일어남과

---

65 대림스님 역(2004), 『청정도론』 2권 8장, 초기불전연구원, p.103.

사라짐을 각각 따라가며 보는 조건의 화합으로써 상호의존관계인 문지기의 확립(satipaṭṭhāna)이다.[66]

『빠띠삼비다막가』호흡관의 정형구 ①에서 ④번까지를 '몸, 느낌, 마음, 법'의 모든 측면에서 따라가며 관찰한다. '몸, 느낌, 마음, 법'에서 '몸, 느낌, 마음, 법'을 따라가며 보면서 머물 때 숨이 닿는 곳을 '니밋따〔相〕'로 파악하고 마음은 사마타 삼매에 든다. 그래서 사념처가 삼매의 '니밋따'이고,[67] 각각은 팔정도에서 정념正念과 정정正定에 연결된다. 먼저 숨 쉬는 몸에서 (일어나 사라지는 숨의) 몸을 따라가며 보는 문지기 역할의 상호의존관계〔身念處〕로부터 생긴 감각접촉을 따라가면서 느낌과 인식과 일으킨 생각과 같은 법들이 알려지고, 이를 지속적으로 고찰한다. 이때 들숨과 날숨의 몸에서 몸을 따라가며 머무는 문지기에서 좋거나 싫거나 혹은 좋지도 않고 싫지도 않은 느낌이 알려진다. (즐겁거나) 괴로운 느낌에서 즐겁지도 않고 괴롭지도 않은 느낌을 따라가며 머무는 문지기 역할의 상호의존관계〔受念處〕로부터 고통을 떨쳐버리며 생긴 희열과 몸이 경안한 행복의 법들이 정형구 ⑤와 ⑥에서의 설명이다. 이처럼

---

[66] SN47:40 Vibhaṅgasutta(분석경), "여기 비구가 '세계에 대한 욕심과 싫어하는 마음〔불만족〕을 버리고, 근면하게 분명하게 알아차리는 자, 문지기(sati)를 갖춘 자'로서, 몸〈느낌, 마음, 법〉을 대상으로 일어나는 법法에 따라가며 관찰하고, 사라지는 법에 따라가며 관찰하고, 일어나고 사라지는 법에 따라가며 관찰하며 머문다. 비구여, (상호의존관계) 이를 문지기의 확립〔satipaṭṭhāna, 念處〕에 닦음이라 한다." 법에 머무는 앎.

[67] SN47:8 Sūdasutta(요리사경), MN44 Cūḷavedallasutta(교리문답의 짧은 경) "심일경이 삼매이다; 사념처가 삼매의 니밋따이다; 사정근이 삼매의 필수이다."

환희와 희열이 생기고 몸이 경안하고 행복을 느끼며 삼매에 든다.

몸〈느낌들, 마음, 법들〉에서 몸〈느낌, 마음, 법〉을 따라가며 머무는 그에게 몸〈느낌, 마음, 법〉을 대상으로 하여 몸에 열기가 생기거나 마음이 움츠리거나 밖으로 흐트러진다. 그러면 비구는 어떤 것의 믿을 만한 니밋따들에 마음을 향하게 한다. '어떤 것에 오직 믿을 만한 (빠띠바가) 니밋따에 마음을 향하는 그에게 환희가 생긴다. 환희로운 자에게 희열이 생긴다. 희열한 자의 몸은 경안하게 된다. 경안한 몸은 행복을 느낀다. 행복한 자의 마음은 삼매에 든다.'라고 숙고한다. '내가 마음을 향하게 한 목적이 성취되었다. 이제 나는 거두어들인다.'라고. 그는 거두어들여 일으킨 생각과 지속적 고찰을 가라앉힌다. '일으킨 생각과 지속적 고찰을 가라앉힌 나는 안으로 문지기를 갖춘 자로서 행복하다.'라고 안다.[68]

정형구 ⑦과 ⑧에서 느낌과 인식을 거듭 의도하며 마음을 형성〔cittasankhārā, 心行〕하고,[69] 이러한 마음의 형성에서 아는 마음〔識〕

---

68 SN47:10 Bhikkhunupassayasutta(비구니 거처 경)
69 앞의 『Patisambhidamagga』 해석 56-57번, "긴 들숨〔날숨〕을 통해 얻은 인식과 느낌은 마음에 관련되며 마음의 형성이다. 무상에 따라가며 보아 항상에 대한 인식을 버린다. 괴로움에 따라가며 보아 즐거움에 대한 인식을 버린다. 나의 것이 아님에 따라가며 보고 자아라는 인식을 버린다. 즐거움을 경험하며 들숨〔날숨〕을 통해 얻은 인식과 느낌은 마음에 관련되고 마음의 형성이다. 마음의 형성에 관한 경험에 마음의 하나됨과 산란하지 않음을 꿰뚫는 바로써 오근을 모은다. 마음의 형성을 가라앉히고 그치고 진정시키며 반복한다. 들숨과 날숨을 통해 마음의 형성을 편안히 하면서 문지기와 앎을 따라가며 본다."

을 따라가며 보는 문지기 역할의 상호의존관계〔心念處〕로부터 마음의 형성을 고요히 한다. 이때 마음의 형성을 알음알이〔識〕하며 아는 것이 정형구 ⑨에서 마음의 경험이다. 즉, 긴 헤아림 속의 들숨〔날숨〕이라고 아는 알음알이, 들숨과 날숨을 몸의 형성이라고 알음알이, 마음의 형성을 고요히 하는 들숨〔날숨〕이라고 알음알이, 그리고 마음〔心〕, 마노〔意〕, 밝은 심장의 마노, 마노의 감각장소, 마노의 근〔根〕, 알음알이〔識〕, 알음알이 무더기라는 마노의 알음알이 요소〔界〕 등의 마음들이 경험된다. 이때의 들숨〔날숨〕이라는 물질과 그리고 느낌, 인식, 형성들, 알음알이 등의 오온五蘊을 경험할 수가 있다. 마음을 경험하면서 들숨〔날숨〕으로 마음의 하나됨과 산란하지 않음을 꿰뚫어 알 때 정형구 ⑩과 같은 마음의 흡족함이 일어난다. 즐거워하며 마음을 들숨과 날숨에 아는 마음을 확립하고 문지기로서 따라가며 본다. 마음을 경험하면서 들숨〔날숨〕으로 마음의 하나됨과 산란하지 않음을 꿰뚫어 알 때 마음의 흡족함이다.[70]

들숨〔날숨〕에 대한 마음의 머묾이 안정〈정연함, 균형, 산란하지 않음, 마음의 평형, 사마타, 삼매의 근과 힘, 바른 삼매〉하는 등과 같은 마음의 집중이 정형구 ⑪이다. 들숨〔날숨〕에서 마음을 집중할 때의 마음을 알고 문지기를 확립하며 삼매에 아는 앎을 따라가며 본다. 또한 정형구 ⑫처럼 마음에서 마음〔탐냄, 성냄, 어리석음, 자만, 삿된 견해, 의심, 망상과 졸음, 들뜸, 부끄러움을 모름, 양심없

---

70 『Patisambhidamagga』 해석 59번, 긴 헤아림 속의 들숨과 날숨으로 마음의 하나됨과 산란하지 않음을 알 때 마음의 만족, 즐거움 유쾌 명랑함 행복 환희 흡족함이 일어난다.

음]을 벗어나 마음을 해탈하면서 숨을 들이쉬[내]겠노라고 공부한
다."라고, 오염을 벗어나 마음을 해탈한다. 따라서 청정한 문지기의
사선정을 갖춘다. 정형구 ⑬에서 ⑯까지는 '오개, 오온, 감각장소(내
외입처), 칠각지(결합)와 팔정도(결합)' 등의 법들(dhammā)을 일어
나 사라지는 법에 따라가며 보는 문지기 역할의 상호의존관계[法念
處]로부터 법들을 항상하지 않음[71]과 빛바램의 이욕과 위험함의
그침과 약진과 포기에 의한 놓아버림 등으로 '법들을 차례대로
결정'하고 잠재성향을 없앤다. 정형구 ⑫까지의 사선정에서 얻은
'마노로 만든 몸[意成身]'이라는 의문意門 전향에서 차례대로 기우는
특징인 정신들은 사대물질에서 변형된 특징인 눈[眼] 감성물질을
'위빠사나 앎'으로 결정하는 여리작의를 의지하는 것으로서 정신·
물질의 그침이 식별된다.[72] 정신들의 식별이 사대물질에서 파생된

---

71 SN25:1-10 Cakkhu(Rūpa, Viññāṇa)sutta, "눈, 귀, 코, 혀, 몸, 마노〈형색,
소리, 냄새, 맛, 감촉, 법〉의 알음알이는 무상하고 변하고 다른 상태로 되어간다.
… 이러한 법들을 이처럼 알고 보는 자를 흐름에 든 자[預流者]라 하나니,
그는 떨어지지 않는 법을 가졌고 [해탈]확실하며 완전한 깨달음으로 나아간다."
Phassa(Vedanā)sutta, "눈〈귀, 코, 혀, 몸, 마노〉의 감각접촉〈에서 생긴 느낌〉은
무상하고 변하고 다른 상태로 되어간다.…" Saññā(Cetanā, Taṇhā)sutta, "형색
에 대한 인식〈의도, 갈애〉은 무상하고 변하고 다른 상태로 되어간다.…" Dhātu-
sutta, "땅〈물, 불, 바람, 허공, 알음알이〉의 요소는 무상하고 변하고 다른
상태로 되어간다.…" Khandhasutta, "물질〈느낌, 인식, 형성, 알음알이〉은
무상하고 변하고 다른 상태로 되어간다. …"
72 마노로 만든 몸(意成身)에 대한 『아비담마』 해석, 사선정을 출정한 뒤 감각기능이
결여 되지 않은 상태인 마노로 만든 몸[意成身]이라는 의문전향에서 12가지
정신들이 눈 감성물질을 눈 투명요소, 구체적 물질, 삼특상[무상·고·무아],

심장〔意〕을 토대로 생긴 눈 감성물질에 의지하는 것으로서 정신·물질을 오온五蘊으로 꿰뚫어 아는 지혜의 기능(paññindriya)이다.

그래서 정형구 ⑬은 물질〈느낌, 인식, 형성들, 알음알이, (감성물질)눈, … (12연기) 늙음·죽음〉을 항상하지 않음〔무상〕에 따라가며 보면서 들이쉬리라고 공부하고, 항상하지 않음에 따라가며 보면서 내쉬리라고 공부한다. 들숨과 날숨에 의해서 항상하지 않음에 따라가며 보면서 법들을 관찰하는 것은 확립이고 문지기(sati)이다. 이처럼 문지기의 확립으로 법을 따라가며 법을 관찰한다. 보는 눈의 감성물질은 항상하지 않고 변하므로 괴로움이고 이욕離欲한다. ⑭는 오온〈눈, … 늙음·죽음〉의 위험을 보고는 늙음·죽음에 대한 이욕의 열의가 생겨나고 믿음에 확신하며 마음을 굳게 한다. 늙음·죽음을 탐냄의 떠남에 따라가면서 들이〔내〕쉬리라고 공부하고, 들숨과 날숨에 의해서 탐냄의 떠남을 따라가며 보면서 법들을 관찰하는 것은 확립이고 문지기 역할이다. 이처럼 문지기의 확립으로 법을 따라가며 법을 관찰한다. ⑮에서 오온〈눈, … 늙음·죽음〉의 위험을 보고는 그침에 대한 열의가 생겨나고 믿음을 확신하며 마음을 굳힌다. 오온〈눈, … 늙음·죽음〉을 그침에 따라가며[73] 보면서 들이〔내〕쉬리라고 공부하며 관찰하는 것은 확립〔處〕

혐오스러움 등의 위빠사나 앎으로 결정하는 여리작의를 의지할 때, 눈 투명요소〈구체적 물질, 삼특상, 혐오스러움〉라고 속히 아는 (7번의) 속행과 등록이 마음의 상속에서 계속 일어난다. 이처럼 위빠사나 앎에 결정하는 여리작의를 의지하는 것으로써 유익한 속행이 일어난다.

73 의문意門 전향에서 정신들의 식별이 보는 눈의 감성물질을 눈 투명요소, 구체적

이고 문지기 역할이다. 이와 같은 문지기의 확립에 의해서 법을 따라서 법을 관찰한다. 5가지 '무상, 괴로움, 무아, 불탄다, 변화한다'는 의미에서 무명하므로 위험하다. 8가지 '근원, 일어남, 태어남, 근본(음식), 원인, 조건, 앎의 일어남, 그침의 확립'의 그침에 의해서 무명이 그친다. 이처럼 5가지 특징의 '무명, 형성들, 알음알이, 정신·물질, … 태어남, 늙음·죽음'의 위험을 보고는 8가지 형태의 그침으로써 '무명, 형성들, 알음알이, 정신·물질, … 늙음·죽음〔괴로움〕'이 그치는 것에 열의가 생겨나고 믿음을 확신하며, '무명, 형성들, 알음알이, 정신·물질, … 태어남, 늙음·죽음〔괴로움〕'에 대해 그침을 따라가며 보면서 들이〔내〕쉬리라고 공부한다. 들숨과 날숨에 의해서 (정신·물질) 그침을 따라가며 법들을 관찰하는 것은 확립이고 문지기 역할이다. 문지기의 확립으로 (12연기) 법을 따라가며 법을 관찰한다. 들숨과 날숨에 의해서 그침을 따라가면서 마음의 하나됨과 산란하지 않음을 꿰뚫어 알고, 꿰뚫어 아는 것에 오근五根을 모은다.[74] ⑯은 포기에 의한 놓아버림과 약진에 의한 놓아버림이다. 오온〈눈, … 늙음·죽음〉에 대한 포기로써 버림이다. 물질의 그침, 열반으로 마음이 약진해 들어가는 것은 약진에 의한 버림이다. 오온〈눈, … 늙음·죽음〉에 대한 놓아버림을 따라가며 보면서 들이〔내〕쉬겠노라고 공부 짓는다. 늙음과 죽음을

물질, 삼특상〔무상·고·무아〕과 혐오스러움의 '위빠사나 앎'으로 결정하는 여리작의를 의지하는 등 정신·물질의 그침이라는 의미로서 오온〈눈, … 늙음·죽음〉을 그침에 따라감.

[74] 『Patisambhidamagga』 해석 65-66번, 오근〔믿음, 정진, 문지기, 집중, 지혜〕

포기하는 것은 포기에 의한 버림이다. 늙음과 죽음의 그침, 열반으로 마음이 약진해 들어가는 것은 약진에 의한 버림이다. '늙음과 죽음에 대해 놓아버림을 따라가며 보면서 들이〔내〕쉬겠노라'며 공부 짓는다. 들숨과 날숨에 의해서 놓아버림을 따라가며 보는 것은 확립이고 문지기 역할이다. 그러한 문지기와 앎에 의하여 법들을 따라가며 본다. 그러므로 '법들을 따라가며 보는 것은 문지기의 확립〔법념처〕에 의한 닦음이다'라고 말한다. 들숨과 날숨을 놓아버림에 따라가며 보는 것은 단속[75]의 의미로서 계청정〔戒淸淨〕이다. 산란하지 않은 의미로서 마음의 청정〔心淸淨〕이다. (무상으로) 봄의 의미로써 견해의 청정〔見淸淨〕이다. 이들 3가지 배움에 마음 기울이며 공부 짓고, 겪어야 할 것을 겪으며 공부 짓는다.[76] 항상하지 않음과 놓아버림을 따라가며 보면서 들숨〔날숨〕을 두려움의 드러남으로 보는 지혜는 염오에 대한 적절한 앎[77]이다. 항상하

---

75 A4:14 Saṁvarasutta(D33 합송경), "단속, 버림, 수행, 보호 등 4가지를 노력한다. 어떻게 (안이비설신의 감각장소) 단속하는가? 눈〔귀…의〕으로 형색〔소리…법〕을 볼〔듣…작의〕 때 니밋따 전체를 취하지 않고 부차적으로도 취하지 않는다. 만약 눈〔귀…의〕 기능이 제어되지 않으면 욕망과 싫어하는 마음과 유익하지 않은 법들이 들어올 것이다. … 어떻게 보호하는가? 생겨난 경이로운 삼매 니밋따를 잘 보호한다. 즉, 해골이 된〈벌레가 버글하는, 검푸른, 문드러진, 끊어진, 부푼〉것에 인식한다."

76 『Paṭisambhidamagga』 해석 67번, 놓아버림을 따라가며 보면서 들숨과 날숨에 의해서 마음의 하나됨과 산란하지 않음에 꿰뚫어 아는 것에 오근을 모으고 영역을 꿰뚫어 알고 평등 의미를 꿰뚫는다; 오력을 모은다. 칠각지를 모은다. 팔정도를 모은다.

77 『Paṭisambhidamagga』 해석 68번, 길게 들이〔내〕쉼을 통해서 마음의 하나됨과

않음과 놓아버림을 따라가며 보면서 들숨[날숨]을 돌이켜 고요함에 선 지혜는 싫어하여 떠난 고요함에 대한 적절한 앎이다. 이렇게 족쇄와 잠재성향이 그친 수승함을 갖는다. 예류도預流道에 의해서 '몸이 있다는 견해, 의심, 삿된 계에 대한 고집, 견해와 의심의 잠재적 성향'을 제거하고 끊음으로부터 해탈의 즐거움에 대한 앎이 일어난다. 일래도一來道에 의해서 거친 감각적 욕망에 대한 얽매임… 적의에 의한 얽매임, 거친 감각적 욕망에 대한 탐냄과 적의의 잠재성향을 제거하고 끊음으로부터 해탈의 즐거움에 대한 앎이 일어난다. 불환도不還道에 의해서 미세한 감각적 욕망에 대한 탐냄에 의한 얽매임… 적의에 의한 얽매임, 미세한 감각적 욕망에 대한 탐냄과 적의의 잠재성향을 제거하고 끊음으로부터 해탈의 즐거움에 대한 앎이 일어난다. 아라한도阿羅漢道[78]에 의해서 물질에 대한 탐냄, 물질을 지니지 않음에 대한 탐냄, 자만, 들뜸, 무명, 자만〈있음에 대한 탐냄, 무명〉의 잠재적 성향을 제거하고 끊음으로부터 해탈의 즐거움에 대한 앎이 일어난다.

산란하지 않음이 삼매이다, …마음을 해탈케 하면서 들이[내]쉼에 의해 마음의 하나됨과 산란하지 않음이 삼매이다, 이들의 24가지 삼매가 앎이다. 마음을 해탈하면서 무상〈괴로움, 무아〉에 따라가며 보는 의미로써 위빠사나이다. 이들이 72가지 위빠사나를 통한 앎이다.

[78] SN22:76 Arahantasutta(아라한 경), "오온은 무상, 고, 무아'라고 있는 그대로 배운 성스러운 제자는 오온에 대해서 이욕하며 탐욕이 사라지고, 탐욕이 사라지므로 해탈한다. 해탈하면 해탈했다는 앎이 있다. '태어남은 끝났다. 청정범행은 완성되었다.'라고 안다. 중생의 거처〈존재의 으뜸〉에 관한 세상에서 아라한이 으뜸이고 최상이다."

제2장 물질과 정신 명상 그리고
정신·물질〔名色〕

1. 걷기 명상〔행선〕과 감각장소의 알아차림

행주좌와〔4威儀〕에서와 같이 감각장소〔내외입처〕를 일어남과 사라짐에 알아차리는 걷기 명상은 정신·물질〔名色〕의 식별에 대한 앎(nāmarūpaparicccheda ñāṇa)에서 도움이 된다. DN22『대념처경』에서는 "비구는 걸어가면서 '걷고 있다'고 꿰뚫어 알고, 서 있으면서 '서 있다'고 꿰뚫어 알며, 앉아 있으면서 '앉아 있다'고 꿰뚫어 알고, 누워 있으면서 '누워 있다'고 꿰뚫어 안다. 또 그의 몸이 다른 어떤 자세를 취하고 있든 그 자세대로 꿰뚫어 안다. 이와 같이 안으로 몸에서 몸을 관찰하며〔身隨觀〕머문다. 비구는 나아갈 때도 물러날 때도 분명히 알면서〔sampajāna, 正知〕행한다. 앞을 볼 때도 돌아볼 때도 분명히 알면서 행한다. 구부릴 때도 펼 때도 분명히 알면서 행한다. 가사·발우·의복을 지닐 때도 분명히 알면서 행한다. 먹을 때도 마실 때도 씹을 때도 맛볼 때도 분명히 알면서 행한다. 대소변을 볼 때도 분명히 알면서 행한다. 걸으면서·서면서·앉으면서·잠들면서·잠을 깨면서·말하면서·침묵하면서도 분명히 알며 행한다." 라고, 모든 몸의 동작에서의 알아차림을 말한다. 동작하는 몸을 사대 물질에 관한 12가지 특징[1]으로서 관찰하고, 몸에서 일어나고 사라지는 감각장소를 따라가며 법으로 알아차리고 머문다.

이렇게 알아차림을 공부하면, 지·수·화·풍 사대물질로 구성된 '눈·귀·코·혀·몸·의'라는 감각기능〔육근〕의 감성물질이 '형색, 소리, 맛, 감촉, 법'이라는 대상을 만나 결박될 때마다 먼저 감각장소〔處〕에 전향을 하고 이를 각각의 알음알이〔六識〕에서 받아들이며 감각접촉을 하는데, '감각접촉, 느낌, 인식, 의도' 등 기우는 특징의 정신들이 '항상하지 않음'을 알게 되고 법에서 법을 따라가며 머물 수가 있다. 즉, 걷기 명상은 바닥에 닿을 때마다 발바닥 부위에서 생긴 몸과 촉감〔身觸〕이라는 감각장소의 오문五門 전향을 통해서 '일어난 법은 그 무엇이든 반드시 그친다'라고 정신들을 '일어남과 사라짐'에서 경험한다. 아주 천천히 발을 들어 옮겨 가면서 발의 동작을 "듦, 올림, 나감, 놓음, 닿음, 누름"의 6개 단계로 구분하면서 몸의 동작을 지·수·화·풍 사대물질의 12가지 특징들로 식별을 하면, 감각장소에서 찰라 변하는 특징의 물질에 대해서 의지하는 바로서 기우는 특징이라는 정신들을 식별한 정신·물질이 생겨난다.

---

1 사대물질의 12 특징: 딱딱함과 부드러움 혹은 거칢과 매끈함 혹은 무겁거나 가벼움(흙), 흐름과 응집(물), 따스함과 차가움(불), 공기의 움직임과 지탱(바람).

볼 때 '본다'라고 관찰하면 눈과 형색은 물질(rūpa)이고 보는 것에 아는 것은 정신(nāma)이라고 알아차릴 수가 있다. 이와 같이 들을 때 "듣는다. 들린다."라고 관찰하면 귀와 소리는 물질이고 듣는 것에 아는 것은 정신, 맡을 때 코와 냄새가 물질이고 맡는 것에 아는 것은 정신, 먹어서 알 때 혀와 맛은 물질이고 맛으로 드러나 아는 것은 정신, 닿을 때 몸과 감촉은 물질이고 닿는 것에 아는 것은 정신이라고 알아차릴 수가 있다. 감촉을 아는 것은 온몸 어디서나 분명하게 드러난다. 굽힘, 폄, 움직임, 감 등도 몸이라는 사대 물질의 12가지 특징에 닿아 아는 정신이다. 그러므로 팔과 다리를 굽힐 때 "굽힌다. 굽힌다."라고 관찰하면 굽히는 동작은 물질이고 뻣뻣함과 움직임에 아는 것은 정신이다. 갈 때 "간다. 뻗는다."라고 다리를 뻗는 동작은 물질이고 뻣뻣함과 움직임에 아는 것은 정신이다. 배를 관찰할 때 "부푼다, 꺼진다"라는 동작은 물질이고 "팽팽함과 홀쭉해짐의 움직임"에 아는 것은 정신이라고 식별한다.[2]

걷기 명상(포행)은 발바닥에 닿는 촉감을 느끼면서 아주 천천히 걸어가는데, 발의 동작을 '듦, 올림, 나감, 놓음, 닿음, 누름'의 6개 단계로 구분하며 걷는다. 이렇게 걷기 명상이 익숙해지면, 그 다음은 걸으면서 몸을 구성하는 지수화풍 사대 물질의 12가지 특징들을 관찰하고 물질에 의존하고 있는 정신들을 알아차리며

---

[2] 비구 일창 담마간다(2022), 「마하시 사야도의 아리야와사 법문」, 불방일, pp.224-225.

> 감각장소에서 정신·물질을 식별한다. 즉, 바닥에 닿을 때, 발을 들어 옮길 때, 바닥에서 떨어질 때마다 "딱딱함과 부드러움, 거칢과 매끈함, 무겁거나 가벼움(흙), 흐름과 응집(물), 따스하거나 차가움(불), 공기 움직임이나 지탱(바람)" 등의 4대 물질 특징에 대해서 기우는 특징의 정신들을 알아차리고 정신·물질로 공부한다.

2. 사대 물질 명상

1) 토대 물질에 묶인 정신

여섯 감각장소(āyatana)의 일어남과 사라짐을 꿰뚫어 아는 청정범행을 정신·물질에서 구한다. 부처님은 '라훌라'에게 사대물질의 몸을 "몸 안에 있고 개인에 속하고 지·수·화·풍·허공으로 구성된 몸에 대해서 '이것은 내 것이 아니다. 이것은 내가 아니다. 이것은 나의 자아가 아니다.'라고 있는 그대로 지혜로 보아야 하고, 지·수·화·풍·허공 요소들을 염오하고 지·수·화·풍·허공 요소들에 대한 마음의 탐욕이 빛바래게 한다."라고 가르친다.[3]

    12연기에서의 정신·물질(nāmarūpa)은 무엇인가? '느낌, 인식, 의도, 감각접촉, 작의' 등의 정신들에 기우는(namana) 특징인 정신과 사대물질이나 사대물질에서 파생된 변형되는(ruppana) 특징의 물질 등을 합쳐서 정신·물질(名色)에 구분하였다.[4] 사리붓다가 "법

---

3 MN62 Mahārāhulovādasuttaṃ(라훌라를 교계한 긴경)

제2장 물질과 정신 명상 그리고 정신·물질 **63**

들을 차례대로 결정한다."에 말한 '일으킨 생각과 지속적 고찰, 희열, 행복, 심일경' 등의 기우는 특징들이 곧 정신(nāma)이다. 그런데 정신은 '토대(vatthu) 물질'을 의지하여 일어난다. 토대 물질은 물질의 몸(karajakāya)이다. 즉, DN2 『사문과경』에서, "삼매에 들어가 마음이 청정하고, 깨끗하고, … 앎과 봄으로 마음을 향하게 하고 기울게 한다. … 알음알이는 여기 토대 물질에 의지하고 여기에 묶여 있다."[5]라고, 정신들의 식별(알음알이)은 (무상으로 안 것[見]의) 토대 물질에 의지하고 있음이 정신·물질에서의 앎이다.

'이 몸은 물질로 된 것이고, 4가지 근본물질(지·수·화·풍)로 이루어진 것이며, … 나의 이 알음알이[識]는 여기[토대]에 의지하고

---

4 대림스님 역(2012), 『맛지마 니까야』 1권, pp.289-323, MN9 Sammādiṭṭhisutta, "무엇이 정신·물질이고, 정신·물질의 〈일어남, 그침, 그침에 인도하는 도 닦음〉인가? 느낌, 인식, 의도, 감각접촉, 작의를 정신이라 하고, 사대물질과 사대물질에서 파생된 물질들을 물질이라고 한다. 이런 정신과 물질을 일러 정신·물질이라고 한다. 알음알이가 일어나므로 정신·물질이 일어난다. 알음알이가 그치므로 정신·물질이 그친다. 성스러운 팔정도가 정신·물질의 그침으로 인도하는 도 닦음이다."
5 DN2 『사문과경』. "삼매에 들어 마음이 청정하고, 깨끗하고, … 앎과 봄으로 마음을 향하게 하고 기울게 한다. 이와 같이 꿰뚫어 안다. 나의 이 몸은 물질로 된 것이고, 사대로 이루어진 것이며,.. 무상하고 파괴되고 분쇄되고 해체되고 분해되기 마련이다. 나의 이 알음알이는 여기에 의지하고, 여기에 묶여 있다." (주석서) "사대물질로 이루어진 몸이 명확해지는 때가 … 감각접촉이 5번째인 일체의 마음과 마음부수들이나 혹은 위빠사나 앎이 명확해지는 때이다." (MA.iii.262)

여기에 묶여 있다.'라고 꿰뚫어 안다.

토대 물질에 묶여 있다는 알음알이[식별]가 일어나므로 정신·물질이 일어나고, 알음알이가 그치므로 정신·물질이 그친다. 아래의 오온五蘊에 관한 경문에서 물질[色]과 '느낌, 인식, 형성, 알음알이'의 정신[名]을 기술한다. 이때 팔정도가 정신·물질의 그침으로 인도하는 도 닦음이다.

물질이란 무엇인가? "비구여, 그러면 왜 물질이라고 부르는가? 변형된다고 해서 물질이라고 한다. 그러면 무엇에 의해서 변형되는가? 차가움에 의해서 변형되고, 더움에 의해서도 변형되고, 배고픔에 의해서 변형되고, 목마름에 의해서도 변형되고, 파리, 모기, 바람, 햇빛, 파충류들에 의해서도 변형된다. 비구여, 이처럼 변형된다고 해서 물질이라 한다. …"[6]

---

6 SN22:79 Khajjanīyasutta(오온에 삼켜버림 경), "그러면 왜 느낌이라 부르는가? 느끼므로 느낌이라 한다. 그러면 무엇을 느끼는가? 즐거움〈괴로움, 괴롭지도 즐겁지도 않은 것〉을 느낀다. 이처럼 느끼므로 느낌이라 한다. 그러면 왜 인식이라 부르는가? 인식하므로 인식이라 한다. 그러면 무엇을 인식하는가? 푸른 것〈노란 것, 빨간 것, 흰 것〉을 인식한다. 이처럼 인식하므로 인식이라 한다. 그러면 왜 형성이라 부르는가? 형성된 것을 계속해서 형성하므로 형성이라 한다. 그러면 어떻게 형성된 것을 계속해서 형성하는가? 물질이 물질〈느낌이 느낌, 인식이 인식, 형성이 형성〉이 되게 형성된 것을 계속해서 형성한다. 알음알이로 식별이 되게 계속해서 형성한다. 그래서 형성된 것을 계속해서 형성하므로 형성들이라 한다. 그러면 왜 알음알이라 부르는가? 식별한다고 해서 알음알이라 한다. 그러면 무엇을 식별하는가? 신〈쓴, 매운, 달콤한, 떫은,

2) 물질 명상

1단계: 몸에서 사대 물질의 특징을 파악

MN10 『염처경(Satipatthanasutta)』에서 부처님이 4가지 문지기(sati)의 확립〔사념처〕에 대해서 말씀하길, 들숨과 날숨과 같은 몸을 32가지 몸의 부위〔相〕와 4가지 근본물질〔四大〕로써 몸에서 몸을 관찰하며 머물고, 또한 몸을 일어나고 사라지는 법에 관찰하고 머물라고 말씀하셨다. 먼저 땅, 물, 불, 바람의 사대 근본물질로써 몸에서 몸을 관찰하며 무상과 이욕으로 닦는 물질(rūpa) 명상을 하는데, 이는 근접 삼매이다. 사대 물질을 고유한 성질에 특징짓는 사대의 구분은 요소〔땅, 물, 불, 바람, 허공, 알음알이〕에 관한 명상이다. 『염처경』에서 솜씨 좋은 백정이 소를 잡아서 각을 뜬 다음 큰길 네거리에 펼쳐놓고 앉아 있듯이, 몸을 처하고 놓인 대로 펼쳐서 사대 근본물질의 요소에 구분한다. 이처럼 몸을 지·수·화·풍 사대 물질의 요소에 놓고 관찰하면 고정된 실체가 있다는 삿된 견해가 사라지고, '땅, 물, 불, 바람, 허공, 알음알이'라는 요소〔界〕에 의지하고 안주하는 이익이 있다.

떫지 않은, 짠, 싱거운〉 맛을 알음알이한다. 이처럼 분별하므로 알음알이라 한다. 여기에서 잘 배운 성스러운 제자는 이와 같이 숙고한다. 나는 지금 물질〈느낌, 인식, 형성들, 알음알이〉에 의해서 삼켜지고 있다. ⋯ 미래에도 나는 물질〈느낌, ⋯ 알음알이〉에 의해서 삼켜질 것이다 라고, 이와 같이 숙고하여 과거의 물질〈느낌, ⋯ 알음알이〉에 대해서 무관심하고 미래의 물질〈느낌, ⋯ 알음알이〉을 즐기지 않고 현재의 물질〈느낌, ⋯ 알음알이〉을 염오하고 물질에 대한 탐욕이 빛바래고 물질〈느낌, ⋯ 알음알이〉을 소멸하기 위해서 도를 닦는다."

마치 솜씨 좋은 백정이 소를 잡아서 각을 뜬 다음 큰길 네거리에 펼쳐 놓고 앉아 있는 것과 같다. 비구여, 이와 같이 비구는 이 몸을 처한 대로 놓인 대로 요소(界)별로 고찰한다. 즉, '이 몸에는 땅과 물과 불과 바람의 요소들이 있다.'라고.[7]

외적인 사대가 있지만, 신체 부위를 땅·물·불·바람의 내적인 사대 요소로 상세히 구분한다. 물질 명상에서, 신체 부위를 사대의 근본물질과 근본물질에 의해서 파생된 물질 무더기들에 파악하는데, 이렇게 변하는 특징의 물질을 염오하고 이욕한다.

그러면 어떻게 지혜를 소홀히 여기지 않는가? 6가지 요소들이 있으니, 땅, 물, 불, 바람, 허공, 알음알이 등이다. 비구여, 그러면 무엇이 땅 요소인가? 땅 요소에는 내적인 것과 외적인 것이 있다. 무엇이 내적인 땅 요소인가? 몸 안에 있고 개개인에 속하고 딱딱하고 견고하고 업에서 생긴 것은 무엇이건 내적인 땅 요소라고 한다. 예를 들면 머리카락, 몸의 털, 손발톱, … 장간막, 위 속의

---

[7] MN10 Satipatthanasutta(念處經), "어떻게 세상에서 비구는 여섯 안밖의 감각장소(phassāyatana, 六內外入處)에서 법을 따라서 법을 관찰하는가? 세상에서 비구는 안이비설신의를 알고 색성향미촉법을 알고 두변을 조건으로 일어난 결박(saṃyojana)을 알고, 전에 없던 결박(전향)이 어떻게 생기는지 원인을 꿰뚫어 알고, 일어난 결박(전향)이 어떻게 해서 그치는지 원인에 꿰뚫어 알고, 제거된 결박이 어떻게 해서 다시는 일어나지 않는지 그 원인을 꿰뚫어 안다."라고 여섯 안팎의 감각장소에서 보는 감각기능 눈의 안문 전향과 일어나 그치는 법에 작의하는 의문전향을 앎.

음식, 똥과 그 외에도 몸 안에 있고 개개인에 속하고 딱딱하고 견고하고 업에서 생긴 것은 무엇이건 내적인 땅 요소라고 한다. 내적인 땅 요소든 외적인 땅 요소든 그것은 단지 땅 요소일 뿐이다. 이에 대해 '이것은 내 것이 아니다. 이것은 내가 아니다. 이것은 나의 자아가 아니다.'라고 있는 그대로 바르게 지혜로 보아 땅 요소를 역겨워하고 마음이 땅 요소에 대한 탐욕을 빛바래게 해야 한다. 비구여, 그러면 무엇이 물 요소인가? 물 요소에는 내적인 것과 외적인 것이 있다. 무엇이 내적인 물 요소인가? 몸 안에 있고 개개인에 속하는 물과 액체로 된 그것과 업에서 생긴 것은 무엇이건 내적인 물 요소라고 한다. 예를 들면 쓸개즙, 가래, 고름, … 콧물, 관절 활액, 오줌과 그 외에도 몸 안에 있고 개개인에 속하는 물과 액체 상태로 된 것과, 업에서 생긴 것은 무엇이건 내적인 물 요소라고 한다. 내적인 물 요소든 외적인 물 요소든 그것은 단지 물 요소일 뿐이다. 이에 대해 '이것은 내 것이 아니다. 이것은 내가 아니다. 이것은 나의 자아가 아니다.'라고 있는 그대로 바르게 지혜로 보아 물 요소를 역겨워하고 마음이 물 요소에 대한 탐욕을 빛바래게 해야 한다. 비구여, 그러면 무엇이 불 요소인가? 불 요소에는 내적인 것과 외적인 것이 있다. 무엇이 내적인 불 요소인가? 몸 안에 있고 개개인에 속하는 불과 뜨거운 것과, 업에서 생긴 것은 무엇이건 내적인 불 요소라고 한다. 예를 들면 그것 때문에 따뜻해지고 늙고 타버린다거나 그것 때문에 먹고 마시고 씹고 맛본 것이 완전히 소화된다든지 하는 것이다. 그 외에도 몸 안에 있고 개개인에 속하는 불과 뜨거운 것과, 업에서 생긴 것은 무엇이건 내적인 불 요소라고 한다. 내적인 불 요소든 외적인 불 요소든 그것은 단지 불 요소일 뿐이다. 이에 대해 '이것은 내 것이 아니다. 이것은 내가 아니다. 이것은 나의 자아가 아니다.' 라고 있는 그대로 바르게 지혜로 보아 불 요소를 역겨워하고 마음이 불 요소에 대한 탐욕을 빛바래게 해야 한다. 비구여, 그러면 무엇이 바람 요소인가? 바람 요소에는 내적인 것과 외적인 것이 있다. 무엇이 내적인 바람 요소인가? 몸 안에 있고 개개인에 속하는 바람과 바람 기운과, 업에서 생긴 것은 무엇이건 내적인 바람 요소라고 한다. 예를 들면 올라가는 바람, 내려가는 바람. 복부에 있는 바람, 창자에 있는 바람, 온몸에 움직이는 바람, 들숨과 날숨이다. 그 외에도 몸 안에 있고 개개인에 속하는 바람과 바람 기운과, 업에서 생긴 것은 무엇이건 내적인 바람 요소라고 한다. 내적인 바람 요소든 외적인 바람 요소든 그것은 단지 바람 요소일 뿐이다. 이에 대해 '이것은 내 것이 아니다. 이것은 내가 아니다. 이것은 나의 자아가 아니다.'라고 있는 그대로 바르게 지혜로 보아 바람 요소를 역겨워하고 마음이 바람 요소에 대한 탐욕을 빛바래게 해야 한다.[8]

이와 같이 부처님은 아들 라훌라에게 몸을 지·수·화·풍 사대 물질에서 파생된 물질 무더기의 42부위로 관찰하고 염오하며, 마음을 지·수·화·풍 요소들에 대한 탐욕의 빛바램으로 닦는 명상에 말씀하셨다.[9] 이러한 '물질 명상'을 다음과 같이 요약한다.

---
8 MN140 Dhātuvibhaṅgasutta, MN28 Mahāhatthipadopamasutta(象跡喩經, 대림스님 역(2004), 『청정도론』 2권, 초기불전연구원, pp.237-242), 42개 부위 相.
9 MN62 Mahārāhulovādasuttaṃ(라훌라를 교계한 긴경), 그외 허공의 요소는

> 땅의 요소: 머리털·몸털·손발톱·이빨·살갗·살·힘줄·뼈·골수·콩팥·심장·간·근막·비장·허파·장·장간막·위 속 음식·똥 (20)
> 물의 요소: 쓸개즙·가래·고름·피·땀·굳기름·눈물·기름기·침·콧물·관절 활액·오줌(12)
> 불의 요소: 몸이 따뜻하고, 늙고, 타버리고, 먹은 것을 소화시킴
> 바람의 요소: 올라가는 바람, 내려가는 바람, 복부에 있는 바람, 창자에 있는 바람, 온몸에서 움직이는 바람, 들숨과 날숨

머리털부터 오줌까지 상세하게 사대를 관찰할 때 산만하게 나타난다. 그러나 '딱딱한 성질을 가진 것은 곧 땅의 요소이다.'라고 간략하게 작의할 때 명상 주제가 분명해진다. 그러므로 한적한 곳에 혼자 머물러 자기의 온몸으로 전향해야 한다.

'이 몸에 있는 딱딱한 성질이나 거친 성질은 땅의 요소이고, 점착하는 성질이나 흐름의 성질은 물의 요소이고, 익게 하는 성질이나 뜨거운 성질은 불의 요소이고, 팽창하는 성질이나 움직이는 성질은 바람의 요소다'라고 간략하게 요소를 파악하고는 계속해서 땅의 요소, 물의 요소라고 단지 사대로, 중생도 아니고 영혼도 아니라고 전향해야 하고 작의하고 반조한다.[10]

귓구멍, 콧구멍, 입, 먹고 마시고 씹고 맛본 것이 넘어가고 머물고 나가는 곳〔목구멍〕이다.

이와 같이 노력할 때 요소의 분류를 비추는 지혜를 수반한 근접 삼매가 일어난다. 고유한 성질을 가진 법을 대상으로 하기 때문에 본 삼매에 이르지는 못한다. 혹은 사대 물질에서 중생이라는 것이 없음을 보여주기 위해서, 사리붓다 존자는 '뼈와 힘줄과 살과 피부의 4가지 부위로써 공간적으로 둘러싸인 소라 껍질이 또 다른 존재의 몸이라는 명칭을 얻는다.'[11]라고 딱딱하고 거친 땅의 요소를 파악하고 단지 땅의 요소와 물의 요소로써 중생도 아니고 영혼도 아니라는 전향을 작의하고 반조한다. "신체 부위가 개개의 부분일 뿐 공간적으로 서로 의지하거나 위치하는 바를 스스로 알지를 못하고 의도가 없다."[12]라고 신체 부위에 관한 알음알이를 염오하는 것을 『청정도론』에서 배운다.

2단계: 몸을 사대 물질의 32부위(相)에 식별

몸을 사대 물질의 32부위로 식별하고 삼특상(무상·고·무아)과 혐오스러움이라는 '위빠사나 앎'으로 작의할 수가 있다. 파욱 센터에서는 호흡관으로부터 사선정에 들어가고 나온 뒤 사선정에 든 밝은 빛의 힘으로 몸의 32가지 부위를 하나씩 식별한다. 땅의 요소인 머리털부터 물의 요소인 오줌까지의 식별하고 흰색 까시나의 명상과 12가지 특징에 차례대로 식별(Kammaṭṭhāna)을 한다.[13]

---

10 대림스님 역(2004), 『청정도론』 2권, 초기불전연구원, pp. 242-243.
11 M28 Mahāhatthipadopamasutta
12 대림스님 역(2004), 『청정도론』 2권, 초기불전연구원, pp. 245-254.
13 무념스님 역(2003), 『사마타와 위빠사나』, pp. 20-23, 55-57. 물질을 식별하는

몸의 32부위에 대한 명상을 개발하려면, 먼저 아나빠나 사띠로 사선정에 들어가야 한다. 삼매의 (니밋따) 빛이 밝게 빛날 때 그 빛을 이용해서 몸의 32부위들을 한 번에 하나씩 관찰해야 한다. 몸의 32부위들은 땅의 요소가 우세한 20가지 부분과 물의 요소가 우세한 12가지 부분으로 되어 있다. 순서대로 한 번에 하나씩 식별한다. 마치 깨끗한 거울에 자기 얼굴을 비춰보는 것처럼 분명하게 보아야 한다. 이렇게 하는 동안 삼매의 빛이 희미해지고 관찰하는 몸의 부분이 흐려진다면, 아나빠나 사띠의 사선정을 다시 확립해야 하고, 그 빛이 밝고 강하게 되면 몸을 관찰하는 수행에 돌아와야 한다. 삼매의 빛이 희미해질 때마다 이렇게 해야 한다. 머리털부터 오줌까지 또는 반대로 오줌에서 머리털까지 분명하게 보는 것이 숙달될 때까지 수행해야 한다. 그리고 나서 삼매의 빛으로 자신과 가까이 있는 존재를 관찰해야 한다. 자신의 정면에 있는 사람을 관찰하는 것이 좋다. 그 사람 또는 생명체를 머리털부터 시작해서 오줌까지 그리고 반대로 오줌에서 머리털까지 식별해야 한다. 32부위들을 순관으로 그리고 역관으로 여러 번을 관찰해야 한다. 이것을 성공했을 때 한 번은 안으로, 즉

방법(담마상가니(法集論), pp.65-66) "1. 사대요소를 관찰해서 근접삼매를 개발 2. 깔라파를 볼 수 있을 때 하나의 깔라파에서 모든 요소들을 관찰하기 위해 모든 물질(땅, 물, 불, 바람, 색깔, 냄새, 맛, 영양소, 생명기능, 눈 투명요소 등)을 분석한다. 3. 간단하게 하나의 감각기관에서 모든 물질을 분석하고 나머지 감각기관에서 식별한다. 4. 상세하게 몸의 42부분에서 모든 물질을 식별한다. 물질을 모두 식별했다면 여섯 감각기관의 모든 요소들을 한꺼번에 보는데 능숙할 것이다. 몸의 42부분도 한꺼번에 볼 수 있다. … 요소들을 위빠사나 대상(무상, 고, 무아)으로 보게 된다."

자신의 몸을 관찰하고, 한 번은 밖으로, 즉 다른 사람의 몸을 관찰해야 한다.

『대념처경』 주석서에서 열반에 이르는 3가지 문門을 사마타 명상의 색깔 까시나(kasina)와 혐오감(paṭikūla manasikāra)과 사대요소 명상인 텅빔(suññata) 등으로 말한다. 자신을 안과 밖으로부터 또한 정면의 사람으로부터 32부위 식별이 능숙하게 되면 아래 3가지 중 한 개를 선택해서 계속 닦을 수 있다.[14]

① 뼈를 이용한 몸에 대한 혐오감 명상
② 흰색을 이용한 까시나 명상
③ 몸의 각 부위를 사대 요소의 12가지 특징에 식별

① **혐오감 명상**:
32부위와 뼈에 대한 인식을 이용하여 혐오감을 얻는 것이다.

아나빠나 사띠로 사선정에 들어가야 한다. 그래서 삼매의 빛이 밝게 빛날 때 그 빛을 이용해서 자신의 몸의 32부위들을, 그리고 나서 가까이 있는 사람을 식별해야 한다. 이렇게 안으로 밖으로 한 번 또는 두 번을 식별한다. 다음에 내부의 뼈 전체를 취해서

---

14 무념스님 역(2003), 앞의 책, pp.21-23, 색깔 까시나는 대열반경(D. ii.3)과 아비바야따나 숫따(A.Ⅷ.V. ii.5)에, 혐오감과 空의 문은 대념처경과 까야누빠사나(D. ii.9)에서 기술.

식별한다. 뼈 전체가 분명하게 될 때, 뼈[해골]에 대한 혐오감을 대상으로 선택해서 '혐오스러움! 혐오스러움!' 또는 '혐오스러운 뼈! 혐오스러운 뼈!' 또는 '뼈! 뼈!' 하면서 주시를 계속한다. 뼈의 혐오감을 대상으로 1시간 또는 2시간 동안 고요히 집중된 마음을 유지해야 한다. … 뼈의 혐오감을 보고 식별하는 것은 '빠띠바가 니밋따'라고 말한다.

② **흰색 까시나 명상:**
뼈를 이용한 흰색 까시나로부터 사선정을 얻는다. 정면에 앉은 사람의 뒤통수에서 가장 많이 희게 보이는 [뼈]부위를 보면서 단지 '흰색, 흰색' 하면서 주의를 기울인다. 그러면 뼈에 대한 인식은 사라지고 혐오감이라는 인식도 제거가 되고, 오로지 흰색으로 알아차린다.

먼저 아나빠나 사띠의 사선정에 다시 들어가야 한다. 그래서 삼매의 빛이 밝게 빛날 때 그 빛을 이용해서 몸 안의 32부위를 관찰한다. 그리고 나서 가장 가까이 있는 사람의 몸을 관찰한다. 이때는 단지 뼈로써만 인식한다. 뼈가 혐오스럽다고 느낀다면 그렇게 할 수도 있지만, 원하지 않는다면 단지 외부의 뼈로서만 인식한다. 뼈 전체가 하얗다면 뼈 전체의 하얀색을, 아니면 두개골의 뼈 또는 뼈 중에서 가장 하얗다고 생각되는 부분을 택해서 '하얀색, 하얀색' 하면서 거기에 집중한다. … 그 흰색 대상에 고요하게 1시간 또는 2시간씩 집중을 유지해야 한다. 아나빠나 사띠로 얻은 사선정의 힘 때문에 마음은 흰색 대상에 고요하게 집중될 것이다. 그 흰색에 한두 시간 집중할 수 있을 때 그 뼈는 사라지고 흰색 동그라미만 남는다. 흰 원이 목화솜처럼 하얗게 될 때가 욱가하 니밋따이다. 새벽별처럼 밝고 깨끗할 때가 빠띠바가 니밋따이다.

흰색 원을 이용해서 초선, 이선, 삼선, 사선을 얻을 수 있다. 이렇게 흰색 까시나를 통해서 사선정에 들어갈 수가 있다면 흰색 원의 빛을 이용하여 사보호 명상[15]을 닦을 수가 있다.

③ **몸의 각 부위를 사대 요소의 12가지 특징에 식별:**
몸의 32가지 부위를 사대 요소의 12가지 특징에 식별한다.[16]

땅의 요소: 딱딱함, 거칢, 무거움, 부드러움, 매끄러움, 가벼움
물의 요소: 흐름, 응집
불의 요소: 따뜻함, 차가움
바람의 요소: 지탱(팽창), 움직임

머리 끝에서 발가락까지 온몸에서 12가지 특징들을 하나씩 하나씩 구체적으로 반복적으로 식별한다.

---

15 정명스님(2020), 『사마타·루빠 명상 매뉴얼』, 비움과소통, p.17. 사보호는 자애관, 붓다에 대한 회상, 시체에 대한 혐오감, 죽음에 대한 명상.
16 무념스님 역(2003), 앞의 책, pp.55-57(Dhammasaṅgaṇī, 法集論).

3) 몸을 12 가지 특징에 식별과 궁극적 실재(깔라빠)

앞의 2)절 ③과 같이 몸의 각 부위를 사대 요소의 12가지 특징에 식별한다. 딱딱함, 거칢, 무거움, 부드러움, 매끄러움, 가벼움을 단지 땅의 요소로, 응집과 흐름은 물의 요소로, 따뜻함과 차가움은 불의 요소로, 그리고 지탱과 팽창은 단지 바람의 요소라고 명상한다. 이런 식으로 어떤 자세를 취하건 자신의 몸이란 단지 사대요소에 불과하다고 지켜보면서 땅의 요소, 물의 요소, 불의 요소, 바람의 요소라고 사대를 식별한다.

이렇게 사대 요소를 식별하다 보면 집중력이 더욱 깊어지고 처음에는 자신의 몸이 회색빛의 연기처럼 혹은 희미한 흰색의 빛으로 보이는 것을 보게 된다. 하지만 그 빛 속에서 사대 요소에 대한 명상을 계속하면 어느 순간에 온몸이 하얗게 보인다. 그때 멈추지 말고 흰색의 형태로 보이는 온몸에서 사대를 계속해서 식별하다 보면 어느 순간 온몸이 깨끗한 얼음 덩어리처럼 보인다. 근접 삼매에 상당하는 순간이다.[17]

멈추지 말고 흰색의 형태로 보이는 온몸에서 사대를 계속 식별하면 온몸을 깨끗한 얼음 덩어리로 볼 수가 있다.

수행은 몸의 한 부분에서 두드러지는 사대 요소의 특징부터 먼저 몸 전체에서 식별하고 12개의 특징을 식별한다. 예를 들면, 들숨과 날숨의 움직임이 식별되는 머리부터 시작한다.

---

17 정명스님(2020), 앞의 책, pp.18-21.

1. 움직임: 숨을 쉴 때 머리 꼭대기 백회혈에서 밀고 나가며 움직이는 느낌이나 공기의 접촉을 느낀다. 이러한 움직임이 분명해질 때까지 집중한다. 다음은 백회혈에 가까운 위치의 목에 옮겨 움직임을 찾는다. 목, 몸통, 팔, 다리, 발 순서로 관찰하는데 머리에서 발끝까지 정해서 빠지는 부분이 없도록 한다.
2. 딱딱함: 힘을 뺀 상태로 이빨을 꽉 물 때의 딱딱함. 머리에서 발끝까지 온몸에서 딱딱함을 관찰하고, 다시 온몸에서 움직임을 관찰한 다음에 온몸에서 딱딱함을 관찰.
3. 거칢: 이빨의 가장자리를 문지르거나 두 손등을 서로 비벼 거칢을 느낀다. 온몸에서 거칢을 식별한다. 움직임, 딱딱함, 거칢 순서로 하나씩 머리에서 발끝까지 관찰.
4. 무거움: 손을 다른 한 손 위에 포개 얹을 때의 무거움과 고개를 숙여 머리의 무거움을 느낀다. 온몸에서 무거움을 느꼈으면 움직임, 딱딱함, 거칢, 무거움 순서로 관찰.
5. 지탱: 몸을 쭉 펴고 세우는 힘이 지탱(팽창). 머리부터 발끝까지 온몸에서 지탱하는 성질을 관찰. (무거움과 함께 지탱을 관찰하는 것이 쉬울 수 있음) 온몸에서 지탱을 관찰하고 나면 움직임, 딱딱함, 거칢, 무거움, 지탱을 관찰.
6. 부드러움: 혀로 입술 안쪽을 밀 때와 힘을 뺀 몸에서 부드러움. 움직임, 딱딱함, 거칢, 무거움, 지탱, 부드러움 관찰
7. 매끄러움: 혀로 적신 입술 안쪽을 핥을 때 매끄러움. 온몸에서 매끄러움을 관찰, 온몸에서 7가지 특징을 관찰.
8. 가벼움: 하나의 손가락을 위아래로 까닥거려 가벼움을 느낀다. 온몸에서 무거움을 느끼면 손가락을 까닥거려 가벼움을 느낀다.

앞의 설명처럼 온몸에서 8가지 특징을 관찰.

9. 따뜻함: 촉감에서 온기를 느낀다. 9가지 특징을 관찰.

10. 차가움: 들숨에 콧구멍에 들어가는 차가움이다. 온몸에서 차가움을 관찰한다. 온몸에서 10가지 특징을 관찰한다.

11. 응집: 팔뚝이나 손목을 다른 쪽 손으로 감싸 누를 때 응집(땅 위에 서는 중력), 풍선 속의 물처럼 피는 피부에 의해 유지되는 응집. 다른 특징들을 앞에서와 같이 관찰.

12. 흐름: 눈을 감고 입속 이빨 사이로 침의 흐름, 혈관에서 피의 흐름, 폐 속에 들어가는 공기의 흐름, 온몸에서 온기 흐름을 관찰.

이들 12가지 특징들을 머리에서 발끝까지 온몸에서 위에서 말한 순서대로 하나씩 반복하며 관찰한다. 관찰을 마치면 이제는 순서를 바꾸고 지수화풍 특징의 순서에 따라 식별한다. 이 순서대로 한 번에 하나씩 머리에서 발끝까지 반복하며 식별한다. 적어도 1분에 3회를 반복할 정도로 빠르게 할 수 있을 때까지 수행한다. 이때, 어느 특징이 너무 과도하게 일어나면 반대편 특징에 더 주의를 환기하며 균형을 유지한다. 즉, '딱딱함과 부드러움, 거칢과 매끄러움, 무거움과 가벼움, 흐름과 응집, 따뜻함과 차가움, 지탱과 움직임'이다. 온몸에서 이렇게 특징들의 균형을 유지하는데, 반복적으로 숙달하면 12특징들이 분명하게 드러난다. 이때 첫 번째 6개의 특징을 땅의 요소로, 다음 2개의 요소는 물의 요소로, 다음 2개의 요소는 불의 요소로, 나머지 2개의 요소는 바람의 요소로 한꺼번에 묶어서 식별한다. 이처럼 땅, 물, 불, 바람의 특징에 식별하는 이 과정을 수백, 수천, 수만 번 반복하는데, 집중에 가장 좋은 방법은 '몸의 한 부분에서 다른 부분으로 옮겨가는 관찰' 대신에 '온몸을 한꺼번'에, 즉 머리 위에서 아래로 내려다보듯이 한꺼번에 관찰하는 것이 좋다.[18] 목 뒤와 어깨에서 아래로 온몸을 한 번에 볼 수가 있다. 이를 실제로 수행한 요지이다.

온몸에서 처음에는 12가지 요소를 하나하나씩 머리끝에서 발끝까지 관찰한다. 나중에는 12개 요소 모두를 1분에 3회 정도 관찰할 수 있을 때까지 반복적으로 알아차리는 수행을 한다. 대개 이 정도면 마음의 빛이 뜬다. 회색빛에서 집중이 좋아지면 흰색으로 바뀐다. 아주 집중이 좋아지면 물처럼 투명하다. 물처럼 혹은 수정처럼 맑고 투명해지지 않았으면 6가지 땅의 요소, 2가지 물의 요소, 2가지 불의 요소, 2가지 바람의 요소를 한꺼번에 식별해야 한다. 즉, 6가지 땅의 요소를 한 번에 가장 두드러진 현상은 놓치지 않고 가능하면 6가지 모두를 알아차리되 희미한 요소는 버린다. 하지만 적어도 땅의 특징으로 딱딱하고 거친 요소는 반드시 관찰한다. 다른 요소들은 모두 한 번에 관찰할 수 있도록 반복 수행한다. 이때는 주의를 머리끝에서 발끝으로 옮기는 것이 아니라, 머리끝 혹은 뒷 목덜미(뒷 어깨 부분)에서 마치 비스듬히 내려다보는 것처럼 온몸을 한 번에 관찰한다. 이때 알아차림의 대상 부위에서 머리는 제외한다. 만약 머리도 포함하여 관찰하면 두통

---

[18] 무념스님 역(2003), 『사마타와 위빠사나』, pp.65-66. "모든 요소들을 한꺼번에 볼 수 있을 때, 그 요소들은 위빠사나 대상, 즉 무상, 고, 무아로 보게 된다."

이 생길 수도 있기 때문이다. 이 단계까지 오면 대개는 빛이 투명해진다. 이 투명한 빛을 가만히 응시하면 작은 입자들이 분포되어 있는 것이 보인다. 이 입자들 사이를 뚫고 지나간다는 느낌으로 마음을 집중하면 작은 입자들로 쪼개진다. 이 좁쌀보다 작은 입자들이 깔라빠(kalāpa)이다. 그런데 관찰하다 보면 조금은 굵거나 큰 입자들이 보이는데 이것들은 깔라빠가 아니다. 이때는 그것을 보면서 온몸의 사대를 관찰하면 그 덩어리가 더 작은 입자(깔라빠)로 쪼개진다. 깔라빠는 물질의 덩어리를 의미하는데 궁극적 실재(paramatta)는 아니다. 왜냐하면 하나의 깔라빠는 사대 요소와 감성기능, 심장요소, 생명기능, 남녀를 구분짓는 성의 요소와 영양소들로 구성되어 있다. 이 구성요소들이 궁극적 실재이다. 수행자는 이러한 구성요소를 구분해야 한다. 그래야 이 몸의 궁극적 실재를 보고, 이것들의 생멸 속에서 무상, 고, 무아의 앎이 생겨나는 것이다.[19]

투명한 형태가 아주 작은 조각들로 산산이 부서져 나가는 물질 깔라빠에 대한 경험을 심청정(cittavisuddhi)이라고 말한다. 물질 깔라빠의 삼법인에 대한 경험이 견청정(diṭṭhivisuddhi)이다.

사대 요소에 집중을 계속해서 근접 삼매에 가까워지면 여러 종류의 빛이 보인다. 어떤 수행자에게 그 빛이 연기처럼 회색빛을 띠고 나타난다. 이 회색빛 속에서 사대 요소를 계속해서 관찰하면 그

---

[19] 정명스님(2008), 『구름을 헤치고 나온 달처럼』, 불교정신문화원, pp. 106-108.

빛은 목화솜처럼 하얗고, 다음에는 구름처럼 하얗고 그다음에는 온몸이 하얀 형태가 된다. 다시 계속해서 4대 요소에 집중을 계속하면 이 하얀 형태는 마침내 얼음덩어리나 유리처럼 투명하게 된다. 이 투명한 물질이 다섯 감성(pasāda)이다. 이것을 또한 다섯 투명 요소에 부른다. 즉 몸, 눈, 귀, 코, 혀 투명요소이다. 이 다섯 투명 요소 중에서 몸 투명 요소는 여섯 감각장소(phassāyatana)에서 발견된다. 이것이 몸 전체가 투명하게 나타나는 이유이다. 이제 투명요소가 하나의 투명한 형태나 덩어리로 보인다. 투명한 덩어리 속에서 사대 요소를 계속 식별하면 그 덩어리가 반짝거리고 빛을 낸다. 끊어짐 없이 적어도 30분 이상 이 빛에 집중할 수 있다면 근접 삼매에 도달한 것이다. 이 빛 속에서 작은 공간을 찾아봄으로써, 투명한 형태 속의 공간 요소를 식별하도록 한다. 그러면 투명한 형태는 작은 분자로 쪼개질 것이다. 이것이 깔라빠이다. 이 단계가 심청정이다. 이 깔라빠를 분석함으로써 견청정의 개발로 나아갈 수 있다.[20]

이 깔라빠는 "땅, 물, 불, 바람, 색깔, 냄새, 맛, 영양소" 등의 8가지 물질 기본 원소로 구성되어 있다. 특히 색깔의 요소가 밝은 빛을 내므로 수행자가 빛을 통해 깔라빠를 볼 수가 있다. 수행이 깊어지면 깔라빠의 모습을 더 밝은 빛의 생멸에 경험한다. 이처럼 몸을 구성하고 있는 사대의 28가지 물질들을 수많은 깔라빠들의 생성과 그침이라는 무상에 경험하므로 이 몸에서 고정된 실체가

---

[20] 무념스님 역(2003), 앞의 책, pp.58-59.

없다는 무아를 갖추고, 16가지 '위빠사나 앎'[21]을 계발하고 열반한다. 사대 요소의 12가지 특징에 대한 식별을 마치면 14가지 구체적 물질과 10가지 추상적 물질에 대해 관찰한다.

〈표 1〉 4대 요소와 24가지 파생 물질(28가지 물질)[22]

구체적 물질	추상적 물질
• 5가지 투명요소 (감성물질) 　1. 눈 투명요소 　2. 귀 투명요소 　3. 코 투명요소 　4. 혀 투명요소 　5. 몸 투명요소 • 4가지 감각대상의 물질 　1. 색깔　2. 소리 　3. 냄새　4. 맛 　*감촉은 땅, 불, 바람의 3大. • 영양소　• 생명기능 • 심장 • 성(bhāva) 물질 　1. 남성　2. 여성	1. 허공의 요소 2. 몸의 암시 3. 말의 암시 4. 가벼움 5. 부드러움 6. 적합함 7. 생성 8. 상속 9. 쇠퇴 10. 무상함 ※ 물질의 가벼움, 부드러움, 적합함은 마음에서 생긴 물질, 온도에서 생긴 물질, 음식에서 생긴 물질에만 존재.

4) 감성물질의 깔라빠 8원소 식별과 의문意門 식별

물질 깔라빠는 변형하고 투명과 불투명의 2가지가 있다. 눈, 귀, 코, 혀, 몸 등의 다섯 감성물질(pāsada rūpa)에 존재하는 깔라빠는

---

[21] 한국 파욱 분원의 세나니 승원, '닙바나로 인도하는 팔정성도' 참조.
[22] 무념스님 역(2003), 앞의 책, p.67 재인용.

투명하고 다른 모든 물질 깔라빠들은 불투명하다.

수행자는 투명하거나 불투명한 깔라빠에서 땅, 물, 불, 바람 등 사대의 요소를 식별하면서 개념을 제거하고, 위빠사나(무상, 고, 무아)의 수행을 할 수 있는 궁극적 실재에 도달한다.

투명하거나 불투명한 깔라파에서 땅, 물, 불, 바람의 요소를 식별해야 한다. 깔라빠는 아주 빠르게 일어나고 사라진다. 이 단계에서는 물질 깔라빠를 분석할 수 없을 것이다. 왜냐하면 깔라빠가 작은 분자로만 보이기 때문이다. 또한 궁극의 실재에 도달하지 못하고 여전히 개념(빤낫띠)의 세계에 머물러 있다. … (물질은 계속되고, 하나의 그룹, 기능하는 것) 개념을 제거하지 않으면 작은 분자라는 개념은 여전히 남아 있다. 이 깔라빠의 일어나고 사라짐을 고찰하는 위빠사나 수행을 하기 전에 이 요소들을 더 나아가 분석하지 않는다면, 단지 개념 위에서 위빠사나 수행을 시도하는 것이다. 그래서 하나의 깔라빠에서 요소들을 볼 수 있을 때까지 계속 분석해야 한다. 그래야만 궁극적 실재에 도달할 수 있다. 만일 극도로 빠르게 일어나고 사라지기 때문에 하나의 깔라빠 속에서 사대요소를 식별할 수 없다면 일어나고 사라짐을 무시해야 한다. … 이와 같이 일어나고 사라짐을 무시하고, 하나하나의 깔라빠 속의 사대 요소에만 집중한다. 집중의 힘 때문에 그렇게 하는 것이 가능하다.[23]

---

23 무념스님 역(2003), 앞의 책, pp.59-60.

물질에 대한 개념을 제거하고 궁극적 실재로 보려면 사대 요소들을 식별하고 분석해야 한다. 하나의 깔라빠에서 사대 요소를 식별하지 못하는 것은 물질 깔라빠들의 생성과 소멸이 너무 빠르기 때문이다. 그래서 하나의 깔라빠에 있는 사대 요소에 주의를 기울이고 식별한다. 하지만 이것이 어렵기 때문에 온몸과 깔라빠에서 사대 요소를 번갈아 가며 식별한다. 먼저 온몸에서 땅의 요소를 식별하고 나서 하나의 깔라빠에서 땅의 요소를 식별한다. 다음은 온몸에서 물의 요소를 식별하고 나서 하나의 깔라빠에서 물의 요소를 식별한다. 온몸에서 불의 요소를 식별하고 나서 하나의 깔라빠에서 불의 요소를 식별한다. 온몸에서 바람의 요소를 식별하고 하나의 깔라빠에서 바람의 요소를 식별한다. 이렇게 반복하며 투명 깔라빠와 불투명 깔라빠에서 사대 요소를 식별할 수가 있을 때가 사마타 수행의 끝인 심청정(citta visuddhi)이고 무상함에 관찰하는 위빠사나의 시작인 견청정(diṭṭhi visuddhi)이다. 이때부터 궁극적인 정신·물질(nāmarūpa)을 식별하기 시작한다. 이것이 사대 요소의 명상이 사마타와 위빠사나로 구성되어 있는 이유이다. 이처럼 투명 깔라빠와 불투명 깔라빠에서 사대 요소의 식별에 성공했을 때 여섯 감각장소(눈, 귀, 코, 혀, 몸, 심장)의 투명 깔라빠와 불투명 깔라빠에서 사대요소를 식별한다. 투명 깔라빠와 불투명 깔라빠는 모두가 기본 8원소를 포함하고 있다. 먼저 사대 요소를 식별하고 나머지 4요소(색깔, 냄새, 맛, 영양소)로 넘어가야 한다. "안·이·비·설·신은 각각 다른 대상과 영역을 가진 채로 마노〔意〕에 의지한다. 마노가 그들의 대상과 영역을 경험한다."[24] 이처럼 사대를 식별하는 절차를 『아비담마』 주석서는 "의문意門 인식과정(vīthi-citta)의 속행(javana)이 홀로 모든 법을 알아차린다."²⁵라고 말한다. 지금까지 깔라빠 속의 땅, 물, 불, 바람 등 사대 요소를 의문意門으로만 식별했다. 이런 방식으로 깔라빠 속의 색깔, 냄새, 맛, 영양소의 요소도 식별할 수 있다. 그러나 의문으로 색깔을 관찰하기는 쉽지만, 냄새와 맛을 관찰하기는 어렵다. 왜냐하면 오랫동안의 훈습으로부터 코와 혀는 각각 비식鼻識과 설식舌識만을 사용하기 때문이다. 지금까지 대상을 식별하는 2가지 방법을 설명했다. 이제부터 깔라빠 속의 색깔, 냄새, 영양소 등을 식별하는 방법을 살펴본다.²⁶ ²⁷

---

24 S48:42 Uṇṇābhabrāhmaṇasutta, "바라문이여, 마노[意]는 sati를 의지한다."
25 VbhA.xvi.1 Ekakaniddesa Vaṇṇāna B766.(무념스님, 앞의 책, p.60 재인용)
26 무념스님 역(2003), 앞의 책, pp.60-64.
27 정명스님(2020), 앞의 책, pp.202-221. "2. 냄새는 코의 알음알이나 마노(mano)의 알음알이로 알 수 있다. 코의 알음알이는 코 투명 깔라빠에 의지하여 일어난다. 마노의 알음알이는 심장토대 물질에 의지하여 일어나는 바왕가 마음 투명요소를 뚫고 일어난다. 이것이 바로 물질 깔라빠의 냄새를 식별하려면 투명요소와 이 과정을 함께 식별해야 한다. 3. 맛도 모든 깔라빠에 존재한다. 하나의 깔라빠에서 맛을 식별하려면 혀투명요소와 바왕가마음투명요소를 함께 식별해야 한다. 우선 혀 위에 있는 침의 맛을 식별한다. 맛은 혀의 알음알이와 마노의 알음알이로 알 수 있다. 그래서 이 두 요소를 함께 식별해야 한다." 아비담마 주석서에서, 전체를 마노 문[意門]의 속행이 얻는다. "어떤 대상의 색깔, 냄새 그리고 맛을 단지 마노의 알음알이가 독자적으로 알 수 있다. 그러나 깊은 명상을 얻기 전에는 '마노의 알음알이가 어떻게 맛과 냄새를 알 수 있는지를 쉽게 배우도록' 코와 혀의 알음알이의 도움을 받아야 한다."

1. 색깔(vaṇṇa) – 깔라빠 속의 색깔은 보는 대상이고, 모든 깔라파 빠에서 발견된다. 이것은 마노의 문으로만 쉽게 알 수 있다. 왜냐하면 깔라빠를 볼 때 이미 그 색깔을 보기 때문이다. 색깔은 4대 요소의 색깔이다. 색은 눈의 알음알이〔眼識〕의 대상이다. 이것을 식별하기는 아주 쉽다.

2. 냄새(gandha) – 모든 깔라빠에 냄새가 있다. 감각기능 코의 의식意識이 냄새를 식별하려면 훈습된 비식鼻識의 도움이 필요하다. 이렇게 2개의 식識이 의존하는 물질, 즉 코 투명요소와 바왕가(bhavanga) 투명요소 모두를 식별한다. 즉, 코에서 사대를 식별한 다음에 코 투명 깔라빠를 식별할 수 있다. 코에서 코 투명 깔라빠를 식별한 것이다. 이처럼 모든 육문에서 투명 깔라빠와 불투명 깔라빠에서 사대를 식별할 수 있으면 밝게 빛나는 바왕가[28]-마노투명요소〔意門〕를 쉽게 식별할 수가 있다. 불투명 물질의 바왕가는 심장에 있는 심장 토대물질〔심장-십원소 깔라빠〕에 의지하여 일어난다. 코 투명 깔라빠와 바왕가-마노투명요소를 식별하였다면 그 다음은 하나의 깔라빠를 선택하고 그 깔라빠 속의 냄새를 식별해야 한다.

3. 영양소(ojā) – 업(kamma), 마음(citta), 온도, 음식에서 만들어진 4가지 종류의 영양소는 모든 깔라빠에 있다. 이들 영양소로부터 물질 깔라빠들이 4~5회 연속해서 재생한다.

4. 생명기능〔jīvita〕 – 물질의 수명을 유지시켜 준다. 오직 업에서 생긴 깔라빠에만 존재한다. 생명기능을 식별하려면 투명 깔라빠

---

[28] 바왕가는 심장을 토대로 일생동안 생명을 유지시키는 존재지속심.

〔안, 이, 비, 설, 신 감성물질〕들을 찾아내고는 그 투명 깔라빠들에서 생명기능을 식별한다. 또한, 불투명 깔라빠들〔심장 십원소, 성물질, 생명 구원소〕에서도 생명기능을 식별한다. 심장이 아닌 다른 곳에서도 성性이나 생명 구원소와 같은 불투명 깔라빠에서 생명기능이 발견된다. 투명 깔라빠와 불투명 깔라빠에서 생명기능을 먼저 식별하고 생명기능이 있는 불투명 깔라빠들에서 성물질(성십원소)을 찾는다.

5. 심장 물질(hadaya rūpa) — 마노의 요소(manodhātu)인 바왕가는 심장 토대에 의지하여 일어난다. 안·이·비·설·신 알음알이를 제외한 인식과정의 모든 알음알이는 마노의 알음알이〔意識〕 요소이다. 마노의 알음알이 요소는 심장 토대에 의지하여 일어난다. 즉, 심장 토대는 마노의 요소〔意界〕와 마노의 알음알이 요소가 일어날 때 의지하는 토대이다. "마노는 바왕가의 마음이다.(SA3-5)" 심장 물질(불투명 깔라빠)을 식별하기 위해서 다시 밝게 빛나는 바왕가-마노투명요소에 집중한다. 분명히 보고자 한다면, 손가락을 까닥거리고는 그 손가락을 까닥거리고자 하는 마음을 본다. 거기에서 바왕가-마노투명요소를 지원하고 있는 깔라빠를 식별한다. 바왕가-마노투명요소의 아래 부분에서 (마노의 알음알이를 지원하는) 깔라빠를 발견할 수 있다. 이것이 불투명한 심장 십원소 깔라빠이다.

6. 투명요소(5가지 감성물질)의 식별 — 눈에는 두 종류의 눈 투명요소와 몸 투명요소이 있다. 즉, 눈에는 눈 투명 십원소 깔라빠와 몸 투명 십원소 깔라빠가 존재한다. 몸 투명 십원소 깔라빠의 열 번째 요소로써 몸의 감성요소를 가진 몸십원소 깔라빠는 육문에

걸쳐 퍼져 있다. 즉, 눈, 귀, 코, 혀에는 눈, 귀, 코, 혀 투명 십원소 깔라빠와 함께 퍼져 있고, 심장에는 심장 불투명 십원소 깔라빠와 함께 퍼져 있다.

눈 투명요소(cakkhu pasāda)는 형색이라는 대상에 민감하게 부딪힌다. 대상에 민감하게 부딪히는 차이를 이용하여 어느 것이 눈 투명이고 몸 투명요소인지를 구분한다. 먼저 눈에서 사대 요소를 식별하고 그리고 투명한 깔라빠를 식별한다. 하나의 깔라빠에서 색깔을 찾는다. 만약 투명요소에서 색깔이 들어오는 것을 보게 되면, 그것이 눈 투명 십원소 깔라빠이다. 만약 색깔이 보고 있는 투명요소에 들어오지 않는다면 그것은 눈 투명요소가 아니라 몸 투명요소이다. 왜냐하면 눈에는 오직 눈과 몸의 투명 십원소 깔라빠만이 있다. 귀와 코와 혀와 몸의 투명요소 식별은 생략한다.

3. 법과 정신·물질

1) 문지기로부터 일체법(五蘊)과 6가지 문門의 전향

여러 경전에서 부처님은 법(dhamma)[29]을 말씀한다.[30] 눈과 형색, 귀와 소리, 코와 냄새, 혀와 맛, 몸과 감촉, 마노(mano)와 법들처럼 갈애가 6가지 안팎의 감각장소(āyatana, 處)를 묶어 결박하고 일체

---

29 법: 안이비설신 감성물질과 느낌, 인식, 의도, 識, 감각접촉, 작의 등 정신.
30 『초전법륜경』 "일어나는 법은 그 무엇이든 그친다.", Pupphasutta "오온이 세계의 법이다.", Mahāhatthipadopamasutta "연기를 보는 자 법을 본다.", Kaccānagottasutta "중에 의해서 법을 설한다.", 앗사지 게송 '원인을 가진 법' 등등.

(sabba)에 전향하므로 '일체법'을 짓는데, 일체를 버리면 감각장소의 영역[전향]을 벗어나므로 법을 식별할 수가 없다.

> 무엇이 일체인가? 눈과 형색, 귀와 소리, 코와 냄새, 혀와 맛, 몸과 감촉, 마노[意]와 법-이를 일러 일체라 한다. 비구여, 어떤 사람이 말하기를, '나는 이런 일체를 버리고 다른 일체를 천명할 것이다.'라고 한다면 그것은 단지 말로만 떠벌리는 것일 뿐이다. … 그것은 영역을 벗어났기 때문이다.[31]

법을 식별하는 언설이다. 법을 사대물질에서 파생된 감성물질의 '안·이·비·설·신·의'를 꿰뚫어 알고, 대상 물질의 '색·성·향·미·촉·법'을 꿰뚫어 알고, 이들 두 변을 조건으로 생긴 결박(전향)을 꿰뚫어 알고, '원인-결과'에 조건지어진 법을 식별하고 항상하지 않음을 관찰한다. 문지기(sati)의 지배를 받는 것으로부터서 법을 작의할 수가 있다.[32] 법으로 세계(loke)를 식별하고 열반에 인도한다.

어떻게 비구가 6가지 안팎의 감각장소의 법을 따라서 법을 관찰하며 머무는가? 비구여 안⟨이·비·설·신·의⟩을 꿰뚫어 알고. 색⟨성·

---

[31] SN35:23 Sabbasutta(일체경), 각묵스님 역(2009), 『상윳따 니까야』 제4권. 대리석 표면이 촘촘히 일어나거나 나비가 낱낱이 퍼덕이는 장면이 곧 찰나 감각장소.
[32] 대림스님 역(2006), 『앙굿따라 니까야』 제6권, p.222, (AN10:58 Mūlakasutta), "법은 열의를 뿌리로 작의에 근원하며⟨감각접촉에 일어나며, 느낌에 모이며, 삼매를 으뜸하고, 문지기 지배를 받고, 지혜를 최상, 해탈의 핵심, 不死로 열반한다.⟩"

향·미·촉·법〉을 꿰뚫어 알고, 이 두 변을 조건으로 생겨난 결박을 분명히 알고, 전에 없던 결박이 어떻게 해서 일어나〈사라지〉는지 그 원인을 꿰뚫어 알고, …[33]

'법'을 안으로 여섯 감각장소의 문門에, 밖으로 정신·물질에, 안팎으로 육내외입처의 결박[34] [35] 등으로 결정할 수가 있다. 오온이 감각 세계에서의 법이다. 범부는 오온을 집착하고 거머쥐며 취착하고 자아에 분별하는 반면에 삼매를 개발한 자는 오온을 법으로 안다.

오온五蘊은 세계의 법이다. 물질〈느낌, 인식, 형성들, 알음알이[識]〉은 세계에 있는 세계의 법이니 여래는 이것을 완전하게 깨달았고 관통하였다.[36]

---

[33] MN10 Satipatthanasutta(念處經), 오개와 오취온, 칠각지, 사성제에서 법을 따라서 법을 관찰한다. 즉, 법으로 일어나 사라지는 요소들을 관찰하며 머문다.
[34] 『Patisambhidamagga』 I. mahāvaggo 1. ñāṇakathā(앎에 관한 논의) 15 Vatthunānattañāṇaniddeso(토대), "어떻게 해서 안으로 법들을 결정하는가? 눈〈귀, 코, 혀, 몸, 의〉을 결정한다. 눈〈귀, 코, 혀, 몸, 의〉은 무상하며, 유위이며, 조건으로 생겨난 것이며, 다하는 법이며, 사라지는 법이며, 탐욕이 빛 바래는 법이며, 그치는 법이다라고 결정한다." 16 Gocaranānattañāṇaniddeso(영역), "어떻게 해서 밖으로 법들을 결정하는가? 형색〈소리, 냄새, 맛, 촉감, 법〉에 관련하여 밖으로 결정한다."
[35] SN12:19 Bālapanditasutta, "무명에 덮이고 갈애에 묶여서 어리석은〈현명한〉 사람에게 이러한 몸이 일어난다. 이와 같이 이 몸과 밖으로 정신·물질이 있다."
[36] SN22:94 Pupphasutta, 오온이 감각 세계에서의 법이다.

최상의 앎으로써 알아야 할 법들에 대한 예시를 '눈과 형색과 눈의 알음알이와 눈의 알음알이로 알아야 하는 법'에 말한다.

일체(sabba)를 최상의 앎(abhiññā)으로 알고 철저하게 알고 탐욕이 빛바래고 버리면 괴로움을 멸진할 수 있다. 비구여, 그러면 어떠한 일체를 최상의 지혜로 알고 철저하게 알고 탐욕이 빛바래고 버리면 괴로움을 멸진滅盡할 수 있는가? 눈과 형색과 눈의 알음알이와 눈의 알음알이로 알아야 하는 법들을[37] 최상의 지혜로 알고 철저하게 알고 탐욕이 빛바래고 버리면 괴로움을 멸진할 수 있다. 귀와 소리와 귀의 알음알이와 귀의 알음알이로 알아야 하는 법들을 … 코와 냄새와 코의 알음알이와 코의 알음알이로 알아야 하는 법들을 … 혀와 맛과 혀의 알음알이와 혀의 알음알이로 알아야 하는 법들을 … 몸과 감촉과 몸의 알음알이와 몸의 알음알이로 알아야 하는 법들을 … 마노와 법과 마노의 알음알이와 마노의 알음알이로 알아야 하는 법들을 최상의 앎으로 알고 철저하게 알고 탐욕이 빛바래고 버리면 괴로움을 멸진할 수 있다.[38]

형색은 직접적으로 눈의 영역에 들어온 것만을 취한 것이다. 그런데 직접 눈의 영역에 들어오지 않은 (눈의 알음알이에 함께하는

---

[37] "눈의 알음알이와 함께 하는 3가지 무더기(느낌, 인식, 형성들)를 말한다. 다른 경우들에도 같은 방법이 적용된다."(SA.ii.359)
[38] 각묵스님 역(2009), 『상윳따 니까야』 4권, 초기불전연구원, pp.153-154, SN35:27 Parijānanasutta(철저하게 앎 경2), 최상의 앎(abhiññā)은 abhi와 ñāṇa의 합성어.

무더기인 느낌, 인식, 형성들의) 정신들도 여기 형색에 물든다. 그래서 보거나 들을 때 표현하는 것을 정신들의 식별로써 철저히 분리해서 알아야 하는 위빠사나(vipassanā)[39]가 필요하다.

2) 정신·물질(nāmarūpa)이란

육내외입처의 결박처럼 감각기능의 문으로 전향할 때 대상에 기우는(namana) 특징을 가진 정신들이 사대물질에서 변형되는(ruppana) 특징의 물질[40]에 의지하여 일어나는 '이것에 조건성[緣起]'으로서 구분된 것이 정신·물질[nāmarūpa, 名色]이다. "정신·물질이란 무엇인가? 여기서 느낌과 인식과 의도와 감각접촉과 작의가 정신이다. 그리고 사대물질과 사대물질로부터 파생된 물질[소조색]을 합쳐서 물질이다."[41]라고, 형색에 전향할 때 정신들의 식별과 사대물질에서 파생된 눈〈귀〉 감성물질로서 구분된 정신·물질이 일어난다. 팔정도에서 정신·물질의 일어남과 그침을 꿰뚫어 알고, 정신·물질의 그침에 인도하는 닦음을 꿰뚫어 알 때 그는 욕망의 잠재성향을 완전히 버리고, 적대감의 잠재성향을 제거하고, '내가 있다.'는 삿된 견해와 자만의 잠재성향을 뿌리 뽑고, 무명을 버리고 밝음을 일으켜 지금 여기에서 괴로움을 끝낸다. 아래는 정신·물질에 관한

---

39 'vi'와 'passanā'의 합성어 여성명사 vipassanā(觀)는 분리하다는 뜻의 접두사 vi와 paś 어근의 동사 passati(보다)가 결합, 분리해서 꿰뚫어 봄을 의미.
40 SN22:79 Khajjanīyasutta, "왜 물질이라고 부르는가? 변형된다고 해서 물질이라고 한다. 그러면 무엇에 의해서 변형되는가? 차가움에 의해서 변형되고, …"
41 SN12:2 vibhaṅgasutta(연기 분별경)

『바른 견해경』이다.

그러면 무엇이 정신·물질이고 정신·물질의 일어남이고, 정신·물질의 그침이고, 무엇이 정신·물질의 그침에 인도하는 닦음인가? 느낌, 인식, 의도, 감각접촉, 작의를 정신[名]이라 하고, 사대물질과 사대물질에서 파생된 물질을 물질[色]이라 한다. 도반이여, 이런 정신과 물질을 일러 정신·물질이라 한다. 알음알이[識]가 일어나기 때문에 정신·물질이 일어난다. 알음알이가 그치므로 정신·물질이 그친다. 성스러운 팔정도가 정신·물질의 그침에 인도하는 도 닦음, 즉 바른 견해, 바른 사유, … 바른 문지기, 바른 삼매이다. 도반이여, 이와 같이 성스러운 제자가 정신·물질을 꿰뚫어 알고, 정신·물질의 일어남을 꿰뚫어 알고 정신·물질의 그침을 꿰뚫어 알고, 정신·물질의 그침에 인도하는 도 닦음을 꿰뚫어 알 때 그는 욕망의 잠재성향을 완전히 버리고, 적대감의 잠재성향을 제거하고, '내가 있다.'는 삿된 견해와 자만의 잠재성향을 뿌리 뽑고, 무명을 버리고 밝음[明]을 일으켜 지금 여기에서 괴로움을 끝낸다. 이렇게 성스러운 제자가 바른 견해를 가지고 견해가 곧으며, 법에 대해 흔들리지 않는 깨끗한 믿음을 지니고 정법에 도달했다고 한다.[42]

느낌, 인식, 의도, 감각접촉, 작의의 식별은 양이 거대하므로

---

[42] MN9 Sammādiṭṭhisutta 『바른 견해경』(대림스님 역(2012), 앞의 책, pp. 289-323).

정신들 무더기[43]이다. 사대와 감각접촉을 조건으로 해서 오온의 무더기가 드러나고, 정신·물질을 조건으로 해서 식별하는 알음알이의 무더기가 드러난다. 정신·물질은 오취온을 가리킨다.

무엇이 원인이고 무엇을 조건하여 물질〈느낌, 인식, 형성들, 알음알이〉의 무더기가 드러납니까? 비구여, 사대 물질이 원인이고 사대 물질을 조건하여 물질의 무더기가 드러난다. 감각접촉이 원인이고 감각접촉을 조건하여 느낌〈인식, 형성들〉의 무더기가 드러난다. 정신·물질이 원인이고 정신·물질을 조건하여 알음알이 무더기가 드러난 것이다.[44]

각각의 성질들이나 특징들이나 표상들이나 개요들에 의해서 정신의 무리〈물질의 무리, 정신·물질〉라는 개념이 생긴다.[45]

성질이나 특징이나 표상이나 개요 등을 조건으로 해서 정신·물질이라는 개념을 알음알이할 수가 있다. 알음알이하며 아는 마음은 정신·물질을 넘어갈 수가 없으므로 '재생연결식再生連結識'이다. 정신·물질이 일어나므로 알음알이 마음[識]이 일어난다. 정신·물

---

[43] 대림스님 역(2012), 『맛지마 니까야』, 1권, pp.289-323, MA.i.221(바른 견해경). 느낌은 느낌의 무더기에, 의도와 감각접촉과 작의는 형성들의 무더기에 속한다.
[44] MN109 Mahāpuṇṇamasutta(대림스님 역(2012), 「맛지마 니까야」 제3권, 『보름밤의 긴 경』, 초기불전연구원, p.716)
[45] 각묵스님 역(2006), 『디까 니까야』 2권, 초기불전연구원 p.135. DN15 『대인연경』.

질과 마음[識]은 서로 상응(saṃyutta)하고 있다.

정신·물질(nāmarūpa)의 일어남이 마음[識]의 일어남이고, 정신·
물질의 그침이 마음의 사라짐이다.[46]

갈애가 육근과 육경을 결박할 때의 여섯 감각장소에 대한 전향을
알음알이하는 바로써 정신들을 식별할 수가 있다. 대상을 향해
기울 때의 정신들, 즉 느낌, 인식, 의도, 감각접촉, 작의와 같은
정신의 무더기를 식별하는데, 이는 감성물질의 눈, 귀, 코, 혀,
몸 등 오문五門 전향과 심장 토대의 마노 문[意門] 전향에 의해서
각각 발생을 구분한 정신·물질에 관한 식별이다. 이렇게 정신·물질
에 관한 알음알이의 식별이 있으므로 6가지 감각장소[saḷāyatana,
육입]를 식별할 수가 있다. 물질은 사대물질 요소로서 경험되어진
다. 반면에 정신(識)은 사대물질 요소의 경험뿐만 아니라 느낌이나
인식과 같은 정신들도 경험할 수가 있다. 정신·물질의 식별은 12연
기에서 여섯 감각장소[六入]에 대한 조건이 된다.

정신·물질의 현상은 정신 더미[名身]와 물질 더미[色身]의 조합이
특징이다. 그것이 6가지 감각장소의 근접 요인이다.[47]

---

[46] 각묵스님 역(2009), 『상윳따 니까야』 5권, 초기불전연구원, pp.522-523, "정신·
물질(명색)의 일어남이 바로 마음의 일어남이며, 작의가 일어남이 법의 일어남
이고 작의가 그침이 법의 그침이다."(SN47:42 Samudayasutta)
[47] Netti. "Nāmakāyarūpakāyasaṃghātalakkhaṇaṃnāmarūpaṃ. Taṃ

정신·물질이 일어나는 연유로 아는 마음〔識〕이 일어나므로 심장 토대의 의문 전향에서 그때의 감성물질을 무상에 작의하고 6가지 감각장소〔六入〕들 가운데 하나에 식별할 수가 있다. 이때 6가지 감각장소에 닿은 감각접촉을 연유로 생겨난 즐겁거나 괴로운 느낌은 '원인을 가진 법'이 된다. 이것이 "지고락법知苦樂法"에 대한 설명이다.

무명에 덮이고 갈애에 묶여서 어리석은〈현명한〉 사람에게 이러한 몸이 일어난다. 이와 같이 이 몸과 밖으로 정신·물질이 있다. 이 몸과 밖으로 정신·물질이라는 쌍(dvaya)이 있고 쌍을 연유로 감각접촉을 하고, 여섯 감각장소〔육입〕나 이들 중 하나에 닿아서 그는 즐거움과 괴로움을 경험한다.[48]

마음이 무명에 덮이고 대상을 향한 갈애가 육내외입처를 묶으면 오문五門과 마노 문〔意門〕의 전향이 일어나고 정신·물질을 알음알이하는 것이다. 오문과 의문 전향 등 2가지 종류의 문門에 대한 '정신들의 식별'로써 정신·물질에 대한 알음알이가 생기고, 정신·물질을 조건으로 해서 여섯 감각장소〔육입〕가 생겨나고, 여섯 감각장소〈감각접촉, 느낌, 갈애, … 태어남〉를 조건으로 해서 감각접촉〈느낌, 갈애, … 노사〉 등 괴로움 무더기의 일어남을 연기된 법(dhamma)으로 경험한다.

---

chaḷāyatanassa padaṭṭhānaṃ."
[48] SN12:19 Bālapanditasutta〔SN. vol.2. p.24〕, '지장경'에서도 지고락법이 있다.

12연기에서 정신·물질〔名色〕은 알음알이, 여섯 감각장소, 감각접촉, 느낌 등과 함께 현재에 관한 법이다. 알음알이는 '재생연결식'으로 나타나고 형성들과 '토대(vatthu)와 대상(ārammaṇa)'이 가까운 원인이다. 기울이고 결합하는 특징의 정신은 알음알이가 원인이다. 물질은 변형되며 흩어지는데 알음알이가 원인이다. 눈〈코, 귀, 혀, 몸, 마노가 의지하는 심장〉의 토대와 출입구 문〔오문과 의문〕에서 나타나고, 보는 등 펴는 특징을 가진 6가지 감각장소〔六入〕는 정신·물질이 가까운 원인이다.

알음알이는 아는 특징을 가진다. 앞서 가는 역할을 한다. 재생연결로서 나타난다. 형성들〔行〕이 가까운 원인이다. 혹은 토대와 대상이 가까운 원인이다. 정신은 기울이는 특징을 가진다. 결합하는 역할하고 분리할 수 없음으로 나타난다. 알음알이가 가까운 원인이다. 물질은 변형되는 특징을 가진다. 흩어지는 역할을 한다. 결정할 수 없음〔無記〕으로 나타난다. 알음알이가 가까운 원인이다. 6가지 감각장소〔六入〕에 펴는 특징이 있다. 보는 등의 역할을 한다. 토대와 감각기능 문(dvāra)의 상태로 나타난다. 정신·물질이 가까운 원인이다.[49]

3) 삼매에서 정신·물질을 식별하고 아라한과를 얻는다

삼매에서 오온을 인간세계의 법으로 식별할 수가 있다. 『빠띠삼비다막가』 호흡관에서 경험하였듯이 삼매를 개발하면 사대에서 파생

---

[49] 대림스님 역(2004), 『청정도론』 3권, pp. 46-47, 17장(12연기의 상세한 해설).

된 물질〔色〕과 정신들〔受想行識〕 등 오온五蘊의 법들을 일어남과 사라짐에 꿰뚫어 알 수가 있다.

삼매를 닦아라. 삼매에 들면 비구는 있는 그대로를 꿰뚫어 안다. 그러면 무엇을 있는 그대로 꿰뚫어 아는가? 물질〈느낌, 인식, 형성들, 알음알이〔識〕〉의 일어남과 사라짐을 있는 그대로 꿰뚫어 안다.[50]

삼매에서 오온의 법을 일어남과 사라짐에서 꿰뚫어 알면 오온의 취착〔오취온〕을 조건으로 생겨난 괴로움을 그치게 할 수가 있다. 어떻게 정신·물질을 식별하고 괴로움이 그치는가? 사대 물질뿐만 아니라 정신들도 위빠사나로써 관찰할 수가 있다. 앞의 1장 '5. 초선정의 개발과 빠띠바가 니밋따의 빛'에서 사리뿟따가 입정과 출정을 한 후에 초선정 16가지 법들을 차례대로 결정하는데 이것이 정신들의 식별을 유래하게 된 시초이다.[51]

초선에는 일으킨 생각과 지속적 고찰, 희열, 행복, 마음이 한끝에 집중됨(cittekaggatā), 감각접촉, 느낌, 인식, 의도, 마음〔識〕, 열의, 결심〔信解〕, 정진, 문지기, 평온〔捨〕, 작의 등의 법들이 있는 바 그는 이 법들을 차례대로 결정지었다.

---

[50] SN22:5 Samādhisutta
[51] 정명스님(2023), 『열반으로 가는 도 닦음 2』(정신명상주제), 푸른향기, pp.36-37.

이렇게 초선정에서의 법들을 차례대로 결정할 수가 있다. 숨쉬는 몸과 닿음과 같이 안팎의 감각장소〔身, 觸〕를 법에 꿰뚫어 알아 법을 따라가며 법을 관찰할 때, 이를 보는 수많은 몸의 문〔眼門〕과 의문 전향의 쌍들이 일어나고 사라지는데. 이러한 특징으로 구분된 것을 정신·물질로 말할 수가 있다. 실제로 아나빠나 사띠〔호흡관〕로써 초선을 출정한 직후에 초선의 5요소를 철저히 식별하고, 감각접촉이 5번째인 법들(phassapañcamake dhammā),[52] 즉 '감각접촉, 느낌, 알음알이〔識〕' 중에서 뚜렷한 어느 하나를 시작해서 초선정에서의 34개 정신들[53]을 식별할 수가 있다. 이때 의문 전향에서 감성물질

---

[52] 임승택·서갑선·이춘옥 공역(2014),『경전이해의 길(네띠빠까라나)』, p.69, "〔아지따 존자의 질문에서〕 정신·물질 현상은 집착된 다섯 다발〔五取蘊〕을 가리킨다. 여기에서 '감각접촉〔觸〕이 다섯 번째인 법들'이 정신현상(名)에 해당하고, 물질현상에 속하는 다섯 감각기능이 물질현상〔色〕에 해당한다. 정신과 물질현상 둘 다 알음알이〔識〕와 서로 연결되어 있다. 접촉이 다섯 번째인 법들은 정신현상인 '느낌, 인식, 의도〔行〕, 마음〔識〕, 접촉〔觸〕, 작의' 6가지 법들이다." https://cafe.daum.net/pali-study/8Xy1/487

[53] 정명스님(2020), 앞의 책, pp.26-27, "(대상에 닿은) citta(마음, 識), phassa(감각접촉), vedanā(느낌), saññā(인식), cetanā(의도), ekaggatā(심일경), jīvitindriya(생명기능), manasikāra(작의), vitakka(일으킨 생각), vicāra(지속적 고찰), adhimokkha(결심), viriya(정진) 등 12개, pīti(희열), chanda(열의), saddhā(믿음), sati(문지기), hiri(양심), ottappa(수치심), alobha(탐없음), adosa(성냄없음), tatramajjhattatā(중립), kāyapassaddhi, cittapassaddhi(경안), kāyalahutā, cittalahutā(가벼움), kāyamudutā, cittamudutā(부드러움), kāya kammaññatā, cittakammaññatā(적합함), kāyapāguññatā, cittapāguññatā(능숙함), kāya ujukatā(올곧음), cittaujukatā, paññā-indriya(지혜기능)" M111 초선에 대한 주석.

을 삼특상[무상, 괴로움, 무아]에 작의하고 정신·물질을 삼특상에서 분리 관찰하는 위빠사나로 증장시켜 사성제에 전향하고 아라한과를 얻을 수가 있다.

이와 같이 공부 지을 때 들숨과 날숨의 니밋따로부터 4가지 선정이 일어난다. 그는 선정으로부터 출정하여 들숨과 날숨이나 혹은 선정의 구성요소들을 파악한다. 여기서 들숨과 날숨을 닦는 자는 "이 들숨과 날숨을 무엇을 의지하는가? 토대를 의지한다. 토대는 업業을 상속받은 몸(karajakāya)이고 그 몸은 4가지 근본물질과 파생물질이다."라고, 이와 같이 물질(rūpa)을 식별한다. 다음에 동일한 대상을 가진 감각접촉이 다섯 번째인 정신(nāma)들[54]을 식별한다. 이와 같이 정신·물질을 파악한 뒤 그것의 조건을 탐구하면서 무명을 연유로 함께 생겨남[緣起]에 본다. "이것은 참으로 조건과 조건에 따라 생긴 법일 뿐이지 중생이라 할 어떤 것도 없다."라고 의심을 건너서, 조건지워진 정신·물질에 대해서 삼특상[무상·고·무아]을 제기하는 위빠사나를 증장시키면서 순차적으로 아라한과를 얻는다. 이것이 비구가 아라한까지 되는 출구가 된다. 선정을 닦는 자도 "이 선정의 구성요소들은 무엇을 의지하는가? 토대를 의지한다. 토대란 업業에 상속받은 몸이다. 선정의 구성요소는 정신이고, 몸이란 물질이다."라고 정신·물질을 구분한 뒤 그것의 조건을 탐구하면서 무명을 연유로 함께 생겨남[연기]에 본다. "이것은 참으로 조건과 조건에 따라 생긴 법일 뿐이지

---

54 오온의 정신·물질에서 '느낌, 인식, 의도[行], 마음[識], 감각접촉, 작의.'

중생이라 할 어떤 것도 없다."라고 의심을 건너서, 조건지워진 정신·물질에 대해서 삼특상〔무상·고·무아〕을 제기하는 위빳사나를 증장시키면서 순차적으로 아라한과를 얻는다. 이것이 비구가 아라한까지 되는 출구가 된다. 여기서 들숨과 날숨으로 철저하게 파악해야 할 문지기는 괴로움의 진리〔苦諦〕이다. 그것이 일어나게 한 이전의 갈애는 일어남의 진리〔集諦〕이다. 이 둘이 생기지 않음이 그침의 진리〔滅諦〕이다. 괴로움을 철저히 알아 일어남을 버리고 그침을 대상에 갖는 성스러운 도가 도의 진리〔道諦〕이다. 이처럼 4가지 성스러운 진리에 의한 전향으로부터 윤회를 얻는다. 이것이 들숨과 날숨을 통해서 입문한 비구가 아라한까지 되는 출구가 된다.[55]

범부는 선정에서 얻은 정신·물질에서의 법들을 닦지 않은 채로 재생연결식再生連結識에 태어나므로 유익하지 않은 과보로써 업을 속행하고 태어나 늙음·죽음과 고통과 절망 등 괴로움의 무더기를 겪는다. 반면에 선정에서 정신·물질을 법으로 닦은 자는 선정을 출정한 직후에 정신·물질을 삼특상〔무상, 고, 무아〕에 여리작의하는 유익한(kusala) 과보를 닦고 아라한과를 얻는다.

---

[55] DA.iii.764-766, https://cafe.daum.net/pali-study/8Xy1/1167, MN77 mahāsakuludāyisutta, "이 몸은 물질로 된 것(karajakāyo)—사대로 이루어진 것, 부모에서 생겨났고, 밥과 죽으로 성장했으며, 무상하고 파괴되고 분쇄되고 분리되고 분해되기 마련이다. 나의 이 알음알이는 여기에 의지하고 여기에 묶였다."

4) 정신과 물질의 구분과 위빠사나 도

호흡관에서 삼매가 분명하면 선정에 들어가기도 하고 나오기도 하면서 정신들을 식별할 수가 있다. 『청정도론』에서도 청정에 도달하려고 5가지 자유자재[56]로써 선정을 능숙하게 한 다음에 정신과 물질을 구분하면서 위빠사나를 시작한다. 본삼매로부터 출정하여 들숨과 날숨은 물질로 된 몸과 마음이 그 원인이라고 본다. 그 다음에 들숨날숨과 몸은 물질(色)이고 마음과 또 마음과 함께한 법들은 정신(名)이라고 구분하고, 그 정신과 물질의 조건을 찾는다. 찾은 결과 그 조건을 보고 삼세에서 정신과 물질의 일어남에 대한 의심을 극복한다. 의심을 극복한 그는 깔라빠로 그들을 명상함을 통해 삼특상을 제기하고, 일어나고 사라짐에 대한 관찰의 예비단계에서 일어난 광명(니밋따 빛) 등 10가지 위빠사나의 오염을 버린 뒤 이 오염에서 벗어난 도 닦음의 지혜를 도(maggo)라고 구분하고 사성제를 완성한다.[57]

---

[56] ①선정에 들어감, ②머물려는 동안 머물 수 있음, ③나오려는 시간에 벗어남, ④선정의 요소에 전향을 쉽게 기울임, ⑤선정의 요소를 자재로이 반조.

[57] 대림스님 역(2004), 『청정도론』제2권, pp.119-121, "비구가 주시와 환멸로 명상주제를 증장하여 청정에 이르기를 원하면 5가지 자유자재를 얻음으로써 바로 그 선禪을 능숙하게 한 다음 정신과 물질을 구분하면서 위빳사나를 시작해야 한다. 어떻게? 증득(본삼매)으로부터 출정하여 들숨과 날숨은 물질로 된 몸과 마음이 그 원인이라고 본다. 풀무를 볼 때 풀무와 사람의 적절한 노력으로 인해 바람이 움직인다. 이와 같이 몸과 마음을 조건으로 들숨날숨이 있다고 본다. 그 다음에 들숨날숨과 몸은 물질(色)이고 마음과 또 마음과 함께 한 법들은 정신(名)이라고 구분한다. 이와 같이 정신과 물질을 구분하고 그 정신과 물질의 조건을 찾는다. 찾은 결과 그 조건을 보고 삼세에서 정신과 물질의

5) 삼사화합 전향의 알음알이(識), 오취온이 정신·물질

유익한 법은 모두 4가지 성스러운 진리(四聖諦)에 포함되고, 5가지 무더기(五取蘊)와 사대물질은 삼특상에 귀결한다. 신체 안팎에 있는 사대 요소가 '항상하지 않고 변하고 괴로운 이것은 나의 것이 아님'을 살펴서 집적된 이 몸을 염오하게 되고 괴로움을 벗어난다. 눈으로 형색을 볼 때의 전향(돌아서 향함)을 알음알이하는 근·경·식 삼사화합의 감각접촉으로부터 생겨난 오온 무더기(물질과 정신들)를 연기된 법으로 설명한다.

무엇이 괴로움의 진리입니까? 태어남도 괴로움이고, 늙음도 괴로움이고, 죽음도 괴로움이고, 근심·탄식·육체적 고통·정신적 고통·절망도 괴로움이고, 원하는 것을 얻지 못하는 것도 괴로움이다. 취착의 5가지 무더기(五取蘊)가 괴로움이다. 무엇이 취착의 5가지 무더기입니까? 그것은 취착의 물질〈느낌, 인식 형성들, 알음알이〉의 무더기이다. 도반이여, 무엇이 취착의 물질의 무더기입니까? 4가지 근본물질(四大)과 그 근본물질에서 파생된 물질들이다. 그러면 무엇이 4가지 근본물질입니까? 땅〈물, 불, 바람〉

일어남에 대한 의심을 극복한다. 의심을 극복한 그는 깔라빠로 그들을 명상함을 통해 삼특상을 제기하고, 일어나고 사라짐에 대한 관찰의 예비단계에서 일어난 광명 등 10가지 위빳사나의 오염을 버린 뒤 이런 오염에서 벗어난 도 닦음의 지혜가 도라고 구분한다. 그 후 일어남을 버리고 무너짐을 관찰하는 것에 이른다. 계속해서 무너짐을 관찰함으로써 상카라들이 공포로 나타날 때 그 상카라들을 역겨워하고 그들에 대한 탐욕이 빛바래고 해탈한다."(파욱 위빳사나 수행 체계도)

의 요소이다. … 마치 목재와 덩굴과 진흙과 짚으로 허공을 덮어서 '집'이라는 명칭이 생기듯이, 뼈와 신경과 살과 피부로 허공을 덮어서 '물질'이라는 명칭이 생긴다. 도반이여, 안으로 눈이 손상되지 않았지만 밖에서 형색이 눈의 영역에 들어오지 않고, 그것에 적절하게 합치는 전향(tajjo samannāhāro)이 일어나지 않으면 그것에 상응하는 알음알이는 일어나지 않는다. … 안으로 눈이 손상되지 않았고 밖에서 형색이 눈의 영역에 들어오고 그것에 적절하게 합치는 전향이 일어나기 때문에 그것에 상응하는 알음알이가 일어난다. 도반이여, 이렇게 눈의 알음알이와 함께 생긴 것 가운데 물질은 취착의 물질 무더기에 속한다. 이렇게 생긴 것들 가운데 느낌⟨인식, 형성들, 알음알이⟩은 취착의 느낌⟨인식, 형성들(의도, 행), 알음알이⟩ 무더기에 속한다. 이처럼 꿰뚫어 안다. 이렇게 해서 취착의 5가지 무더기들 모임, 적집, 더미가 만들어진다. 도반이여, 참으로 세존께서는 '연유로 함께 바르게 생겨남[緣起]을 보는 자는 법을 보고, 법을 보는 자는 연기를 본다.'라고 말씀하셨습니다. 취착의 이 오취온들은 연유로 바르게 생겨난 것[연기된 법]입니다. 취착의 오취온에 욕심내고 집착하고 친밀하고 탐착하는 것은 괴로움의 일어남입니다.[58]

---

[58] MN28 Mahāhatthipadopamasutta, "다른 이들이 욕하고 비난하고 꾸짖고 힐난하면 그는 이렇게 꿰뚫어 안다. '지금 나에게 귀의 감각접촉에서 생긴 괴로운 느낌이 일어났다. 이것은 조건으로 인해 생겨나고, 조건없이 생긴 것이 아니다. 무엇을 조건했나? 감각접촉을 조건했다.'고, 그리고 '그 감각접촉⟨느낌, 인식, 형성들, 알음알이⟩는 무상하다.'고 본다. 요소를 대상으로 한 그의 마음은 깊이 들어가고 깨끗한 믿음을 가지고 확립하고 확신한다."(圓通)

마치 목재와 덩굴과 진흙과 짚으로 허공을 덮어서 '집'이라고 명칭하듯이, 땅〈물, 불, 바람〉의 사대요소가 뼈와 신경과 살과 피부와 허공 등으로 덮어서 눈〈귀, 코, 혀, 몸〉의 감성물질과 마노〔意〕의 심장토대 물질 등을 '물질〔色〕'이라고 명칭한다. 숨쉬는 몸의 물질에 밖으로 촉감이 있고 그것에 적절하게 합치는 전향이 일어나므로 상응하는 알음알이〔觸識〕가 일어난다. 이처럼 안으로 눈〈귀, 코, 혀, 몸, 마노〉이 손상되지 않았고 밖에서 형색〈소리, 냄새, 맛, 촉감, 법〉이 영역에 들어오고, 갈애가 이들 내외입처를 합치면 전향에 상응하는 알음알이가 일어난다. 즉, 감성물질 눈〈귀, 코, 혀, 몸〉과 심장토대의 마노 물질 무더기를 토대로 하고 밖으로 대상을 합치는 전향에 따른 알음알이〔識, 식별〕가 생긴다. 이때 물질〈느낌, 인식, 형성들, 알음알이〉의 특징들은 취착의 물질〈느낌, 인식, 형성들, 알음알이〉 무더기에 누적된다. 이러한 무더기들을 합쳐서 정신·물질〔名色, nāmarūpa〕이라고 명칭한다. 오온의 법은 무상하다. 하지만 범부는 오온을 탐내고 집착하고 친밀하고 취착하므로 괴로움〔五陰盛苦〕이 일어난다. 반면에 오온에 대한 탐욕을 제어하고 제거하면 괴로움이 그친다. 이처럼 오온에 연유한 괴로움을 연기에서 보는 자가 연기법을 본 것이다. 앞에서 사리뿟따 존자는 초선정의 16가지 법들을 차례대로 결정한다. 이러한 정신들의 식별을 전승한 『아비담마』의 인식과정(vīthi-citta)[59]을 계속해서 설명한다.

연기를 보는 자〔yo paṭiccasamuppādaṃ passati〕란 조건성을 보는 자이고, '법을 본다'는 것은 조건성에 생긴 법을 본다."(MA.ii.230)

[59] 인식과정(vīthi-citta)은 법칙에 따라서 마음이 진행되어 가는 과정.

4. 『아비담마』 인식과정과 볼 때는 단지 보기만 하라

1) 선정에서 정신들의 식별과 의문意門 전향

MN133 『마하깟짜나의 지복한 하룻밤 경』에서 "지복한 하룻밤에 관한 요약은 이익을 가져오고, 청정범행"이라고 말한다. 과거나 미래의 알음알이에 묶이지 않고 마노[意]의 감각기능이 결여되지 않은 상태[意成身]인 의문意門 전향에서 눈 감성물질을 현재 일어나는 법에 인식하는 과정이 청정범행이다.

> 과거를 돌아보지 말고, 미래를 바라지 마라. 과거는 떠나갔고, 미래는 오지 않았다. 현재 일어나고 있는 법法을 바로 거기서 분명하게 본다. 정복당할 수 없고 흔들림이 없도록 지혜있는 자여 증장시켜라.[60]

호흡관의 정형구 ④번까지를 '몸, 느낌, 마음, 법'에서 따라가며 머물 때 '니밋따'를 파악하고 삼매에 든다. 마음에 끊어짐이 없이 '빠띠바가 니밋따'를 몇 시간에 걸쳐 알 수가 있을 때, 마노[意]가 의지하는 심장 토대로부터 바왕가를 식별하게 된다. 빠띠바가 니밋따 빛에 마음을 한두 시간 집중하면 의문의 토대인 심장에서 밝은

---

[60] MN133 Mahākaccānabhaddekarattasutta, "죽음의 무리와 더불어 타협할 수가 없느니라. 이렇게 노력하고 밤낮 성성하게 머물면 지복한 하룻밤을 보내는 고요한 성자이리라. … '과거(미래)에 나의 눈(귀, … 의)은 이러했고 형색〈소리, … 법〉은 이러했다'고 생각하는 그것에 대한 알음알이가 열망과 욕망에 묶이고 알음알이가 열망과 욕망에 묶이므로 그는 그것을 즐긴다."

빛과 같은 맑은 '바왕가'를 확인할 수가 있다.

> 바왕가의 마음을 마노(意) 문(manidvāra)이라고 한다. 마음이 계속해서 끊어짐 없이 한두 시간 집중할 수 있게 되면 이제 심장에서 마노의 문을 식별해야 한다. 이 바왕가의 마음은 심장토대 물질에 의지하여 일어난다. 이것을 여러 번 반복하며 식별하면 심장토대 물질에 의지하여 일어나는 바왕가의 마음과 이 마노의 문에 나타나는 빠띠바가 니밋따를 쉽게 식별할 수가 있다.[61]

2) 마음은 어떻게 대상을 인식하는가?

불멸 후대에 지술된 『아비담마』[62]에서는 모든 마음에 반드시 공통되는 7가지 마음부수들(감각접촉(phassa), 느낌(vedanā), 인식(saññā), 의도(cetanā), 집중의 심일경(ekaggatā), 생명기능(jīvitindriya), 작의(manasikāra)]이 없으면 마음이 대상을 안다는 그 자체가 불가능하다고 말한다.[63] 이들 7가지 마음부수들은 마음이 일어나는 그 순간에

---

61 정명스님(2020), 앞의 책, p.108. 정명스님(2008), 앞의 책, pp.80-81.
62 abhidhamma는 BC 2세기경 석가모니의 가르침을 정리, 주석, 요약한 논서. 원어 '아비'(abhi)에 '뛰어난'이라는 의미가 있고, '법에 관하여(對法)'에 번역함.
63 대림스님·각묵스님 역(2021), 『아비담마 길라잡이』 1권, pp.219-234, "'대상으로 아는 것이 마음이다.' 어떻게? 감각접촉, 느낌, 인식, 의도, 심일경, 생명기능, 작의 등 모든 마음에 공통인 7가지 마음부수들은 마음이 일어나는 순간에 반드시 같이 일어난다. 1. 마음이 일어날 때는 반드시 감각접촉이 일어난다.

반드시 같이 일어난다. 또한 『아비담마』에서는 마음이 대상을 인식하는 법칙을 ①6가지 토대 ②6가지 문 ③6가지 대상 ④6가지 알음알이 ⑤6가지 과정 ⑥6가지 대상의 나타남 등의 순서로써 구성된 인식과정(vīthi-citta)으로 말한다.[64] 인식과정에는 4개의 조건이 있다.

첫째, 모든 마음은 대상을 가진다. 마음은 반드시 대상과 함께 일어난다. 둘째, 마음은 물질보다 16배 빠르다. 하나의 물질이 머물 때 최대 16번의 마음이 일어나 머물고 사라진다. 셋째, 이 두 가지 조건을 결합한 인식과정은 한 대상을 조건으로 하여 최대 17개 심찰나를 넘지 못한다. 마음은 물질이 일어나 찰나 개재되고 흘러 지나간 바왕가까지 포함하면 17번이 된다. 넷째, 17번 일어나는 마음들은 엄격한 고정된 법칙에 따라 순서가 분명하게 정해져 일어난다.

감각접촉의 마음이 대상을 알음알이한다. 2. 느낌으로 마음은 대상을 경험한다. 3. 인식으로 마음은 대상을 인식한다. 4. 의도로 대상을 알려는 어떠한 의지를 행한다. 5. 집중의 심일경이 대상에 마음을 고정시킨다. 6. 생명기능이 마음을 있게 한다. 7. 일어나는 법은 반드시 그치는 것을 작의하므로 마음은 대상을 식별할 수가 있다. 그래서 아는 기능뿐인 마음은 이 7가지를 통해서 '대상을 아는 기능'에 행한다. 마음이 왕王이면 7가지 대신들이 항상 같이 일어나고 멸한다. 바왕가에서 이 일곱은 반드시 함께한다." 『니까야』 경전은 마음(citta)을 통상 心(citta), 意(mano), 識(viññāṇa) 등의 의미로 구분한다.
[64] 대림스님·각묵스님 역(2021), 『아비담마 길라잡이』 1권, 초기불전연구원, pp.388-409.

인식과정에 대한 엄격한 고정된 법칙을 알게 되어 마음을 명확하고 체계적으로 식별하는 이것이 『아비담마』의 공부이다. 눈, 코, 귀, 혀, 몸 등 5가지 문(五門)에는 '매우 큰, 큰, 작은, 매우 작은, 선명한, 희미한' 등 6가지 대상이 나타난다.[65] 일어남-머묾-사라짐[66]이라는 3개의 아찰나에서, 매우 큰 대상은 일어남이 매우 빨라서 나타날 수가 없고 머묾으로만 나타난다. 삼매를 개발해서 위빠사나 앎을 가진 수행자가 생멸生滅의 지혜에 도달할 때 비로소 궁극적인 실재들의 '일어남-머묾-사라짐'이 마노의 문(意門)을 대상으로 해서 나타난다. 이때 18가지 구체적 물질들[67]의 수명은 지나간 바왕가[68], 바왕가 떨림 2번, 인식과정의 마음 14번 등 17번 심찰나이다.

---

[65] 형색이라는 큰 대상이 나타난 후 눈의 문(眼門)과 의문意門은 이 대상을 취(등록)하지 않은 상태에서 2~3개 심찰나가 지나간다. 지나간 뒤에 이 대상은 등록이 일어나는 순간까지 머물 수가 없고 등록 앞에서 사라지는데 규정된 수명이 다했기 때문이다. 이런 형색이 보통의 수명주기를 가진 '큰 대상'이다. 즉, 형색이라는 대상이 눈의 문과 마노(意) 문에서 일어남의 직후 단계가 나타나지 못한다. 형색이라는 대상이 눈 투명요소 혹은 니밋따 빛의 힘이 부족하기 때문이다. 반면에 형색이라는 대상이 힘이 없기 때문에 4~9개 심찰나가 지나갈 때까지 눈과 마노의 문이 나타날 수가 없고 4~9개 심찰나가 지난 후 영역에 나타나는 대상을 '작은 대상'이라 한다. 이러한 대상은 속행이 일어나기 전에 소멸한다. 17개 심찰나의 수명주기를 초과하였기 때문이다. 즉, 눈과 마노의 문에 나타나 속행까지를 지속할 수가 없는 짧은 수명의 대상을 작은 대상이라 한다. 이들은 2~3번의 결정만이 일어나고 잠재의식에 들어간다.
[66] 정명스님(2023), 앞의 책, pp.46-48.(파옥 사야도 'NIBBĀNAGĀMINI PATIPADA')
[67] 구체적 물질은 위빠사나 대상인 반면에 추상적 물질은 위빠사나에서 제외. (음식에서 만든 영양 기본 8원소) 깔라빠에는 구체적 물질과 추상적 물질이 섞여 있다.

구체적 물질(10원소)은 17번의 심찰나에 대한 각각 3개의 아찰나로써 구성된다.

3) 토대와 문(dvāra)과 대상이 인식과정과 법을 말한다

대상을 아는 식識이 마음[69]이다. 마음과 같은 대상을 취하고, 마음과 같이 일어나고 마음이 사라질 때 같이 사라지는 금, 은, 사람, 나무의 개념들을 궁극적 실재로써 정신들의 일어남에 식별하는데 이러한 '마음의 길'이 인식과정이다. 정신들이라는 법들을 일어남-머묾-사라짐이라는 '순간으로써 현재'에 볼 수가 있을까? 토대(vatthu)와 대상(ārammana)을 파악했기[70] 때문에 볼 수가 있다. 심장토대는 의문意門이다. 심장토대는 전오식前五識을 제외한 인식과정의 모든 정신들이 의지하므로 토대이다. 이때 '마노의 알음알이[意識]'는 '전향을 포함한 속행'이다. 마노의 감각접촉은 바왕가와 함께 생긴 감각접촉이다. 느낌은 전향의 느낌을 포함한 속행의 느낌이다. 전향을 바왕가로부터 분리할 수가 없기 때문에 마노는 전향을 포함한 바왕가이다.

---

68 일생 동안 일어나는 존재지속심, 재생연결과 바왕가와 죽음 등의 대상은 동일.
69 마음은 원인들 토대와 대상, 작의가 일어날 때 갑자기 일어난다. 부싯돌이 부딪히는 원인으로 토대는 돌, 대상은 불빛, 마음의 일어남은 불길의 치솟음.
70 MA-4, 60, 토대는 눈〈귀, 코, … 몸〉의 토대와 마노와 마음부수들이 의지하는 물질인 심장토대이다. 심장토대는 마노의 문(바왕가) 혹은 삼매의 법들이 의지함, 안이비설신 오문은 물질이 토대(단, 마노의 문은 심장토대), '마노란 바왕가의 마음'인데 바왕가-마노맑음요소도 마노의 문이고, 마노는 전향을 행하는 바왕가이다.

문(dvāra)은 눈〈귀, 코, … 마노〉 투명요소가 '마음의 길'인 인식과정에 들어오는 정신들의 출입문이다. 형색이라는 대상을 가진 속행은 보는 눈의 문〔眼門〕과 마노 문〔意門〕 등 2개의 문에서 차례로 일어난다. 소리, 냄새, 맛, 감촉도 동일하다. 하나의 대상은 2개의 문에서 동시에 드러난다. 형색〈소리, 냄새, 맛, 감촉〉이라는 대상은 눈〈귀, 코, 혀, 몸〉의 감성물질에 부딪힌 그 순간에 바왕가라는 마노의 문에도 드러난다. 현재 보여지는 형색이 눈의 감성물질에 부딪히고 바왕가의 떨림이라는 능력이 있기 때문에 한 순간에 마노의 문〔意門〕에 드러난다. 즉, 형색〈소리, 냄새, 맛, 감촉〉이 눈〈귀, 코, 혀, 몸〉의 문에 부딪힌 순간에 형색〈소리, 냄새, 맛, 감촉〉이 바왕가-마노맑음요소에 부딪힌다. 이때가 마노〔意〕 문에 드러난 것이다. 반면에 마노의 문에서는 감성물질에 대한 부딪힘이 없고 법이라는 대상들이 바왕가-마노맑음요소에 일어난다. 이처럼 형색〈소리, 냄새, 맛, 감촉〉이라는 대상의 속행은 눈〈귀, 코, 혀, 몸〉의 문과 마노의 문 등 2개 문에 동시에 부딪힌다. 이러한 오문과 의문 전향이 인식과정이다. 의문 전향에서 식별되는 '법'이라고 말하는 고유성질은 6가지〔감성물질(5개 투명물질)과 미세한 물질(16개)과 마음(citta, 대상을 식별)과 마음부수(52개)와 열반과 개념〕[71]이다. 물질 28가지는 5개 감성물질과 7개 대상물질〔12개 거친 물질〕과 쉽게 이해할 수가 없는 미세물질의 16개로 구성된다.

---

71 대림스님·각묵스님 역(2021), 『아비담마 길라잡이』 1권, 초기불전연구원, p.360.

4) 오문과 의문의 인식과정(vīthi-citta)과 정신들[72]

① 오문五門 전향: 형색(색깔)〈소리, 냄새, 맛, 감촉〉이라는 대상이 눈〈귀, 코, 혀, 몸〉 투명요소에 부딪힐 때에 돌아서 향하는 마음의 전향. 안문 전향의 심찰나에는 고정된 법칙으로서 평온한 느낌과 함께하는 11가지 정신들[心所]이 있다.[73]

② 전오식前五識: 눈〈귀, 코, 혀, 몸〉의 토대로 일어나는 형색〈소리, 냄새, 맛, 촉감〉의 전향을 알음알이. 유익한 과보 5가지와 유익하지 않은 과보 5가지가 있다. 안식 심찰나의 고정된 법칙으로서 평온한 느낌과 함께하는 8가지 정신들이 있다.[74]

③ 받아들임: 대상(형색)을 (유익하거나 유익하지 않은 과보에) 받아들임. 평온한 느낌과 함께하는 11가지 정신들.

④ 조사: 대상(형색)을 받아들여 함께 건너다. 희열(pīti)과 함께 12가지 정신들이 있다.

⑤ 결정: 형색〈소리, 냄새, 맛, 감촉〉을 원하는 것인지 원치 않는 것인지 결정. 평온한 느낌과 함께 12가지 정신들(viriya 추가).

⑥ 속행(javana): 강하게 7번 재빠른 속행이 일어나 대상을 아는 의도이다. 재생연결, 바왕가, 죽음의 마음 등 앎에 34개 정신들.[75]

---

72 정명스님(2023), 앞의 책, pp.286-288. 마음부수(심소)가 정신들이다.
73 정명스님(2020), 앞의 책, p.31. "citta, phassa, saññā, vedanā, cetanā, ekaggatā, jīvitindriya, manasikāra, vitakka, vicāra, adhimokkha."
74 내외입처에 결박되는 전향이 일어날 때 그것에 상응하는 알음알이[前五識]가 있다. 앞에서 "vitakka, vicāra, adhimokkha"를 제외한 8가지 정신들이 있다.
75 ① 만약 앎(ñāṇa)과 희열이 함께한다면 기쁨과 함께하는 34개 정신들. ② 만약 앎은 있지만 희열이 없다면 앎이 함께하는 평온에 33가지 정신들. ③ 만약

⑦ 등록: (위의 속행을 따르는 것) 속행에 가졌던 대상을 자기의 대상으로 삼아 2번 등록이 일어남. 34, 33, 32개의 정신들.

⑧ 바왕가: 마음의 흐름, 심장토대로 생명을 유지시킴, 인식과정은 바왕가를 거쳐서 다음의 인식과정에 넘어간다. 바왕가의 뒤가 욕계의 유익한 의문意門 인식과정이라면 안문 인식과정과 동일한 대상을 취하고 '의문전향, 7개의 속행, 2개의 등록'의 마음들이 일어나 법에 경험한다.

⑨ 의문意門 전향: 마노[意] 문에 나타난 대상으로 전향[결정의 역할], 평온한 느낌이 함께하는 12개의 정신들.

⑩ 속행: 7번의 속행. 34, 33 혹은 32개의 정신들이 있다.

⑪ 등록: 2번 일어남. 34, 33, 혹은 32개의 정신들이 있다.

5) 마노가 법을 경험한다

『아비담마』주석서는 의문意門 인식과정을 법의 작의라고 말한다. 마노의 알음알이[意識]에 의해서 감각장소(phassāyatana)에서의 법을 알 수가 있다. 눈〈귀, 코, 혀, 몸〉이 서로 다른 대상과 영역을 갖고 의지처인 마노[意]에 의해서 법으로 경험한다.

> 의문 인식과정의 속행이 홀로 모든 법을 알아차린다.[76]

앎은 없고 희열이 있다면 앎이 없고 기쁨이 함께하는 평온에 33가지 정신들.
④앎과 희열이 모두 없다면 앎이 없고 평온에 32가지 정신들.
76 VbhA.xvi.1 Ekakaniddesa Vaṇṇāna B766, 의문 인식과정에서 법을 작의.

눈〈귀, 코, 혀, 몸〉이 서로 다른 대상과 다른 영역을 갖고 있어
서로 다른 영역과 대상을 경험한다. 마노[意]가 그들 각자의 의지
처이고, 그들 각자의 영역과 대상을 경험한다.[77]
바라문이여, 마노[意]는 문지기(sati)를 의지한다.[78]

법을 인식하는 마노가 문지기(sati)를 의지하면서 벗어남이 된다.
〈그림 2〉는 감성물질 눈에 대한 안문과 의문 인식과정이다.[79]

		안문眼門 인식과정							의문 인식과정	
		심장토대(63)	눈토대(63)						심장토대(63)	
바왕가 떨림	바왕가 끊어짐	오문전향	안식	받아들임	조사	결정	속행	등록	바왕가	의문전향	속행	등록
		형색			형색					형색		
		11	8	11	12	12	34	34	34	12	34	34
형색 라인 유익한 그룹						물질로			12	34(33, 33, 32)	34(33, 33, 32)
						무상으로			상동		상동	
						괴로움으로						
						무아로						
						혐오스러움으로						

〈그림 2〉 눈에 대한 안문과 의문 인식과정

---

77 MN43 Mahāvedallasutta, "mano ca nesaṃ gocaravisayaṃ paccanubhotī"
78 SN48:42 Uṇṇābhabrāhmaṇasutta, AN10:58 Mūlakasutta, "법은 열의를 뿌리로 작의에 근원한다."
79 무념스님 역(2003), 앞의 책, pp.84-87, 정명스님(2023), 앞의 책, p.273.

6) 단지 작용만 하고 마노의 요소〔意界〕에 전향한다

눈과 형색〈귀와 소리, 코와 냄새, 혀와 맛, 몸과 감촉〉의 오문 전향이 먼저 일어나고 마노〔意〕와 법의 의문 전향이 일어난다. 눈으로 볼 때 안문眼門과 의문意門 인식과정 사이에 있고, 그리고 각각의 의문 인식과정 사이에 있는 여러 바왕가를 식별한다. 희열이 함께하는 재생연결을 가진 자의 바왕가에 34개 정신들이 있다. 이 바왕가의 대상은 전생에서 죽을 무렵 일어난 업業의 표상 혹은 태어날 곳의 표상 어느 하나를 취하고, 속행들의 대상과 동일하다. 바왕가를 식별할 수 있을 때 바왕가의 알음알이〔意識〕와 함께하는 정신들을 식별할 수 있다.

바왕가가 전향하여 바왕가에서 단지 보는 작용을 하는 마노〔意〕의 요소에 전향한다면, 그것은 중간에 '안식, 받아들임, 조사, 결정'만을 취한 것이다. 즉, 결정의 힘으로 하나 둘의 마음들이 일어나 속행의 자리에 대신 머물다가 다시 바왕가에 들어간다. 대상에 대한 힘이 없는 것을 '내가 보았(들었)던 것처럼…'이라고 말하는 순간처럼 작용만을 하고 마노의 요소를 얻은 것이다.

오문五門 전향이라고 하는 단지 작용만 하는 마노의 요소〔意界〕가 바왕가의 방향을 전환시키고 결과적으로 바왕가의 상속을 끊는다. 오문전향에 의해 바왕가가 끊어진 이후에는 인식과정의 마음의 상속이 대상을 원하는 대상인지 혹은 원치 않는 대상인지를 결정하는 결정의 마음까지 이르지 못하고 다시 바왕가에 떨어지는 것은 불가능하다. 그 사이에 '안식, 받아들임, 조사'의 마음이

있다.(AbhīA1-309~310)[80]

A. '바히야'의 볼 때는 보여질 뿐(diṭṭhe diṭṭhamattaṃ)[81]

깨달음이 절실하고 생명이 다해가는 바히야가 탁발하는 부처님을 멀리서 찾아와 길을 막고서 법을 거듭 청한다. "제가 생명이 다할 것인지 이것은 알기가 어렵습니다. 세존께서는 제게 법을 설해 주소서!"라고 청한다. 부처님은 "바히야여, 그렇다면 그대는 이와 같이 공부 지어야 한다. '볼 때는 단지 봄만이 있을 것이고 들을 때는 단지 들음만이 있을 것이고 감지할 때는 단지 감지함만이 있을 것이고 알 때는 단지 앎만이 있을 것이다.' 바히야여, 그대는 이와 같이 공부 지어야 한다."라고 가르쳤다. 법法을 충실히 따르며 걷던 바히야는 사거리에서 새끼를 밴 암소에 치어서 죽는다. 이를 들으신 부처님은 바히야를 열반에 든 성자라고 말씀한다. 어떻게 이토록 빠르게 열반에 들수가 있을까? 우리의 감각기능은 보는 것과 듣는 것 등을 동시에 처리하지 못한다. 눈, 귀, 코, 혀, 몸 5개 감각기능[根] 중의 어느 하나에 닿아 반드시 그치는 법에 작의를 하고 있다는 것이다. 즉, 단지 보는 눈의 문(眼門)과 그리고 눈을 일어나고 그치는 법에 작의하는 의문意門 등 2가지 문으로 나누어 감각작용한다. 눈으로 형색을 볼 때는 보는 감각기능 작용만 하고[眼

---

80 정명스님(2023), 앞의 책, pp.90-91, "두 마음의 순간에 잠재의식이 흔들리고 흐름이 끊어진다. 그때 형색에 전향이 일어나고 멸한다." AbhīA는 Abhidamma Athakatha임.

81 정명스님(2023), 앞의 책, pp.91-94.

-色, 오문전향-전오식-받아들임-조사(santīraṇa)-결정〕, 일어나는 법은 반드시 그침〔무상〕에 작의하는 것을 알 때는 알기만 해야 한다.〔意-法, 의문전향-속행-등록〕 볼 때 형색을 대상에 취하고 법으로 작의하는 것의 안문과 의문 인식과정에서 형색의 대상을 계속 보는 것은 눈의 알음알이〔眼識〕이다. 안문 인식과정에서 속행의 마음만이 업을 짓고 다른 마음들은 단지 작용만 하는 마음이다. 안식 이후에 받아들임, 받아들여 함께 건너는 조사, 마음 상속이 대상을 원하는 대상인지 혹은 원치 않는 것인지 결정하는 등 3개의, 단지 작용만 하는 마음에 제한하면 형색에 대한 탐·진·치가 속행에서 일어날 수가 없다. 따라서 의문 인식과정의 속행만이 홀로 일어나고 그치는 법으로 알아차린다.

참으로 그대에게 볼 때는 단지 봄만이 있을 것이고, 들을 때는 단지 들음만이 있을 것이고, 감지될 때는 단지 감지되어질 뿐만이 있을 것이고, 알 때는 단지 앎만이 있을 것이면, 그대에게는 '그것〔탐·진·치〕에 의함'이란 것이 있지 않다.
바히야여, '그것에 의함'이 있지 않으면, 그대에게는 '거기에'라는 것이 있지 않다.
바히야여, 그대에게 '거기에'가 있지 않으면, 그대에게는 여기 없고 저기 없으며 이 둘의 가운데도 없다.
이것이 바로 괴로움의 끝이다.[82]

---

[82] '볼 때는 봄만'이라고 ①눈의 알음알이〔眼識〕에 의해 형색의 감각장소〔色處〕가 보일 뿐이다. 왜냐하면 눈의 알음알이는 단지 형색에 대해서 형색만을 볼

'볼 때는 봄[見]만이 있다'를 '형색이라는 대상이 마음에 나타나도록 하면 안 되고 볼 뿐'으로 해석하면 눈의 알음알이[眼識] 이후의 마음들을 일어나지 않게 하는 오류가 된다. 왜냐하면 인식과정에서 마음의 상속은 결정까지 도달하지 않은 채로 소멸하지 않기 때문이다. 눈으로 형색이라는 대상을 볼 때는 대상을 보는 안문 전향과 (법으로 작의하는) 의문 전향으로 나눈 2개의 인식과정이 있다. 안문 인식과정에 있는 마음은 오직 '형색'을 '형색'이라고 감각기능만을 한다. 반면에 형색을 대상으로 취하는 의문 인식과정의 마음이

뿐이지 항상하다거나 하는 그런 고유성질에 보지 않는다. 이처럼 귀나 코로 업을 짓는 알음알이들에 대해서도 '단지 봄만(diṭṭhamatta)이 있는' 알음알이 [識]만 있을 것이다. ②'볼 때는 봄만'이란 것은 눈의 알음알이가 형색에서 형색을 아는 것에 '단지(matta)' 제한(pamāṇa)하는 뜻이다. ③'봄'이란 눈의 알음알이로 보여진 형색이고 '볼 때는 봄만'이라고 눈의 알음알이로부터 일어난 받아들이고 조사하고 결정하는 3가지 마음만이다. 눈의 영역에 들어온 형색에 대해서 탐하지 않고 성내지 않고 어리석지 않고, 받아들이는 마음에 한계를 가진 속행의 마음이 일어나게 해야 한다. 들음(suta)과 감지됨에도 적용된다."(SA.ii,383~384, UdA.90~91) 감지됨(muta)을 알음알이와 함께 하는 냄새와 맛과 감촉의 '감각장소가 일어남'에 안다.(UdA.91) "알 때는 단지 앎만이"라고 할 때 앎(viññāta)이란 것은 의문전향(mano-dvār)의 마음을 통해서 안 대상 (viññāt-ārammaṇa)을 말하고, '알 때에는 단지 앎만이 있다.'는 것은 의문 전향의 마음에 한계하는 것이다. "'그것에 의함이란 것이 있지 않다.'는 것은 봄에 탐·진·치를 하지 않는다, '거기에 라는 것이 있지 않다'는 것은 탐·진·치하지 않으므로 보고 듣고 감지하고 안 것에 묶이거나 집착하지 않는다."(SA.ii,384, cf. UdA.92) '여기도 없고 저기도 없고 이 둘 가운데도 없다'의 '여기'는 '이 세계', '저기'는 '저 세계' 뜻이다." (출처: https://cafe.daum.net/pali-study/8Xy1/2320)

형색이라는 대상을 법으로 안다. 즉, '볼 때는 봄만이'라고, 눈의 영역에 들어온 형색이라는 대상을 볼 때는 눈의 알음알이(眼識)에 의한 형색이라는 감각장소가 식별될 뿐이다. 왜냐하면 눈의 알음알이는 단지 형색에 대해서 형색만을 볼 뿐이고 그 형색을 항상하다는 어떠한 고유 성질로 보지를 않는다. [耳識, 鼻識, 舌識, 觸識에] 탐내지 않고 성내지 않고 어리석지 않고 봄만이 있는 것이다. 즉, 안문 전향에서 눈의 알음알이에 보여진 형색을 눈 토대에 받아들이고, 조사하고, 결정하는 등 단지 보는 감각기능 작용만 하는 범위로 한계限界를 하면 탐·진·치의 업이 속행에서 일어나지 않는다.

'알 때는 단지 앎만이 있을 것이다.'에서 앎(viññāta)은 의문意門 전향하면서 의(意, mano)를 통해서 안 대상(ārammaṇa)이다. 즉, 물질이라는 법이 '항상하지 않다'는 것이다. 의문으로 대상을 받아들일 때는 의문 전향 다음에 업을 짓는 속행의 마음이 일어난다. 의문 전향으로서 눈과 형색의 감각장소를 '일어남'의 속행으로 한계를 할 수가 있다는 것이 '앎'만이다.[83] 이렇게 단지 보는 감각기능 작용만의 한계를 하면 안식眼識에서 탐·진·치가 고요하고 의문 전향에 충실하게 된다. 따라서 보고 듣고 감지하고 안 것(識)에 묶이거나 집착하거나 확고하지 않아 여기 이 세상도 없고 저기

---

83 정명스님(2023), 앞의 책, p.94, "만약 봄의 법(diṭṭha dhamma)을 토대와 함께 식별하고, 봄의 법과 볼 수 있는 법들을 [무상·고·무아에] 교대로 위빠사나한다면, 위빠사나 앎은 봄의 법을 뒤덮고 움켜쥔 탐·진·치를 일시에 잘라낼 수가 있다. 봄의 법과 원인이 되는 법들에 의지해서 일어나는 탐·진·치가 일어나지 않도록 닦아야 한다."

세상도 없고, 이 둘의 모두가 아닌 가운데 다른 것에 상상함도 없어서 괴로움이 다한다. 이렇게 해서 '바히야'를 부처님 제자 중에서 가장 빠르게 깨달은 자라고 말한다.

5. 사선정과 『아비담마』에서 법의 인식과정

1) 사리붓다가 법들을 차례대로 결정

여섯 감각장소의 일어남과 사라짐에 꿰뚫어 아는 청정범행을 계속해서 구한다. 삼매에서 이미 생겨나 나타나고 있는 오온(물질, 느낌, 인식, 형성들, 알음알이)의 정신들과 물질에 대해서만 '있다'라고 명칭이 있고, 표현이 되고, 개념(시설)된다.

> 어떤 물질〈느낌, 인식, 형성들, 알음알이〉이 지나가 버렸고 소멸하였고 변해 버린 것에 대해서 '있었다'라는 명칭과 표현 '있었다'는 개념은 있지만 '있다'라는 명칭도 없고 '있을 것이다'라는 명칭도 없다. … 이미 생겨나 나타나 있는 물질〈느낌, 인식, 형성들, 알음알이〉이 '있다'라고 명칭되고, 표현되고, '있다'라고 개념된다. 그것에 대해서 '있었다'라고 명칭되지 않고, '있을 것이다'라고도 명칭되지 않는다.[84]

MN111 『차례대로경(Anupadasutta)』에서 사리뿟따가 삼매에 입정과 출정하면서 "이 법들을 차례대로 결정하였다."라고 분리 관찰

---

[84] SN22:62 Niruttipathasutta

(위빠사나)하였다. 이러한 법들을 일어남-머묾-사라짐이라는 '순간으로써 현재'에 볼 수가 있을까? 앞에서 심장 토대를 의지한 감성물질 눈, 코, 귀, 혀, 몸의 토대(vatthu)와 그 대상(ārammana)을 '순간으로써 현재'에서 파악하였기 때문에 16가지 법들의 차례대로 일어남으로 전향할 때 일어남이 분명하고, 머묾으로 전향할 때 머묾이 분명하고, 사라짐으로 전향할 때 사라짐이 분명하게 볼 수가 있다. 아래 경문에서 "이 법들이 분명하게 드러나면서 일어나고, 분명하게 드러나면서 머물고, 분명하게 드러나면서 사라진다."라고, '없었는데 생겨나고'의 일어남과 '있다가 사라진다'라는 사라짐에 꿰뚫어 알아 법을 식별한다. 사리뿟따는 아나빠나 사띠(호흡관)로부터 16가지 법들 중에서 초선의 요소들(일으킨 생각과 지속적 고찰, 희열, 행복, 심일경)을 차례대로 결정하고 '일으킨 생각과 지속적 고찰, 희열, 행복' 등을 거친 단점의 순서대로 가라앉힌다. 이처럼 법들을 가라앉힌 그 결과가 이선과 삼선과 사선 등의 머묾이다.[85]

일으킨 생각과 지속적 고찰을 가라앉혔기 때문에 안으로 확신이 있으며, 심일경이고, 일으킨 생각과 지속적 고찰은 없고, 삼매에서 생긴 희열과 행복의 이선에 머문다. 이선에는 안으로 확신, 희열, 행복, 심일경, 감각접촉, 느낌, 인식, 의도, 마음(識), 열의, 결심, 정진, 문지기, 평온, 작의 법들이 있고 이 법들을 차례대로

---

[85] SN36:11 Rahogatasutta(홀로경), "초선을 증득한 자에게는 언어가 그친다. 이선을 증득한 자에게는 일으킨 생각과 지속적 고찰이 그친다. 삼선을 증득한 자에게는 희열이 그친다. 사선을 증득한 자에게는 들숨과 날숨이 그친다."

결정지었다. 이 법들이 알려지는 것으로서 일어나고 머물고 사라진다고 꿰뚫어 안다. '이와 같이 이 법들은 없었는데 생겨나고, 있다가 사라진다.'라고.[86]

2) 앎과 봄의 시작과 마노로 만든 몸〔意成身〕

"법들을 차례대로 결정하였다."라고, '일으킨 생각과 지속적 고찰, 희열, 행복, 심일경' 등 초선정의 정신들을 차례대로 식별하는 것이 정신(nāma) 명상의 시작이다. 정신들의 식별을 '마음의 길'이라는 『아비담마』 인식과정에서 관찰할 수가 있다. 정신들을 식별하는 초심자는 상속으로써 현재로부터 순간적으로 현재에 도달하도록 삼매에서 정신들을 식별한다. 정신의 견고함을 부술 수가 있을 때 궁극적 실재에 도달이 가능하고, 정신과 물질을 분석하는 앎을 얻을 수 있다. 선정을 출정한 후에 선정에서의 정신들을 식별하는 인식과정을 DN2『사문과경沙門果經』은 '마노로 만든 몸에 대한 앎(manomayiddhiñāṇa)'이라고 말한다. 즉, 마음이 삼매에 들고 청정하고 깨끗하고 흠이 없고 오염원이 사라지고 부드럽고 활발발하고 안정되고 흔들림이 없는 상태일 때 '앎과 봄〔知見〕'[87]으로 마음을

---

[86] 대림스님 역(2012),『맛지마 니까야』 4권, 초기불전연구원, pp.77-84, MN111 Anupadasutta.

[87] 봄〔見, dassana〕을 얻는 자는 예류자이다. AN3:92「멀리 여읨 경」, 감성물질을 삼특상에 혐오하며 "봄이 생김과 더불어 성스러운 제자는 자기 존재가 있다는 견해〔有身見〕와 의심과 계금취戒禁取의 족쇄들을 제거한다."라고, 3가지 족쇄를 제거한 예류자이다. 봄을 얻었기 때문에 법의 눈을 얻었다.(D3 §2 M56 §18) 주석서는 "'봄'이란 첫 번째 예류도를 두고 한 말이다. 첫 번째 도는 오염원을

향하며 기울게 한다. 그래서 "이 몸은 물질로 된 것이고, 4가지 근본물질로 이루어진 것이며, … 나의 이 알음알이는 여기에 의지하고 여기에 묶여 있다."라고 꿰뚫어 안다. 또한 '마노〔意〕로 이루어진 몸〔意成身〕'이라는 의문意門 전향을 행하므로 마노 감각기능이 결여되지 않은 몸이 된다.

마음이 삼매에 들고 청정하고 깨끗하고 흠이 없고 오염원이 사라지고 부드럽고 활발발하고, 안정되고, 흔들림이 없는 상태에 이르렀을 때 앎과 봄〔知見〕으로 마음을 향하고 기울게 한다. 그는 이와 같이 꿰뚫어 안다. '나의 이 몸은 물질로 된 것이고, 4가지 근본물질로 이루어진 것이며, … 나의 이 알음알이〔識〕는 여기에 의지하고 여기에 묶여 있다.'라고. … 마음이 삼매에 들고 청정하고 깨끗하고 흠이 없고 오염원이 사라지고, 부드럽고 활발발하고 안정되고 흔들림이 없음에 이르렀을 때 '마노로 만든 몸〔意成身〕'으로 마음을 향하고 기울게 한다. 그는 이 몸으로부터 물질을 가지고 마노로 이루어지고, 모든 수족을 가진 감각기능〔意〕이 결여되지 않은 다른 몸을 만든다.[88]

'마노로 만든 몸'이라는 의문 전향의 인식과정에서 눈〈귀, 코,

제거하는 역할을 성취하여 첫 번째로 열반을 보기(passati) 때문에 봄이라고 한다."(SA.iii.55) 예류도(sotāpatti-magga)처럼 일래도, 불환도, 아라한도의 순간에도 청정하기 때문에 4가지 도를 봄.

[88] DN2 Sāmaññaphalasutta(沙門果經), 대림스님·각묵스님 역(2013), 『니까야 강독』 1권, 초기불전연구원, pp.436-452. 의문 전향이 意成身.

혀, 몸〉문의 영역과 대상이 마노[意]를 의지해서 경험된다.

3) 초선정과 『아비담마』의 34가지 정신들의 식별[89]
A. 니밋따의 빛이 강할 때 바왕가의 식별

눈〈귀, 코, … 마노〉은 인식과정에 들어오는 정신들의 출입문이다. 형색이라는 대상은 보는 눈의 문[眼門]과 의문意門에서 차례대로 일어난다. 안문眼門과 의문意門 전향을 심장 토대의 '바왕가'에 의해서 식별할 수 있다. 선정에 들어가 '빠띠바가 니밋따'의 빛이 강할 때 마음으로 심장을 보면 샛별이나 촛불과 같은 맑은 빛의 '바왕가'가 나타난다. 바왕가 위에서 니밋따의 빛이 생기고 사라지므로 바왕가를 식별할 수가 있다.

> [빠띠바가] 니밋따의 빛이 아주 강할 때, 마음의 눈으로 심장을 본다. 그러면 바왕가가 나타난다. 바왕가 위에서 니밋따 빛이 생기고 사라지는 것을 볼 수 있다. 니밋따 빛이 실체라면 바왕가는 거울이고 그 위에 니밋따의 이미지가 나타나서는 사라진다. 그래서 어느 것이 니밋따 빛이고 어느 것이 바왕가인지 구분할 수 있어야 한다. 심장토대에 의지한 마노의 문[意門]은 니밋따의 빛보다 밝기 때문에 구분할 수 있다.[90]

---

[89] 정명스님(2023), 앞의 책, pp.183-189.
[90] 정명스님(2008), 앞의 책, p.82. 사선정 이후의 '마노로 만든 몸'인 意門.

B. 초선정의 34가지 정신들 식별

아나빠나 사띠로부터 본삼매에 아주 근접하면 업(kamma)의 표상을 취하는 바왕가[91]의 떨림과 바왕가의 끊어짐처럼 바왕가는 2번 연이어 일어나 사라지는 것을 '4.『아비담마』인식과정과 볼 때는 단지 보기만 하라'의 〈그림 2〉에서 보았다. '일으킨 생각과 지속적 고찰과 희열과 행복과 마음의 하나됨[心一境]' 등의 초선정을 출정한 직후에, 마음의 하나됨의 '빠띠바가 니밋따' 빛을 대상으로 삼매를 계속 닦아 다시 초선정에 들어간다. 즉, '일으킨 생각과 지속적 고찰, 희열, 행복, 심일경' 등 초선정의 요소들이 앎에 분명해지면 초선정을 출정한 직후에 이들 초선정의 5요소들이 동시에 일어나는 것에 볼 수가 있도록 반복해서 식별한다. 초선정 5요소들이 아주 분명해지면 심장 물질(불투명 깔라빠)을 식별하기 위해서 다시 밝게 빛나는 '바왕가-마노투명요소[意門]'에 집중한다.

1. (심장 위) '바왕가-마노투명요소'를 파악하고는
2. 빠띠바가 니밋따를 다시 대상으로 취한다.

이때가 본삼매에서 출정한 뒤이므로 '빠띠바가 니밋따'가 사라지지 않고 머물러 있을 것이다. 바왕가-마노투명요소에 '빠띠바가 니밋따'가 나타나면 초선정 5요소를 쉽게 식별을 할 수가 있다. (비록 초선정의 인식과정에서 '의문전향, 준비, 근접, 수순, 종성'이

---

91 바왕가는 불투명 물질 심장-십원소 깔라빠의 심장 토대 물질에 의지하여 일어남.

라는 욕계 마음을 포함하고 있지만) 선정의 요인들과 함께하는 정신들을 파악해야 한다. 다음과 같이 가르친다.

> 선정 가운데 어느 하나로부터 출정하여 일으킨 생각과 지속적 고찰 등 선禪의 구성요소와 그와 관련된 법들의 특징, 역할 등에 파악해야 한다.(VS2-222)[92]

일으킨 생각과 지속적 고찰, 희열, 행복, 심일경 등 초선정의 5요소가 수행자의 앎에 분명하게 나타날 때가 선정에 든 인식과정이다. 일어나는 각각의 심찰나들에서 5요소들이 하나 뒤에 또 다른 것이 끊임없이 일어나는 것을 보도록 노력한다. 즉, 초선정을 출정한 직후에 초선정의 5요소를 철저히 식별하고 감각접촉이 5번째인 법들[느낌, 인식, 의도, 마음[識], 감각접촉, 작의]에서 '① 알음알이[識], ② 느낌, ③ 감각접촉'으로 시작하는 방법들 중의 하나를 선택해서 초선정의 34가지 정신들 모두를 철저히 식별해야 한다. 예를 들면, 알음알이와 같은 정신을 우선 식별한다. 다음은 알음알이와 감각접촉 2개를 동시에 식별하고, 다음은 느낌 등 나머지 마음부수를 하나씩 더해 가면서 34가지 정신들 모두를 동시에 식별해 나간다. 아나빠나 사띠[호흡관]의 정형구에서 '빠띠바가 니밋따'를 대상으로 초선정에 든 다음, 기울어지는 특징으로써 동일한 특징이라는 선정의 법들을 '특징-식식識食-방법'으로 식별하라고 가르친다. 이때

---

[92] VS는 MN24 Rathavinitasutta(역마차경)에 기반한 청정도론(Visuddhimagga) 약호.

34가지 정신들의 식별 가운데 정진과 문지기(sati)는 통제기능〔indriya, 根〕이므로 직접적으로 가르쳤고, 믿음과 지혜는 개략적으로 추론한다. 몸과 마음의 경안 등 6쌍의 정신들은 쌍으로 가르치고, 탐욕없음과 성냄없음도 개략적으로 추론한다. 각각의 속행들에서 셋, 넷, 다섯을 앎으로 분명하게 볼 수가 있도록 식별한다. 아래와 같이 초선初禪에서의 34가지 정신들을 식별한다.

(대상을 아는) citta(마음), phassa(감각접촉), vedanā(느낌), saññā(인식), cetanā(의도), ekaggatā(심일경), jīviindriya(생명기능), manasikāra(작의), vitakka(일으킨 생각), vicāra(지속적 고찰), adhimokkha(결심), viriya(정진 등 12개), pīti(희열), chanda(열의), saddhā(믿음), sati(문지기), hiri(양심), ottappa(수치심), alobha(탐욕없음), adosa(성냄없음), tatramajjhattatā(중립), kāya-passaddhi(몸 경안), cittapassaddhi(마음 경안), kāyalahutā, citta-lahutā(마음 가벼움), kāyamudutā, cittamudutā(마음 부드러움), kāyakammaññatā, cittakammaññatā(마음 적합함), kāyapāguñ-ñatā, cittapāguññatā(마음 능숙함), kāyaujukatā, cittaujukatā(마음 올곧음), paññāindriya(지혜 기능).[93]

C. 초선정의 인식과정과 정신·물질에 구분[94]

---

[93] 34가지 정신들은 MN111 초선정의 16가지 법들에 관련된다. paññāindriya는 물질 무더기에 포함된 눈 투명요소를 괴로움의 진리에 알고 보는 지혜 기능.
[94] 정명스님(2023), 앞의 책, pp.190-193.

초선정의 인식과정에서 일어나는 모든 정신(nāma)의 법들을 각각의 심찰나에서 하나씩 식별할 수 있을 때 아래의 경문과 같이 『청정도론』은 한꺼번에 식별하라고 가르친다.

> 파악한 다음에 이 모든 것은 대상을 향해 기울기 때문에 기운다는 뜻에서 정신(nāma)이라고 구분해야 한다.(VS2-222)
> 이 모든 정신을 기운다는 특징 아래 하나로 묶어 '이것이 정신'이라고 본다.(VS2-223)

초선정 인식과정의 각각 심찰나에 있는 정신들 모두를 한 번에 '이것들이 정신이다.'라고 알음알이(viññāṇa)하며 파악한다. 초선정의 모든 정신들은 '빠띠바가 니밋따'를 향하여 기운다. 첫 번째는 초선정의 심찰나에서 일어나는 citta(아는 마음), phassa(감각접촉), vedanā(느낌), saññā(인식), cetanā(의도) 등의 정신들을 하나씩 식별한다. 두 번째는 의문 전향에 있는 12개 정신들과 본삼매 각각의 속행에서 일어나는 34가지 정신들을 동시에 식별한다. 세 번째는 초선정 호흡관의 '빠띠바가 니밋따'라는 대상으로 기우는 성질에 식별한다. 그리고 '이것이 정신, 이것이 정신'이라고 계속 식별한다. 이와 같이 개별적인 식별과 전체적으로 한 번에 식별하는 2가지 방법을 모두 닦는다. 이것이 알음알이를 통해서 선정의 정신들을 식별하는 간단한 방법이다. 감각접촉이나 느낌으로 시작하는 방법도 마찬가지이다. 이렇게 알음알이, 감각접촉, 느낌 등으로 시작하는 3가지 식별 방법을 통해서 34가지 궁극적 성품을 각각 하나씩 보지 않고 본삼매 속행의 심찰나에 있는 34가지로 한꺼번에 보면서 구분한다. 이러한 지혜의 도움으로 선정 그리고 선정과 함께 하는 정신들의 견고함을 부수어 분명하게 식별할 수가 있을 때, 의문전향과 함께하는 '준비, 근접, 수순, 종성'이라는 욕계 근접삼매의 속행들을 계속해서 식별할 수가 있다.[95]

① 의문전향(빠띠바가 니밋따로 전향, 12개 정신들을 식별[96]) ② (본삼매 초선정 5요인) 준비[97] ③ (본삼매) 근접 ④ (준비의 마음을 따르고 다음 본삼매에 적응하는) 수순(anuloma) ⑤ (마지막 속행에 욕계를 초월하는) 종성(gotrabhū) ⑥ 본 삼매의 속행

②~⑥ 모두가 각각 34가지 정신들의 식별이고, 정신들의 식별로써 정신의 견고함을 부수어 궁극적 실재에 도달한다.

이상과 같이 '대상을 향해 기우는' 특징의 정신들은 심장 토대를 의지하여 일어난다. 다음에 심장 토대의 의지처인 사대 근본물질과 근본물질을 의지한 나머지 파생된 물질들을 물질(rūpa)이라고 파악한다. 이 모든 것은 변형하기 때문에 물질이라고 구분한다. 그 다음에 기우는(nāmana) 특징을 가진 것은 정신이고 변형하는

---

[95] 정명스님(2020), 앞의 책, pp.26-29. 정명스님(2023), 앞의 책, 푸른향기, pp.185-189.
[96] 빠띠바가 니밋따에 대한 (citta, phassa, vedanā, saññā, cetanā, ekaggatā, jīvitindriya, manasikāra, vitakka, vicāra, adhimokkha, viriya) 정신들의 식별.
[97] 앎이 날카로운 자에게 '준비'는 제외.

(rūppana) 특징을 가진 것은 물질이라고 하며, 간략하게 정신·물질[nāmarūpa, 名色]로 구분한다. 선정에 대한 정신들의 식별을 마친 수행자는 심장 토대를 사대 물질과 파생된 물질의 54가지로 파악하고 식별한다. 초선정 호흡관의 '빠띠바가 니밋따'를 대상에 취할 때, 4가지 선정에서의 정신들과 심장토대 물질을 아래 〈표 2〉의 인식과정에서 제시한다.

〈표 2〉 법[담마]라인-의문-본삼매 증득

심장토대	54	54	54	54	54	54 … 파생물질
	의문전향	준비	근접	수순	종성	본삼매 속행
초선	12	34	34	34	34	… 34개 정신들
이선	12	34	34	34	34	… 32(尋, 伺 제외)
삼선	12	34	34	34	34	… 31(piti 제외)
사선	12	34	34	34	34	… 31(sukha 제외 upekkha 대체)

4) 괴로움을 일으키는 법의 단속과 유익한 속행

괴로움을 일으키는 모든 법들을 일어남과 사라짐에 있는 그대로 꿰뚫어 알면 자신의 감각적 욕망들을 본 것이다. 자신의 감각적 욕망들을 보면 감각적 욕망에 대한 욕구〈애정, 홀림, 갈증〉는 더 이상 잠복하지 못한다. 그러면 행동하고 머무는 방법을 깨달은 것이다. 이렇게 행동하고 머묾으로 인해서 욕심과 싫어하는 마음이라는 나쁘고 유익하지 않은(akusala) 법들이 더 이상 잠복하지 못한다. 오온이 있을 때 상처 나고 죽고 묶이고 하는 괴로움이 생겨난다.

오온은 괴로움의 기원이 되는 법들이 되기 때문에(dukkha-sambhava-dhammattā) 괴로움을 일으키는 법들이다. 모든 괴로움을 일으키는 법들로써 오온을 일어남과 사라짐에 있는 그대로 꿰뚫어 아는 것이다. 이와 같이 오온을 꿰뚫어 알면 감각적 욕망에 대한 욕구〈애정, 홀림, 갈증〉가 더는 잠복하지 못하도록 자신의 감각적 욕망을 숯덩어리 불구덩이로 본다. 그러면 어떻게 행동하고 머묾으로 해서 욕심과 싫어하는 마음이라는 유익하지 않은 법〔不善法〕들이 더는 나에게 잠복하지 못하도록 행동하고 머무는 방법을 깨닫게 되는가? 세상에서 즐겁고 기분 좋은 것을 '성자의 율'에서 '가시'라고 안 뒤 단속함과 단속하지 못하였음을 알아야 하는 것이다. 어떻게 해서 단속하지 못하고 있을까? 즉, 눈으로 형색을 보고 사랑스러운 형색에는 열중하고 사랑스럽지 않는 형색은 혐오한다. 이처럼 문지기(sati)로써 확립하지 못한 채 그는 머물고 마음은 오염에 제한되어 있다. 그래서 그는 이미 일어난 삿되고 유익하지 않은 법들이 남김없이 소멸되어 버리는 마음의 해탈〔心解脫〕과 지혜를 통한 해탈〔慧解脫〕을 있는 그대로 꿰뚫어 알지 못한다.

그러면 어떻게 단속하는가? 여기 비구는 눈으로 형색을 보고 사랑스러운 형색에도 홀리지 않고 사랑스럽지 않은 형색도 혐오하지 않는다. 그는 문지기를 확립하여 머물고 마음은 제한되어 있지 않다. 그리고 이미 일어난 삿되고 유익하지 않은 법들이 남김없이 소멸하여 버리는 마음의 해탈과 지혜를 통한 해탈을 있는 그대로 꿰뚫어 안다. 귀로 소리를 듣고 … 코로 냄새를 맡고 … 혀로 맛을 보고 … 몸으로 감촉을 느끼고 … 마노로 법을 지각하고 사랑스러운 법에도 홀리지 않고 사랑스럽지 않은 법도 혐오하지 않는다. 그는 문지기를 확립하여 머물고 마음은 제한되어 있지 않다. 그리고 그는 이미 일어난 삿되고 유익하지 않은 법들이 남김없이 소멸하여 버리는 마음의 해탈과 지혜를 통한 해탈을 있는 그대로 꿰뚫어 안다. 비구여, 이렇게 단속한다. 비구가 이렇게 행동하고 이렇게 머물 때 이따금 문지기를 놓아 버리기 때문에 족쇄와 관계된 기억과 사유(sarasaṅkappā)가 있는 나쁘고 유익하지 않은 법들이 일어나게 되면 비록 '문지기'가 느리게 일어나더라도 그는 즉시 그것을 버리고 제거하고 끝장내고 존재하지 않게 한다.[98]

비록 문지기(sati)가 느리게라도 일어나면 오염원들(kilesā)은 억

---

[98] SN35:244 Dukkhadhammasutta. 주석서 "비록 문지기(sati)가 느리게 일어난다 하더라도 일단 문지기가 일어나면 오염원들(kilesā)은 그것이 어떤 것이든 억압이 되고 확립될 수 없다. 눈의 감각기능 문에서 탐욕 등이 일어나면 두 번째 속행(javana)의 차례 때 '내게 오염원들이 일어났구나.'라고 안 뒤에 세 번째 속행의 차례에서 단속하는 속행이 진행된다. 위빳사나를 하는 자(vipassaka)가 세 번째 속행의 차례에서 오염원들을 억압하게 되는 것은 놀라운 것이 아니다. [위빳사나를 하는 자는] 눈의 감각의 대문에서 원하는 대상이 들어 와서 바왕가가 전환하여 전향의 마음 등이 일어날 때, 결정하는 마음의 바로 다음에 일어난 오염원의 속행의 차례를 멈추게 한 뒤 유익한 [속행을] 일어나게 한다. 이것이 수행과 숙고에 확고한 위빳사나를 시작한 자들이 가지는 이익이다."(SA.iii.54) 첫 번째의 속행은 욕계이고, 4, 5번째 속행이 유익한 속행이다.

압이 되고 유익하지 않은 법이 확립될 수가 없다. 즉, 눈의 문[眼門]에서 탐욕이 일어나면 두 번째 속행(javana)의 차례 때 '내게 오염원들이 일어났구나.'라고 안 뒤에 세 번째 속행의 차례에서 단속하는 속행이 진행된다. 눈의 문에 원하는 대상이 들어 와서 (바왕가) 전환하여 안문 전향이 일어날 때, (안식, 받아들임, 조사) 결정하는 마음의 바로 다음에 일어나는 오염원의 '속행 차례'를 멈추게 하므로 유익한 속행을 일어나게 한다. 불에 데워진 철판 위에다 두세 방울의 물을 떨어뜨리면 물이 떨어지는 것은 느리지만 물방울이 즉시에 증발해서 사라지게 되는 것처럼, 이와 같은 문지기를 확립하고 머무는 방법으로 깨달아 탐욕과 유익하지 않은 법[不善法]들이 더는 잠복하지 않는다.

5) 사선정과 욕계의 정신들 식별[99]

사선정을 출정한 뒤의 청정하고 오염원이 사라지고 부드럽고 활발발하고 안정되고 흔들림이 없을 때, 몸에서 물질을 가진 '마노로 만든 몸[意門]'으로 전향한다.[100] 『바희야경』에서 볼 때는 보기만 하듯이, 감각기능[意]이 결여되지 않은 '마노로 이루어진 몸'으로써 인식과정을 속행한다. 즉, 인식과정에서 정신들의 식별이 사대에서 파생된 감성물질[감각장소]의 일어남과 사라짐에 대해 의지하는 것으로 꿰뚫는다. 욕계의 정신들은 개념(혹은 초선의 34가지 궁극적 성품)을 대상에 취한 것이다. 그래서 물질을 대상에 취할 때 일어나

---
[99] 정명스님(2023), 앞의 책, pp.198-202. 욕계는 물질과 개념을 대상으로 함.
[100] DN2 Sāmaññaphalasutta(沙門果經) 意成身(manomaya-kāya)이 의문전향.

는 느낌, 인식, 형성들, 알음알이의 정신들을 식별한다. 이러한 정신들의 식별이 어렵다면 개념을 대상에 취할 때 일어나는 정신들을 먼저 식별한다. 개념이라는 대상을 식별하는 것이 아니고 개념을 대상에 취할 때 일어나는 정신을 식별한다. 이는 '빠띠바가 니밋따'라는 개념을 먼저 취할 때 일어나는 정신들의 식별과 유사하다. 눈에 들어온 형색을 알음알이할 때 2가지 문門의 전향에 따른 정신들이 생긴다.[101]

눈과 형색과 눈의 알음알이와 눈의 알음알이로부터 알아야 하는 법들을 최상의 앎(abhiññā)으로 알고 철저하게 알고,[102] 여섯 가지 문[六門]에서 정신이 생기는 것을 보아야 한다. (VS2-253) 물질을 대상으로 하여 일어난 느낌, 인식, 형성들, 알음알이[五蘊]는 '이것이 정신'이라고 한정하고 항상하지 않음을 본다. (VS2-300)

A. 6가지 대상과 감성물질[법]에 대한 정신들의 식별

대상의 물질에는 형색, 소리, 냄새, 맛, 감촉[땅, 불 물, 바람 등의 요소]과 법[5가지 투명 감성물질과 16가지 미세한 물질] 등 6가지가 있다. 이때 법이라는 감성물질을 대상으로 취할 때 일어나는 정신들은 욕계 인식과정에서의 상속들이다. 선정에 들면 오문五門에 비해서 인식과정에서의 마음들이 적다. 색깔〈소리, 냄새, 맛, 감촉〉을

---

101 SN35:23 Sabbasutta(일체경), "무엇이 일체인가? 눈과 형색, 귀와 소리, 코와 냄새, 혀와 맛, 몸과 감촉, 마노[意]와 법-이를 일체라 한다." 일체가 문門임.
102 SN35:27 Parijānanasutta. abhiññā는 abhi와 ñāṇa의 합성어.

대상으로 취할 때 일어나는 정신들을 색깔〈소리, 냄새, 맛, 감촉〉라인(line)의 정신이라고 한다. 또한 감성물질이나 미세 물질을 대상에 취할 때 일어나는 정신들을 법〔담마〕라인 정신이라 한다. 5가지 감성물질을 대상에 취하고 일어난 정신들을 법〔담마〕라인 정신에 식별한다.

B. 눈 투명요소의 법이라는 대상[103]과 유익한 마음[104]

우선 아나빠나 사띠로부터 사선정을 닦아 위빠사나 앎〔삼특상과 혐오〕의 반석이 되게 한다. 다음은 선정에서 출정하여,

1. (심장 위) 바왕가-마노투명요소를 식별한다.
2. 눈 투명요소를 대상에 취한다. (깔라빠 속의 색깔이 마노-투명 깔라빠에 부딪히며 나타난 눈 투명요소의 식별은 앞의 '2. 사대 물질 명상'을 철저하게 식별한 후에 가능함)
3. 눈 투명요소가 나타났을 때 혹은 눈 투명요소가 바왕가-마노투명요소에 부딪힐 때 의문 인식과정이 이어 일어난다.
4. 의문전향의 마음이나 혹은 인식과정에서 의문전향과 함께하는 '결심'의 마음부수가 눈 투명요소라고 결정한다.
5. 의문전향에서 12가지 정신들을 식별하고 속행과 등록의 심찰라에서 34가지 정신들을 식별할 수가 있다.

---

[103] 정명스님(2023), 앞의 책, p.202. 눈 투명요소라고 아는 citta 등 34개 정신.
[104] 정명스님(2023), 앞의 책, p.206.

『초전법륜경』에서 "간략하게 오취온이 괴로움이다."라고 말한다. 취착의 무더기가 괴로움의 진리이듯이, 물질 무더기에 포함된 눈 투명요소를 알고 보는 지혜의 기능(paññindriya)이 곧 괴로움의 진리를 있는 그대로 알고 보는 앎(ñāṇa)이 된다. 보는 눈 투명요소를 대상에 취하고 일어나는 정신들을 식별할 때 만약 앎과 희열이 함께한다면 앎과 기쁨이 함께하는 크게 유익한(kusala) 마음은 초선정에서의 식별처럼 34가지이다. 때로는 희열이 일어나지 않아 느낌은 평온으로 되어 33가지가 된다.

수행자가 짧은 순간에 밖의 대상과 눈 투명요소를 대상으로 번갈아 취하며 '눈 투명요소'라는 대상을 안다. 즉, 물질 무더기에 포함된 눈 투명요소가 괴로움이라는 앎이 없다면 이때 희열이 함께하는 33개 정신들이 있고 느낌은 행복한 느낌이다. 희열과 앎 모두가 없다면 정신들은 32개이다. 이처럼 앎과 희열에 따른 4가지 등 8개의 크게 유익한 마음이 있다.[105]

C. 정신들 식별의 3가지 방법과 윤회의 종식

선정에서의 정신들과 물질을 대상에 취할 때 일어나는 욕계의 정신

---

[105] 심찰나에 앎과 희열이 함께한다면 34개 정신들이 있고, 앎이나 희열 혹은 모두가 없다면 속행과 등록의 심찰나에 33개 혹은 32개 정신들이 있다. 4가지 마음들을 일으키기 위하여 스스로 혹은 다른 이로부터 자극을 받았다면 이런 크게 유익한 마음들은 '자극받은 마음'들이다. 만약 자극을 받지 않았다면 이들 4가지는 '자극받지 않은 마음'들이다. 이들 모두 8가지가 크게 유익한 마음들이다.

들을 식별하는 방법을 설명한다.[106] 감각접촉, 느낌, 알음알이 중 하나인 알음알이〔識〕를 선택하고 감각접촉이 5번째인 법들〔느낌, 인식, 의도, 알음알이, 감각접촉〕과 함께하는 모든 정신들을 철저히 식별한다. 즉, 정신들을 식별할 때 심찰나에 함께하는 모든 법들을 식별한다. 위빠사나 대상으로써 법을 식별할 때 "안 것, 조사, 버림의 통달지(pariññā)에 꿰뚫어 알고 보지 못하면 윤회의 괴로움에서 결코 벗어날 수가 없다."[107]라고 한다.

> ①감각접촉〈②느낌, ③알음알이〉이 분명한 자가 ①감각접촉〈②느낌, ③알음알이〉을 시작하여 정신을 식별한다면 ①감각접촉〈②느낌, ③알음알이〉만을 식별하는 것이 아니고 같은 심찰나에 존재하는 감각접촉이 5번째인 법들과 함께하는 모든 정신들을 계속해서 철저하게 식별한다.[108]

법들을 3가지의 통달지에 식별할 수가 있을 때에만 열반을 깨달아 윤회의 괴로움이 그친다. '정신·물질-원인-결과'라는 조건지어진 것을 식별할 때, 물질〈느낌, 알음알이, 감각접촉〉을 강조해서 조건지어진 것들의 삼특상(무상, 고, 무아)에 위빠사나하는 것은 각각

---

106 『청정도론』(VS2-226) '견해청정'의 장. 본서는 초기불전연구과 달리 ñāṇa를 '앎'에 paññā를 '지혜'에 번역. ('ñāṇadassana'의 번역은 '앎과 봄〔知見〕')
107 Aparijānanasutta(정명스님(2023), 앞의 책, 푸른향기, p.1)
108 정명스님(2023), 앞의 책, pp.207-211.

몸〈느낌, 마음, 법〉의 관찰을 통한 '문지기의 확립', 즉 사념처四念處를 닦는 자이다.[109] 이처럼 문지기를 확립하기 위해서 '감각접촉이 5번째인 법들〔느낌, 인식, 의도, 알음알이, 감각접촉, 작의〕'과 함께하는 모든 정신들을 철저하게 식별하는 것이 가장 중요하다. 알음알이를 시작으로 정신을 식별하는 방법을 체계적으로 이해하면 나머지 두 가지 방법에서 어려움이 없다.[110] 우선 수행자는 바왕가에 의하여 분리가 되는 여러 인식과정들에서 알음알이들의 일어남만을 식별한다. 의문意門인식에서는 의문전향과 7번의 속행과 2번의 등록이 순서대로 일어난다. 알음알이들만을 식별하는 데 능숙해졌다면 계속 동일한 심찰나에 알음알이와 함께 일어나는 '감각접촉'을 동시에 식별한다. 〔이렇게 하나씩 추가하다가〕 의문전향에 12개의 정신들[111]이 일어나는 것을 한 번에 볼 수가 있도록 식별해야 한다. 7번의 속행들에 있는 34개의 정신들과 2번의 등록에 있는 34개의 정신들을 하나씩 마음부수들을 증가시켜 가면서 분명하게 식별할

---

109 정명스님(2023), 앞의 책, pp.209-210, 오개〈오온, 12감각장소, 18요소, 칠각지, 괴로움〉으로 구분한 후에 위빠사나 한다면 법의 관찰로 문지기를 확립하는 자이다.

110 초선을 출정한 직후 초선의 5요소를 철저히 식별하고 감각접촉이 5번째인 법들에서 '①알음알이 ②느낌 ③감각접촉'로부터 시작하는 하나를 선택해서 초선의 34가지 정신들 모두를 철저히 식별한다. 알음알이와 같은 정신을 우선 식별한다. 다음은 알음알이와 감각접촉 2개를 동시에 식별하고 다음은 느낌 등 나머지 34가지 정신들을 식별.

111 citta, phassa, vedanā, saññā, cetanā, ekaggatā, jīvitindriya, manasikāra, vitakka, vicāra, adhimokkha, viriya(정진).

수가 있을 때까지 식별한다. 『청정도론』은 욕계의 정신을 식별하는 자는 '물질을 파악하는 앎(rūpapariggaha ñāṇa)'이 먼저 있어야 한다고 가르친다. 만약 정신의 법들이 아주 미세하여 지혜에 불분명하게 나타나면 물질을 특징-역할-나타남-가까운 원인으로써 보기를 밤낮에 계속하는 물질 명상을 하고[112] 수행이 어렵다고 포기하지 말고 계속 반복하고 최선을 다해서 식별하고 조사한다. 물질이 분명하게 드러나 얽힘이 풀리며 아주 분명하게 될 때 물질을 대상으로 가진 정신의 법들도 스스로 분명하게 된다. 마치 오염된 거울이 깨끗해질 때 영상이 선명하게 드러나는 것과 같다.

> 마음이 대상에 머물 때 16번 마음이 일어나 머물고 사라진다.

D. 눈 투명요소를 대상에 취할 때 의문 인식과정의 절차[113]

욕계(kāma)의 정신들은 개념과 초선정 34가지 궁극적 성품을 대상

---

[112] 정명스님(2022), 『열반으로 가는 도 닦음 1』 하(물질명상주제)』, 푸른향기, pp.941-943. 지수화풍 사대를 식별하는 명상할 때 각각 요소(dhatu)의 고유한 특징을 식별하거나 사대 각각 요소의 기능을 식별한다. 요소들 각각의 고유한 특징과 역할을 지혜로 점진적 식별해나가는 것을 수천 번 반복적 작의하고, 일으킨 생각과 지속적 고찰한다.(요소들의 고유한 기능이 앎에 나타남) 땅은 깔라빠에 있는 다른 3대(물, 불, 바람)가 가까운 원인이다.(같은 방법으로 물, 불, 바람 사대물질 명상을 함)

[113] 정명스님(2023), 『열반으로 가는 도 닦음 2』 푸른향기, pp.214-221. 욕계는 안이비설신과 마노, 색계는 눈 귀와 마노, 무색계는 마노만 있다.

으로 취한다. 눈 투명요소를 대상에 취할 때 일어나는 의문 인식과정에서 크게 유익한 속행들의 정신을 식별하는 방법이다.

아나빠나 사띠로부터 다시 사선정 삼매까지 닦는다.
2. 그 본삼매에서 출정해서 6문[門, 안이비설신의]과 42부위[相][114] 모든 물질들을 식별한다.
3. 지혜로써 (심장위) 바왕가-마노투명요소를 식별한다.
4. 그 다음에 눈 투명요소를 대상으로 취하여 식별한다.

눈 투명요소가 나타나거나 혹은 '바왕가-마노투명(맑음)요소'에 부딪히면 눈 투명요소를 대상으로 취한 의문 인식과정[意-法]이 이어서 일어난다. 6가지의 방법으로써 여리작의한다.

바왕가에 의해서 분리된 의문 인식과정에서 의문전향이 눈 투명요소를 결정할 때, 눈 투명요소라고 알고 식별하는 마음들이 상속에서 계속 일어난다. 마찬가지로

2. 눈 투명요소를 구체적 물질이라고 결정할 때 구체적 물질로 알고 식별하는 마음들이 상속에 계속해서 일어날 것이다.
3. 눈 투명요소가 일어나고 사라지는 현상을 대상으로 취하고

---

114 사대물질의 신체 32부위와 구체적 물질 10원소(땅, 물, 불, 바람, 색깔, 냄새, 맛, 영양소, 생명기능, 눈 투명요소) 등 몸의 42부분에서 모든 물질을 상세하게 식별한다. 물질을 모두 식별했다면 여섯 감각기관의 모든 요소들을 한꺼번에 보는데 능숙하다. 몸의 42부분도 한 번에 볼 수 있다. … 모든 요소들을 한꺼번에 볼 수 있을 때, 요소들은 위빠사나 대상 무상, 고, 무아로 보게 된다.

무상(anicca)이라고 결정할 때 무상으로 알고 식별하는 마음들이 상속에서 계속해서 일어날 것이다.

4. 눈 투명요소가 끊임없이 일어나고 사라지길 압박받는 바를 대상에 취하고 괴로움(dukkha)이라고 결정할 때 괴로움으로 알고 식별하는 마음들이 상속에 계속해서 일어날 것이다.

5. 눈 투명요소는 핵심이나 지속될 실체가 없다는 바를 대상에 취하고 무아(anattā)라고 결정할 때 무아로 알고 식별하는 마음들이 상속에 계속해서 일어날 것이다.

6. 눈 투명요소에서의 나쁜 냄새 등 혐오스러움을 가진 바를 대상에 취하고 혐오스럽다고 결정할 때 혐오스러움으로 알고 식별하는 속행들이 상속에 계속해서 일어날 것이다.

위에서 위빠사나 앎의 '① 눈 투명요소 ② 구체적 물질 ③ 무상 ④ 괴로움 ⑤ 무아 ⑥ 혐오스러움' 등으로 결정하는 것이 여리작의(yonisomānasikāra)이다. 'yonisomanasikāra'는 의문전향의 12개 정신들이 인식과정에서 '속행의 토대가 되는 여리작의如理作意'이고, 안팎 감각장소〔意-法〕의 일어남과 사라짐을 의미한다. 이처럼 의문전향이 '여리작의'라는 바른 길〔위빠사나 道〕[115]에서 일어나므로 유익

---

115 이것은 무상한 〔것〕에 대해서 무상이라고, 괴로운 〔것〕에 대해서 괴로움이라고, 무아인 〔것〕에 대해서 무아라고, 더러운 것〔不淨〕에 대해서 부정이라는 이러한 방법으로 진리에 순응하여 마음이 굴러가고 함께 전개되고 관심을 가지고 마음에 두고 작의하는 것을 여리작의(yonisomanasikāra)라 한다."(MA.i.64) 앎을 가진(ñāṇa-samaṅgī)자는 마치 눈으로 형색을 보듯이 앎으로 드러난

한 속행이 유학有學에게 일어난다.

> 여리작의(yonisomānasikāra)하는 자에게 아직 일어나지 않은 유익한(kusala) 법들이 일어나고, 생겨난 유익하지 않은 법들이 버려진다.(AN1:7:1~10 Viriyārambhādi-vagga)
> 여리작의를 하기 때문에 아직 일어나지 않은 깨달음의 구성요소들은 일어나고 또 이미 일어난 깨달음의 구성요소들은 닦아 완성에 이른다.(AN1:8:1~10 Kalyāṇamittādi-vagga)

여리작의로써 유익한 속행을 식별한다. 이렇게 하면 경험하지 못했던 통제 기능들인 힘(bala)과 도의 요인이 분명하게 일어날 것이다.[116] 이렇게 6가지의 여리작의를 하는 가운데, 먼저 눈 투명요소라고 알고 식별하는 의문 인식과정의 속행들에서 첫 번째 속행을 식별한다. 즉, 수행자는 원하는 대로 알음알이, 감각접촉, 느낌들 중의 하나를 식별에 시작할 수가 있다. 이렇게 아는 알음알이로 시작할 때 어떻게 고정된 법칙에 따라 알음알이들이 일어나는지를 식별한다. 즉, 1) 의문전향 1번, 2) 속행 7번, 3) 등록 2번의 일반적 순서대로 일어나는 것을 식별한다.

눈 투명요소가 바왕가-마노투명요소에 나타나거나 부딪힐 때,

법들을 본다."(MA. i .63) https://cafe.daum.net/pali-study/9akK/644 유학(sekha)은 땅부터 열반까지를 최상의 앎으로 안다. 사대 식별과 사성제에서 생긴 앎을 법에 바르게 안다.

[116] 이것이 아라한 '도와 과' 최고의 단계를 최소의 위험도 없이 증장시키는 방법.

(심장토대에 의지한) 눈 투명요소를 아는 의문 인식과정의 속행들이 연속해서 일어나는 것으로 보아야 한다. 토대(vatthu)와 (눈 투명요소) 대상을 함께 식별하기 때문에 마침내 성공할 것이다. 오직 알음알이만을 식별하는 데 능숙해지면 계속해서 심찰나에 함께하는 감각접촉을 알음알이와 동시에 식별한다. 이렇게 하나씩 추가해서 의문전향에 있는 12가지, 속행과 등록에 있는 34가지 정신들이 일어나는 것을 동시에 식별할 수가 있도록 식별해야 한다. 이런 식으로 식별할 때 속행과 등록에서 4개 종류의 크게 유익한 마음들이 존재한다.

1. 만약 앎(ñāṇa)[117]과 희열이 함께한다면 앎과 기쁨이 함께하는 크게 유익한 마음 …… 34가지 정신들
2. 만약 앎은 있지만 희열이 없다면 앎이 함께하는 평온인 크게 유익한 마음 …… 33가지 정신들
3. 만약 앎은 없고 희열이 있다면 앎이 없고 기쁨이 함께하는 크게 유익한 마음 …… 33가지 정신들
4. 앎과 희열이 모두 없다면 앎이 없고 평온한 유익한 마음 …… 32가지 정신들

눈 투명요소를 1) 눈 투명요소라고 식별할 때 2) 물질이라고 식별할 때 3) 무상이라고 4) 괴로움으로 5) 무아로 6) 혐오스러움으

---

117 물질 무더기에 포함된 눈 투명요소가 괴로움이라는 앎(재생연결, 바왕가, 죽음).

로 식별할 때 위의 [앎과 희열 여부] 4가지 방법으로써 모두 24개 방법으로 식별해야 한다. "이 모든 정신들을 기운다는 특징 아래 하나로 묶어 '정신(nāma)'으로 본다. 즉, 인식과정의 모든 심찰나에 있는 각각의 정신들을 궁극적 실재로 식별할 수가 있다면, 눈 투명요소로 기우는 정신들을 대상으로 취하고 '이것이 정신, 이것이 정신' 혹은 '정신, 정신'하면서 명상한다.

수행자는 오직 눈 투명요소만을 알고 보는 마음과 마음부수들만을 식별한다고 알아야 한다. "1) 눈 투명요소 2) 물질인 법으로 3) 무상으로 4) 괴로움으로 5) 무아로 6) 혐오스러움"이라고 결정할 때 일어나는 마음을 각각 알고 보아야 한다. 이런 방법으로 식별해야 하는 구체적인 물질들은 다음과 같은 10가지 원소[십원소]들이다.

1) 눈 투명요소   2) 귀 투명요소   3) 혀 투명요소
4) 몸 투명요소   5) 물의 요소   6) 여성 물질
7) 남성 물질   8) 심장 토대물질
9) 생명기능   10) 영양소

이렇게 법(dhamma)의 대상에는 눈 투명요소를 포함한 10가지 구체적 물질이 있다. 만약 눈 투명요소를 선택하여 식별하길 원한다면 (앞 '2. 사대 물질 명상'에서 물질 깔라빠) 마음으로 보는 '눈 십원소 물질 깔라빠'를 분석해야 한다. 그리고 눈 투명요소를 선택하여 식별한다. 그 다음에 눈 투명요소를 대상으로 취할 때 일어나는 정신들을 식별해야 한다. 마찬가지로 나머지 귀 투명요소의 구체적

인 물질을 대상으로 취할 때도 해당되는 물질 깔라빠를 분석하고, 귀 투명요소를 선택하여 식별한다. 귀 투명요소를 대상으로 취할 때 일어나는 정신들도 식별한다. 이렇게 대상인 물질과 식별하는 정신들로써 각각의 견고함을 부수어 궁극적 실재에 도달한다. 즉, 눈 투명요소와 같은 궁극적 실재를 보고 눈 투명요소가 일어난 직후에 사라져버리는 무상을 본 지혜로써 궁극적 실재까지 본다면 견고함이 부서진 것이다. 즉, "여러 요소로 분해하여 견고함이 분해될 때 무아의 특상이 자기의 성품에 따라 나타난다.(Abhī A2-47)"라고 말하듯이, 유신견이 무너진 것이다. 시체의 혐오스럽다는 개념을 대상으로 취한 것이 아니라 동일한 깔라빠에 있는 눈 투명요소라는 구체적 파생 물질의 혐오스럽다는 성품을 대상으로 취한 것이다.

E. 속행에 있는 의도가 어떻게 재생연결의 과보를 일으키나?[118]

어떤 것을 의도(cetana)하고 어떤 것을 계속 사유하고 어떤 것에 대해서 잠재성향을 가지면 그것은 알음알이가 머무는 대상[119]이 된다. 대상이 있을 때 알음알이가 확립된다. 알음알이가 확립되고

---

118 정명스님(2023), 앞의 책, pp.239-245.
119 "업의 표상(nimitta)을 통해서 재생연결(paṭisandhi-janaka)의 조건이 되는 것이 '대상'이다."(SAT.ii.198). Netti. "비구여, 의도가 업이라고 하니, 의도한 뒤 몸과 말과 마음으로 업을 짓는다. 비구여, 감각접촉이 업들의 원인과 근원이다."

증대하면 정신·물질이 발생한다.[120]

만일 비구가 물질〈느낌, 인식, 형성들, 알음알이〉의 요소에 대한 탐욕을 제거하면 탐욕을 제거하였기 때문에 대상이 끊어지고 알음알이는 확립되지 않는다.[121]

이처럼 알음알이가 확립되고 증장하면 정신·물질이 발생하는데, 잠재성향이 미래에 태어남을 가져올 수 있는 업을 짓는 알음알이〔識〕가 일어나게 하는 원인이다. 잠재성향은 삼계의 모든 존재들에게 위험을 꿰뚫어 알고 보는 것으로써 수행자의 상속에 잠재되어 있다. 위빠사나의 속행과 함께하는 의도는 결과적으로 재생연결의 과보를 가져올 수가 있다. 수행자의 정신·물질의 상속 과정에서, 잠재성향이라는 요소가 존재하기 때문에 위빠사나의 앎과 함께하는 마음은 미래에 다시 태어남을 가져올 수가 있는 업을 짓는 알음알이 상태로서 존재한다는 뜻이다. 잠재성향의 상속에서, 위빠사나 속행에 있는 의도(cetanā)가 어떻게 해서 재생연결의 과보와 일생에서의 바왕가라는 과보를 일으킬 수 있는지에 대한 증거이다.

---

120 SN12:38-39 Cetanasutta(의도경) "알음알이가 확립되고 증장하면 내생에 다시 태어남이 생긴다. 내생에 다시 태어남이 생기면 늙음·죽음과 근심·탄식·육체적 고통·정신적 고통·절망이 생긴다. 이와 같이 모든 괴로움의 무더기가 발생한다."

121 SN22:53 Upayasutta(속박경), 대상(조건)은 재생연결이 일어나기 직전의 마지막 속행 과정에서 생겨나는 업이나 업의 표상이나 태어날 곳의 표상이다. (대림스님·각묵스님, 앞의 책, pp.361-365, 제3장 §17 문에 따른 분류)

F. 오문 인식과정에서 정신들의 식별

형색, 소리, 냄새, 맛, 감촉이라는 5대상을 취할 때 일어나는 정신들을 계속 식별하고 파악해야 한다. 즉, 오문전향, 안식, 받아들임, 조사, 결정, 속행, 등록이라는 오문 인식과정의 7가지 마음들과 의문전향, 속행, 등록이라는 의문 인식과정에서의 3가지 마음들의 의미를 알아야 한다. 수행자는 삼매를 개발한 뒤에 앞에서 식별한 물질과 정신들을 다시 식별한다. 그 후에

1. 눈 투명요소와 바왕가-마노투명요소를 지혜에 나타나도록 동시에 식별한다.
2. 하나의 깔라빠 또는 많은 깔라빠들이 모여 있는 무더기에서 색깔을 식별한다.
3. 색깔이라는 형색의 대상이 눈 투명요소와 바왕가-마노투명요소라는 두 가지 투명요소를 동시에 때리거나 혹은 동시에 부딪히거나 혹은 동시에 나타나면, a) 형색을 대상으로 취하는 안문 인식과정과 b) 계속해서 형색을 대상으로 취하는 의문 인식과정 등 두 가지의 인식과정들이 바왕가를 사이에 두고 일어날 것이다. 만약 안문 인식과정이 한 번 일어난다면 바왕가를 사이에 둔 여러 번의 의문 인식과정이 계속해서 일어날 것이다.
4. 오문전향, 결정 그리고 의문전향의 마음들은 그 형색이라는 대상을 색깔이라고만 결정할 것이다. 여리작의如理作意가 있기 때문에 34가지 정신들로써 유익한 속행이 일어난다.

이처럼 오문과 의문 인식과정을 설명한 앞 〈그림 2〉는 아주 큰 선명한 대상을 가질 때의 인식과정만을 설명한 것이다.

a. 구체적 물질과 추상적 물질을 함께 식별해야 한다[122]

인식과정의 정신들 가운데 안식眼識은 눈 투명요소라는 눈의 토대에 의지해서 일어난다. 반면에 나머지 모든 알음알이들은 심장 토대만을 의지하여 일어난다. 경전에서의 토대란 눈의 토대나 심장 토대와 같은 순수한 토대뿐만 아니라 그것들과 함께 존재하는 동일한 물질 깔라빠에서 함께 존재하거나 일어나는 다른 근본물질과 파생물질들도 포함한다. 물질을 궁극적 실재로 식별한 후에 '감각접촉이 5번째인 법들'의 정신들을 식별하고 마친다. 이렇게 조사할 때 '감각접촉이 5번째인 법들은 무엇을 의지하여 일어나는가?'라고 하면, 이때의 정신들은 '토대(vatthu)' 물질을 의지하여 일어난다고 안다. 토대 물질은 '물질의 몸〔karajakāya, 육신〕'이다. 토대 물질에 대해서 "'이 몸은 물질로 된 것이고, 4가지 근본물질로 이루어진 것이며, … 나의 이 알음알이〔識〕는 여기〔토대〕에 의지하고 여기에 묶여 있다.'라고 꿰뚫어 안다."[123]라고, 앎과 봄(ñāṇadassanā)에 말하였다. 마음으로 보는 눈의 토대는 사대와 파생물질로서 물질의 몸이다.

---

122 정명스님(2023), 앞의 책, pp.277-278.
123 DN2 『Sāmaññaphalasutta(사문과경)』. (주석서) 사대 물질로부터 이루어진 몸이 명확해지는 때, … 감각접촉이 5번째인 일체의 마음과 마음부수〔心所〕들이나 혹은 위빠사나 앎이 명확해지는 때이다."(MA.iii.262)

물질의 몸이란 사대에서 파생된 물질들로 사대요소에 의지하여 일어난 24가지 파생물질을 의미한다.(AbhīA2-252~253)

> 이 몸은 물질로 된 것(karajakāyo) — 사대로 이루어진 것, 부모에서 생겨났고, 밥과 죽으로 성장했으며, 무상하고 파괴되고 분쇄되고 분리되고 분해되기 마련이다. 나의 이 알음알이는 여기(물질로 된 것)에 의지하고 여기에 묶였다.[124]

대상에 머물 때 16번의 정신들이 일어나 머물고 사라진다. '정신과 물질을 분석하는 앎'은 가치가 있다. 모든 물질을 철저하게 식별하고자 '토대는 물질의 몸이다.'라고 하였다. 그런데 토대는 눈〈귀, 코, 혀, 몸, 심장〉의 6가지 토대만이 아니다. 즉, 물질의 몸(rūpakāya)과 정신의 몸(nāmakāya)의 관계뿐만 아니라 의지하는 조건으로써 '물질의 몸'이 '정신의 몸'의 조건이 된다. 눈〈귀, 코, 혀, 몸, 마노〉의 알음알이는 각각 함께하는 마음부수들과 함께하는 눈〈귀, 코, 혀, 몸, 심장〉의 토대만을 의지하여 일어난다. 눈의 알음알이 및 함께하는 정신들이 의지하는 토대로부터 일어나기 때문이다. 그렇지만 경전처럼 토대는 눈〈귀, 코, 혀, 몸, 심장〉 토대만을 말하면 안 되고, 눈의 토대처럼 각각의 토대 물질이 들어 있는 하나의 동일한 깔라빠에서 함께 일어나는 '물질의 몸(karajakāya)'이라는 사대와

---

[124] MN77 mahāsakuludāyisutta

파생 물질들(〈그림 2〉에서 63가지)을 의미한다. 정신과 물질을 분석하는 앎의 단계에서 구체적 물질과 추상적 물질[125] 모두를 식별해야 하지만 반면에 위빠사나 단계는 구체적 물질만을 식별한다.

b. 바왕가를 식별해야 한다

〈그림 2〉에서 안문과 의문 인식과정의 사이와 그리고 각각의 의문 인식과정들 사이에 여러 개의 바왕가들이 있다. 기쁨이 함께하는 재생연결을 가진 자의 바왕가는 34가지 정신들이 있고, 뿌리가 3개인 평온이 함께하는 재생연결을 가진 자의 바왕가는 희열이 없는 평온에 33가지 정신들이 있고, 뿌리가 2개인 평온이 함께하는 재생연결을 가진 자의 바왕가는 33~32가지 정신들이 있다. 이 바왕가의 대상은 전생의 죽음 근처에서 일어난 업이나 업의 표상 혹은 태어날 곳의 표상 가운데 하나를 대상으로 취해서 일어난 속행들이다. 수행자는 조건을 파악하는 앎의 단계에서 (전생) 죽음 근처의 속행들의 대상을 식별할 수가 있다. 즉, 바왕가가 무엇인지를 알게 된다. 오직 바왕가를 식별할 수가 있을 때 바왕가의 알음알이 [재생연결식]와 함께하는 마음부수를 식별할 수 있다.

---

125 (바왕가-마노투명요소 이후) 물질 깔라빠 사이에 있는 허공의 요소를 식별한다. 허공의 요소를 아는 마음과 마음부수들을 앎(ñāṇa)과 희열의 유무에 따른 4가지 방법으로 식별한다. 그 후 허공의 요소를 물질이라고 식별한다. 허공의 요소를 물질이라고 아는 마음과 마음부수들을 앎과 희열의 유무에 따른 4가지 방법으로 식별한다.

c. 여리작의如理作意와 그 이유[126]

만약 색깔을 색깔이라고 식별한다면 형색을 아는 안문 인식과정과 의문 인식과정의 여러 개가 일어난다. (F에 설명했음)

그때 저 형색(색깔)이라는 대상을 물질이라고 식별한다면 물질이라고 아는 의문 인식과정의 마음들이 상속된다.

만약 형색(색깔)을 '무상'이라고 식별한다면 무상이라고 아는 의문 인식과정의 마음들이 상속된다.

만약 형색(색깔)을 '괴로움'이라고 식별한다면 괴로움이라고 아는 의문 인식과정의 마음들이 상속된다.

만약 형색(색깔)을 '무아'라고 식별한다면 무아라고 아는 의문 인식과정의 마음들이 상속된다.

만약 형색(색깔)을 '혐오스러움'이라고 식별한다면 혐오스러움이라고 아는 의문 인식과정의 마음들이 상속된다.

의문 인식과정에 있는 마음들을 정신 덩어리의 견고함이 부수어진 궁극적 실재에 하나하나 보기 위하여 식별한다. 안문 인식과정에 있는 마음들은 오직 '형색'을 '형색'이라고만 알 수가 있다. 즉, 안문〈이문 ··· 촉문〉 인식과정에 있는 마음들은 대상을 "물질, 무상, 괴로움, 무아, 혐오스러움"으로 알 수가 없다. 반면에 형색〈소리, 냄새, 맛, 감촉〉을 대상에 취하는 의문 인식과정의 마음은 형색이라는 대상을 "물질, 무상, 괴로움, 무아, 혐오스러움"으로 알 수가

---

[126] 정명스님(2023), 앞의 책, pp.285-286. 눈 투명요소를 포함해서 6가지.

있다. 6가지 방법으로 물질의 요소들을 식별하는 이유는 첫째, 여리작의로써 유익한 속행들이 어떻게 일어나는지를 보는 것이다. 둘째로 위빠사나 단계에 이르게 되면 앞에 일어난 속행들에 뒤따르는 인식과정의 속행들로서 식별한다. 무너짐의 앎이라는 위빠사나에 이르면 "안 것(ñāta)과 앎(ñāna)의 둘 다를 위빠사나한다.(VS2-278)"라고, 조건지어진 것의 '안 것'과 그것을 아는 '위빠사나 앎' 모두 위빠사나 대상에 취한다. 이처럼 물질 요소들을 6가지로 식별하고 정신을 식별한다.

6. 신통의 밝음[숙명통과 천안통]과 까시나

여섯 감각장소의 일어남과 사라짐에 꿰뚫어 아는 청정범행을 계속해서 구한다. 부처님은 태어나 늙어 죽고 다시 태어나는 괴로움에 대한 벗어남을 3가지 앎[ñāṇa, 知]의 청정범행에서 밝히고[vijjā, 明] 열반하셨다. 즉, 전생의 기억에 대한 앎(pubbenivāsānussati ñāṇa)과 중생들의 삶과 죽음에 대한 앎(dibba cakkhu ñāṇa)과 괴로움과 번뇌〈일어남, 그침, 그침에 이르는 길〉에 대한 앎[āsavakkhaya ñāṇa, 누진통][127] 등을 밝혀 어두움이 사라지는 광명[āloko, 光]이 생겼다.

---

127 전재성 역(2009), 『맛지마 니까야』, 한국빠알리성전협회, 제1품 근본법문 M004 두려움과 공포에 대한 경(MN4 Bhayabheravasutta), "마음이 통일되어 청정하고 순결하고 때묻지 않고 오염되지 않고 유연하고 유능하고 확립되고 흔들림이 없게 되자, 나는 마음을 번뇌의 소멸에 대한 앎으로 향하게 했습니다. '이것이 괴로움〈괴로움의 발생, 괴로움의 소멸, 괴로움의 소멸에 이르는 길〉이

청정한 문지기로써 개발한 사선정에서 '마노로 만든 몸[意成身]'이라는 의문 인식과정으로부터 정신과 물질의 법들을 식별하는데, 이때 의지하는 조건으로써 '물질의 몸'이 '정신의 몸'의 조건이 된다. 이와 같이 '육신의 몸'에 의지하고 묶여 있는 알음알이[識]로부터 전생의 삶을 기억[재생연결식]하는 숙명통宿命通의 앎과 수많은 업業의 상속에서 '죽음과 다시 태어남'을 꿰뚫어 아는 눈, 즉 천안통天眼通의 앎을 아래의 『사문과경』에서 말한다.

마음이 삼매에 들고 청정하고 깨끗하고 흠이 없고 오염원이 사라지고, 부드럽고 활발발하고 안정되고, 흔들림 없음에 이르렀을 때 앎과 봄(ñāṇadassanā)으로 마음을 향하게 하고 기울게 한다. 그는 이와 같이 꿰뚫어 안다. ①'나의 이 몸은 물질로 된 것이고, 4가지 근본물질로 이루어진 것이며, 부모에서 생겨났고, 밥과 죽으로 집적되었으며, 무상하고 파괴되고 분쇄되고, 해체되고 분해되기 마련이다. 그런데 나의 이 알음알이는 여기에 의지하고 여기에 묶여 있다.'라고 … ②흔들림 없음에 이르렀을 때 '마노로 만든 몸[意成身]'으로 마음을 향하고 기울게 한다. 그는 이 몸으로부터 물질을 가지고 마노로 이루어지고, 모든 수족을 갖추고, 감각기능

다.'라고 나는 있는 그대로 알았습니다. '이것이 번뇌〈번뇌의 발생, 번뇌의 소멸, 번뇌의 소멸에 이르는 길〉이다.'라고 나는 있는 그대로 알았습니다. 내가 이와 같이 알고 이와 같이 보자, 감각적 쾌락의 욕망〈존재, 무명〉에 의한 번뇌에서 마음이 해탈되었습니다. … 이것이 내가 밤의 후야에 도달한 세 번째의 앎[知]입니다. … 무명이 사라지자 명지[明]가 생겨났고 어둠이 사라지자 빛[光]이 생겨났습니다."

이 결여되지 않은 다른 몸을 만든다. … ⑥그는 여러 전생의 갖가지 삶들을 기억한다. 즉, 한 생, 두 생, 세, 네, … 천, 십만 생 세계가 수축하는〈팽창하는, 수축하고 팽창하는〉여러 겁을 기억한다. '어느 곳에서 이런 이름〈종족, 용모〉을 가졌고, 이런 음식을 먹었고, 행복과 고통을 경험했으며, 이런 수명의 한계를 가졌고, 그곳에서 죽어 다른 곳에 다시 태어나 그곳에서는 이런 이름〈종족, 용모〉을 가졌고, … 그곳에서 죽어 여기 다시 태어났다.'라고 기억한다. … ⑦그는 청정하고 인간을 넘어선 신성한 눈〔天眼〕으로 중생들이 죽고 태어나고, 천박하고 고상하고, 잘생기고 못생기고, 좋은 곳에 가고 나쁜 곳에 가는 것을 보고, 중생들이 지은 그 업業에 따라가는 것을 꿰뚫어 안다. '이들은 몸〈입, 마음〉으로 못된 짓을 골고루 하고, 성자들을 비방하고, 삿된 견해를 지닌 업을 지었다. 이들은 몸이 무너진 다음에는 비참한 곳, 나쁜 곳, 파멸처, 지옥에 태어났다. 그러나 이들은 몸〈입, 마음〉으로 좋은 일을 골고루 하고, 성자들을 비방하지 않고, 바른 견해를 지닌 업을 지었다. 이들은 죽어서 몸이 무너진 다음에는 좋은 곳, 천상세계에 태어났다.'라고. 신성한 눈으로 중생들이 … 좋은 곳에 가고 나쁜 곳에 가는 것을 보고, 중생들이 지은 업에 따라가는 것을 꿰뚫어 안다.[128]

---

[128] DN2 Sāmaññaphalasutta(사문과경)에서의 육신통 "… ③하나인 채 여럿이 되기도 하고, 여럿이 되었다가 하나가 되기도 한다. 나타났다 사라졌다 하고, 벽이나 담이나 산을 아무런 장애 없이 통과하기를 마치 허공에서처럼 한다.〔神足通〕 … ④그는 인간의 능력을 넘어선 청정하고 신성한 귀의 요소로 천상이나 인간의 소리 둘 다를 멀든 가깝든 간에 다 듣는다.〔天耳通〕 … ⑤그는 자기의

번뇌에 대한 앎으로써 밝음이라는 누진통漏盡通은 뒤 3장의 "팔정도의 청정범행과 바른 깨달음"에서 설명한다.

1) 숙명통

앞의 『사문과경』에서, "삼매에 들어 청정하고, 깨끗하고, 흠이 없고, 오염원이 사라지고, 부드럽고, 활발발하고, 안정되고, 흔들림이 없는 상태에 이르렀을 때 전생의 여러 삶을 기억하는 문지기에 대한 앎[宿命通]으로 마음을 향하게 하고 기울게 한다. 그는 여러 전생의 갖가지 삶들을 기억한다."라고 말한다. 전생을 기억하는 앎은 과거 삶에서 5가지 취착의 무더기들[五取蘊]을 기억 또는 어느 하나의 취착 무더기를 회상한 것이다.

> 비구여, 어떤 사문들이든 바라문들이 과거 존재의 무더기들을 회상함으로써 기억한다. 모두 다섯 가지 취착의 무더기[五取蘊]를 기억하는 것이지 그 외 다른 것이 아니다.[129]

전생의 여러 삶의 문지기에 대한 앎(pubbenivāsānussati ñāna)이 전생의 기억이다. 『청정도론』 주석에서는 과거 살았던 무더기(nivuttha-kkhandha)의 오취온을, 즉 "자기 안에서 일어났고 경험했

마음으로 다른 중생과 다른 인간들의 마음을 꿰뚫어 안다.[他心通]"
[129] SN22:79 Khajjanīyasutta, "무엇이 다섯인가? 비구여, '과거에 나는 이러한 물질〈느낌, 인식, 형성들, 알음알이〉을 가진 자였다.'라고 기억하는 그가 물질〈느낌, 인식, 형성들, 알음알이〉을 기억한다."

고, 자기의 상속에 생겼다가 소멸했거나 혹은 전생에 살았던 법들"이라고 말한다.[130] 대상 영역(gocara)에서 경험한 것이 '살았던' 의미이고, 알음알이로써 알았거나 구분한 경험이다. 즉, '과거 살았던 무더기'를 따라가는 문지기가 전생의 기억함이고, 그 문지기에 관련된 바가 [전생] 앎이다. '과거 살았던 무더기'를 따라가는 '문지기의 앎'을 얻기 위해서 여러 가지 형태의 전생이 일어난 것이다. 이렇게 문지기(sati)는 '기억'을 통제한다. 전생을 기억할 때 촛불이나 새벽 별의 빛이 나타난다. 강력한 문지기의 힘으로써 오온의 순서에 따라 회상하고 혹은 죽음과 재생연결에 따라 당시의 기억을 회상할 수가 있다.

'기억한다: 오온의 순서에 따라, 혹은 죽음과 재생연결에 따라 기억한다.'라고. 이와 같이 기억하기를 원하는 초심 수행자는 공양을 마치고 탁발에서 돌아와 조용히 혼자 머물러 순서대로 4가지 선정에 든다. 신통의 기초인 제사선정에서 출정하여 방금 자기가 앉았던 그 행위로 전향해야 한다. 그 다음에 자리를 마련하는 것, 방에 들어오던 것, 가사와 발우를 정돈하던 것, 공양하던 것, 마을에서 돌아오던 것, 마을에서 탁발을 다니던 것, 마을로 탁발을 위해 들어가던 것, 절에서 나가던 것, 탑전과 보리수 단에서 예배하던 것, 발우를 씻던 것, 발우를 가지던 것, 발우를 가지기 이전에 입을 씻던 일 등 일체의 행위, 이른 아침에 했던 행위, 지난 밤 마지막 삼경에 했던 행위, 초경에 했던 행위—이와 같이

---

[130] 대림스님 역(2004), 『청정도론』 2권, 초기불전연구원, pp.355-357.

역순으로 밤새 행했던 행위로 전향해야 한다.[131]

전생을 기억하는 숙명통은 사선정에서 출정하여 방금 자기가 앉았거나 방에 들어왔던 일상 행위에 대한 기억의 전향을 따라가면서 '과거 살았던 무더기'를 따라가는 문지기에 의해서 기억을 통제할 때 드러난 앎이다. 한 생 이전의 생부터 거슬러 올라가며 여기저기서 살았던 전생을 '기억한다'는 것은 '오온의 순서에 따라' 혹은 죽음과 재생연결에 따라가며 살았던 바의 상속이다. 재생연결을 열고 전생의 죽는 순간에서의 정신·물질을 대상으로 삼는다. 정신과 물질을 식별할 능력의 지혜가 약하면, 전생의 정신과 물질이 모두 사라지고 암흑과 같은 문에 닫혀서 접근할 수가 없다. 그렇지만 정신과 물질의 식별에 필요한 선정에 계속 입정하고 또 선정에서 출정을 할 때마다 그 정신과 물질의 분석에 전향을 노력한다. 즉, 선정에서 출정하여 그전처럼 전향했던 것으로 전향하지 않고 재생연결로 전향할 때 머지않아 재생연결을 열고 전생의 죽는 순간에 일어난 정신·물질을 대상으로 삼을 수가 있다.

이제 비구가 재생연결을 넘어 전생의 죽는 순간에 일어난 정신, 즉 물질을 대상으로 의문意門 전향이 일어나고, 그것이 멸할 때 그 동일한 대상에 대해 4번 혹은 5번의 속행이 일어난다. 그 가운데서 앞의 것들은 앞서 설한 방법대로 준비 등에 이름하는 욕계의 것이고, 마지막 것은 색계의 제4선에 속하는 본삼매의

---

[131] 대림스님 역(2004), 『청정도론』 2권, 초기불전연구원, pp.358-359.

마음이다. 그때 그 마음과 함께 앎이 일어나는데 이것이 전생을 기억하는 앎이다. 이 앎에 결합된 문지기에 의해서 "그는 여러 가지 전생을 기억한다. 즉 한 생, 두 생…. 한량없는 전생의 갖가지 모습들을 사소한 것까지 기억한다." 이때 한 생은 재생연결부터 시작하여 죽음까지 한 생에 포함된 오온의 상속이다.[132]

삼매에서 오온의 생성과 사라짐을 보고, 모든 심찰나에서 5무더기들의 일어남과 사라짐의 순간을 보아야 한다. 또한 인식과정을 벗어난 마음에 해당하는 재생연결식, 바왕가 그리고 죽음의 마음 순간에 있는 오온의 일어남과 사라짐도 보아야 한다.

수행자는 물질의 일어남의 순간과 사라짐의 순간 그리고 그 조건의 일어남과 조건의 소멸을 본다. 그 다음에 정신의 일어남의 순간과 사라짐의 순간 그리고 그 조건의 일어남과 조건의 소멸을 보아야 한다. 수행자는 이렇게 5무더기인 오취온들의 일어남과 사라짐을 볼 수 있어야 한다. 이것을 본다는 것은 모든 심찰나에서 5무더기들의 일어남과 사라짐의 순간을 보아야 한다는 의미이다. 또한 인식과정을 벗어난 마음에 해당하는 재생연결식, 바왕가 그리고 죽음의 마음의 순간에 존재하는 오온의 일어남과 사라짐도 보아야 한다. 어떠한 여섯 가지 문門의 인식과정이든 해당하는 각각의 마음 순간에 존재하는 모든 오온들의 생멸을 보아야 한다. 또한 금생의 오온을 일어나게 만든 전생의 무명과 같은 과거 생의

---

132 대림스님 역(2004), 『청정도론』 2권, 초기불전연구원, pp.360-361.

조건들을 보는 것과 아라한이 된 미래 생에 무명과 같은 것들의 소멸을 보는 것도 포함한다. 그리고 그 후로 완전한 열반을 얻어 오온들이 완전하게 소멸되는 것도 보아야 한다. 이렇게 오온이 일어나서 사라지는 순간들과 오온의 조건이 일어나서 사라지는 것을 식별하고 오온에 대하여 삼특상〔무상, 고, 무아〕을 제기하여야 한다.[133]

죽음 순간의 오온 무더기가 어떻게 다음 삶을 일으키는가를 살펴 전생을 기억하는 앎으로 경험한다. 전생의 죽음 순간에 일어난 정신, 즉 감성물질을 대상으로 의문 전향이 일어나고 소멸할 때 그 동일한 물질에 대해서 4번 혹은 5번의 아는 속행이 일어난다. 사선의 마음인 4, 5번째 속행과 함께 일어난 알음알이가 전생에서의 앎〔숙명통〕이다. 이러한 알음알이〔識〕로부터 생긴 정신·물질이다.

여섯 가지 요소〔지·수·화·풍·허공·識〕에 의지하여 모태에 들어감이 있다. 듦〔入胎〕이 있을 때 정신·물질〔名色〕이 있다. 정신·물질을 조건하여 여섯 가지 감각장소〔六入〕가 있다.[134]

아난다여, 이것이 바로 정신·물질의 원인이고, 근원이고, 기원

---

133 정명스님(2020), 『사마타·루빠 명상 매뉴얼』, 비움과소통, p.75.
134 AN3:61 Titthāyatanādisutta(외도주장 경), "6가지의 땅·물·불·바람·허공·알음알이 요소(界)가 있다. 6가지 감각접촉의 장소〔안·이·비·설·신·의〕가 있다. (정신적 기쁨과 슬픔, 평온) 18가지 마노〔意〕의 지속적 고찰이 있다. 4가지 성스러운 진리〔四聖諦〕가 있다."

이고, 조건이니, 그것은 다름 아닌 알음알이〔識〕다.[135]

바왕가는 마노〔意〕의 문이다. 마노의 문을 개발하는 것은 밝은 빛 '빠띠바가 니밋따'의 힘이다. 즉, 빠띠바가 니밋따 빛이 아주 강할 때 마음의 눈으로 심장을 본다. 그때 (심장 위에) 나타난 촛불 빛과 같은 바왕가에서 재생연결식을 연 것이다.

> 바왕가는 전생의 바왕가로 연결되어 있다. 이 통로를 따라 올라 가면 과거의 나의 몸과 마노(mano)을 볼 수 있으므로 그때의 나를 생생하게 느낄 수 있는 것이다.[136]

2) 천안통

신성한 눈〔天眼〕으로 빛을 확장하여 범천의 현상을 보거나, 눈으로 멀리 있는 무한한 형상들을 보는, 중생들의 죽음과 다시 태어남에 대한 앎(cutúpapátañāna)이 천안통天眼通이다.

마음이 삼매에 들고 청정하고 깨끗하고 흠이 없고 오염원이 사라지

---

135 DN15 Mahānidānasutta(대인연경)
136 정명스님(2008), 앞의 책, pp.168, 173-175 "만약 죽음의 순간을 보았다면 그 죽음의 순간에 떠오른 생각이 새로운 생을 어떻게 일으키는지, 어떠한 인과가 있는지 통찰지로 보려고 노력하십시오. 마치 손가락을 움직이려는 의도가 먼저 움직이고 손가락이 움직이는 것처럼 죽음의 순간에 떠오른 생각은 새로운 생을 일으킵니다."

고, 부드럽고 활발발하고 안정되고, 흔들림 없음에 이르렀을 때
앎과 봄(ñāṇadassanā)으로 마음을 향하게 하고 기울게 한다. …
그는 중생들의 죽음과 다시 태어남에 대한 앎[天眼通]에 마음을
향하고 기울인다. 그는 청정하고 인간을 넘어선 신성한 눈으로
중생들이 죽고 태어나고, 천박하고 고상하고, 잘생기고 못생기고,
좋은 곳에 가고 나쁜 곳에 가는 것을 보고, 중생이 지은 바 그
업에 따라 가는 것을 안다.[137]

정진의 힘에서 생겨난 앎의 눈이 신성한 하늘의 눈[天眼]이다.
『청정도론』에서 "신성한 눈[天眼]에 대한 앎의 목적으로 마음을
향하고 기울인다. 마음을 기울인 비구는 천상과 비슷하기 때문에
신성하다. 왜냐하면 신들은 선행의 업業에서 생겼고, 담즙과 가래와
피 등의 방해를 받지 않고, 오염원에서 벗어났기 때문에 멀리 있는
대상도 받아들이는 능력을 가진 신성한 감성의 눈을 가진다."[138]라고
말한다. 오염원을 벗어나 멀리 있는 대상을 받아들이는 신성한
감성의 눈이 천안통이다.

호흡관 정형구의 ①~④으로부터 얻은 빠띠바가 니밋따의 빛에
대해서 부처님은 "나도 아직 깨달음을 이루기 전에 보살이었을
때 빛을 인지하고 형상들의 봄(dassana)을 하였다."[139]라고 한다.

---

137 DN2 Sāmaññaphalasutta(沙門果經)
138 대림스님 역(2004), 『청정도론』 2권, 초기불전연구원, pp.376-377.
139 AN8.64 Gayāsutta(가야경), "내가 아직 깨달음을 이루기 전에 보살이었을
  때 빛을 인지하였지만 형상은 보지 못하였다. 그런 내게 '만일 빛도 인지하고,
  형상도 보게 된다면 나의 앎과 봄은 더욱 청정해질 것인데'라고 생각하였다.

일으킨 생각과 지속적 고찰이 있고, 일으킨 생각은 없고 지속적 고찰만 있고, 일으킨 생각도 없고 지속적 고찰도 없는 등의 3가지 삼매에 닦아 니밋따 빛을 인지하셨다. 즉, 낮처럼 밤에도 밤처럼 낮에도 (빠띠바가 니밋따) 빛을 가진 마음으로 닦는다.[140] 즉, 삼매에

비구여, 그런 나는 나중에 방일하지 않고 열심히 스스로 독려하며 지내면서 빛도 인지하였고, 형상도 보았다. 그러나 나는 신들과 함께 머물지 못했고 대화하지 못했고 토론하지 못했다. 그런 내게 '만일 내가 빛도 인지하고, 형상도 보게 되고, 신들과 함께 머물고 대화하고 토론하게 된다면 나의 앎과 봄은 더욱 청정해질 것이다.'라고 생각하였다. 비구여, 그런 나는 나중에 방일하지 않고 열심히 독려하며 지내면서 빛도 인지하고 형상도 보았으며, 신들과 함께 머물고 대화하고 토론하게 되었다. 그러나 나는 '이 신들은 이런 신들의 무리로부터 혹은 저런 신들의 무리로부터 왔다.'라고 신들을 알지는 못했다. … 그런 나는 방일하지 않고 열심히 스스로 독려하며 지내면서 빛도 인지하고 형상도 보았으며 신들과 함께 머물고 대화하고 토론하고, 나는 '이 신들은 이런 신들의 무리로부터 혹은 저런 신들의 무리로부터 왔다.'〈이 신들은 이런 업의 과보로 여기서 죽어서 저기에 태어났다. 이 신들은 이런 음식을 먹고 이런 즐거움과 괴로움을 경험한다. 이 신들은 이만큼의 긴 수명을 가졌고 이만큼 오래 산다.〉라고 신들을 알았다. 내가 이 신들과 함께 전에 산 적이 있는지나 없는지를 알게 되었다. 내가 이처럼 천신들에 대해 8가지 연속적인 앎과 봄이 아주 청정하지 않았더라면 나는 신과 마라와 범천과 사문 바라문을 포함하고 신과 인간을 포함한 세상에서 내 스스로 위없는 바른 깨달음을 실현하였다고 천명하지 못하였을 것이다.… 바른 깨달음을 실현하였다고 천명하였다. ―나의 '해탈이 확고하다. 마지막 태어남이며 다시 태어남이 없다'라는 앎과 봄이 일어났다."

140 DN33 Saṅgītisutta(합송경), AN4:41 Samādhisutta, "어떤 삼매 수행을 닦고 많이 지으면 앎과 봄[知見]을 하는가? 비구는 빛의 인식을 작의한다. 낮처럼 밤에도 그런 밤처럼 낮에도 낮의 인식을 확고히 한다."

서 전체 혹은 부차적인 니밋따[相]에 이끌리지 않고 감각기능 문[門]을 잘 단속하고,[141] 감각장소[안이비설신의]를 일어남과 사라짐에 꿰뚫어 알 때 삼매가 오염원의 제한을 받지 않기 때문에 멀리 떨어져 있는 대상을 받아들이며 형상들을 본 것이다. 이처럼 눈으로 무한한 형상들을 보는 신성한 눈을, 중생들의 죽음과 태어남에 대한 '신성한 눈의 앎[天眼通]'에 밝혀서 앎과 봄[知見]을 갖춘다. MN128 Upakkilesasutta에서의 "의심, 작의하지 않음, 해태와 혼침, 두려움, 의기양양, 열등감, 지나친 정진, 느슨한 정진, 갈망, 다양한 인식, 형상들에 대한 지나친 응시"라고 하는 마음에서의 오염원을 제거하였을 때 멀리 있는 곳의 형상을 받아들이며 그 형상들을 볼 수가 있었다.

아누룻다여, 그런데 그대들이 이와 같이 방일하지 않고 열심히, 스스로 독려하며 머물면서 인간의 법을 초월했고 성자에게 적합한 앎과 봄(ñāṇadassana)의 특별함을 증득하여 편히 머무는가? 세존이시여, 저희들이 방일하지 않고 열심히 스스로 독려하며 머물

---

[141] MN53 Sekhasutta(有學경), MN125 Dantabhūmisutta, "눈으로 형상을 봄에 그 니밋따[相] 전체를 취하지 않으며, 부차적인 것도 취하지도 않는다. 만약 눈의 감각기능이 제어되어 있지 않으면 욕망과 싫어하는 마음이라는 유익하지 않은 법들이 흘러들어 온다. … 마노로 법을 식별함에 그 니밋따 전체를 취하지 않으며, … 그는 눈〈귀 … 마노〉의 감각기능을 단속하기 위해 수행하며, 눈〈귀 … 마노〉의 감각기능을 잘 방호하고, 눈〈귀 … 마노〉의 감각기능을 잘 단속한다." 사선정의 감각기능[육근]이 결여되지 않은 상태[意成身]에서 숙명통, 천안통, 누진통[삼명통]의 밝음이 아라한도의 유학.

때에 빛을 인지하고 (천안으로) 형상들의 봄(dassana)을 하였습니다. 그러나 얼마 안가서 그 빛은 사라지고 형상들의 봄도 사라져버렸습니다. 즉, 그 '니밋따〔相〕'를 꿰뚫어 알지 못하고 있습니다. 아누룻다여, 그대들은 그 니밋따를 꿰뚫어 알아야 한다. 나도 역시 전에 아직 깨달음을 이루기 전 보살이었을 때 (방일하지 않고 열심히, 스스로 독려하며 머물 때) 빛을 인지(sañjānā)하고 형상들을 보았다. 그러나 얼마 안가서 그 빛은 사라지고 형상들의 봄도 사라져버렸다. 아누룻다여, 그러자 나에게 이런 생각이 들었다. '어떤 원인과 어떤 조건으로 빛이 사라지고 형상들의 봄도 사라져버렸는가?' 아누룻다여, 그때 나에게 이런 생각이 들었다. '의심〈작의하지 않음, 해태와 혼침, 두려움, 의기양양, 열등감, 지나친 정진, 느슨한 정진, 갈망, 다양한 인식, 형상들에 대한 지나친 응시〉의 오염원이 나에게 일어났다. 그로 인해 나의 삼매는 사라져 버렸다. 삼매가 사라져버리자 빛이 사라지고 형상들의 봄도 사라져버렸다. … 아누룻다여, 그러자 나에게 이런 생각이 들었다. '어떤 원인과 어떤 조건으로 온 밤을 혹은 온 낮을 혹은 온 밤낮으로 빛을 인지하면 형상들은 보지 못하고, 형상들을 보면 빛을 인지하지 못하는가?'라고. 아누룻다여, 그런 나에게 이런 생각이 들었다. '온 밤을 혹은 온 낮을 혹은 온 밤낮으로 형상의 니밋따〔相〕를 작의하지 않고 빛의 니밋따를 작의했을 때는 빛을 인지하였지만 형상들을 보지 못했다. 내가 빛의 니밋따를 작의하지 않고 형상들의 니밋따를 작의했을 때는 형상들을 보았지만 빛을 인지하지 못했다.'라고. … 아누룻다여, 그러자 나에게 이런 생각이 들었다. '어떤 원인과 어떤 조건으로 온 밤을 혹은 온 낮을 혹은 온 밤낮으로 제한된 빛을 인지하고 제한된 형상들을 보기도 하며, 또한 무한한 빛을 인지하고 무한한 형상들을 보기도 하는가?'라고. 그런 나에게 이런 생각이 들었다. '온 밤을 혹은 온 낮을 혹은 온 밤낮으로 나의 삼매가 제한되었을 때에는 나의 눈이 제한되었다. 그래서 제한된 눈으로 제한된 빛을 인지하고 제한된 형상들을 보았다. 그러나 나의 삼매가 제한되지 않았을 때에는 나의 눈이 제한되지 않았다. 그래서 나는 무한한 눈으로 무한한 빛을 인지하고 무한한 형상들을 보았다.'라고. 아누룻다여, "의심, 작의하지 않음, 해태와 혼침, 두려움, 의기양양, 열등감, 지나친 정진, 느슨한 정진, 갈망, 다양한 인식, 형상들에 대한 지나친 응시"는 마음에 오염원이라고 알아 내게서 그 오염원이 제거되었을 때 이런 생각이 들었다. '나에게 마음의 오염원이 다 제거되었다. 이제 나는 3가지의 삼매를 닦으리라.'라고. 그런 나는 일으킨 생각이 있고 지속적 고찰이 있는 삼매를 닦았다. 일으킨 생각은 없고 지속적 고찰만 있는 삼매를 닦았다. 일으킨 생각도 없고 지속적 고찰도 없는 삼매를 닦았다. 희열이 있는 삼매를 닦았다. 희열이 없는 삼매를 닦았다. 즐거움이 함께한 삼매를 닦았다. 평온이 함께한 삼매를 닦았다. 아누룻다이여, 내가 일으킨 생각이 있고 지속적 고찰이 있는 삼매를 닦고(초선), 일으킨 생각은 없고 지속적 고찰은 있는 삼매를 닦고, 일으킨 생각도 없고 지속적 고찰도 없는 삼매를 닦고, 희열이 있는 삼매를 닦고(이선), 희열이 없는 삼매를 닦고, 즐거움이 함께한 삼매를 닦고(삼선), 평온이 함께한 삼매를 닦았을 때 나에게 (삼명통의) 앎과 봄〔知見〕이 일어났다. '나의 해탈은 확고부동하다. 이것이 나의 마지막 태어남이며, 이제 더 이상의

다시 태어남은 없다.'라고.[142]

신성한 눈은 "죽음과 다시 태어남을 보는 견청정見清淨의 원인이 되므로 청정하다."라고 말한다. 즉, '죽음과 다시 태어남'에 대한 앎의 청정은 성스러운 '괴로움의 일어남[集聖諦]'에 대한 밝음[明]이다. 참고로 광명의 까시나를 계발하여 빛을 확장하고 확장한 범위 내에 있는 범천의 현상을 멀리서 보는 것이 천안통이다.

이처럼 [신성한 눈으로] 보기를 원하는 초심자는 까시나를 대상으로 삼아 초월지의 기초가 되는 선禪을 모든 측면에서 [천안을 향해] 보내기 적합하도록 만들어야 한다. 불의 까시나, 흰색의 까시나, 광명(빛)의 까시나 등 3가지 까시나 가운데 하나를 가까이 해야 한다. 근접 선禪을 그의 영역으로 삼아 확장한 뒤 멈추어야 한다. 여기 [까시나를 확장한 곳에서] 본삼매를 일으켜서는 안 되는 것이 여기서 뜻하는 것이다. 만약 일으키면 이 까시나는 초월지를 위한 준비 삼매의 바탕이 되지 않고, 기초 선禪의 바탕이 되어 버린다. 이 3가지 까시나 가운데 광명(빛)의 까시나가 가장 좋다. 그러므로 그것이나 혹은 다른 2가지 가운데 어느 것을 '까시나'의 해설에서 설한 방법대로 일으켜서 오직 그 근접의 경지에서 멈추어서 확장해야 한다. 확장하는 방법도 [까시나의 해설에서] 설한 방법대로 한다. 확장한 범위 내에 있는 형상은 모두 볼 수 있다. 그가 형상을 볼 때 준비의 단계는 지나간다. 그 다음에

---

142 MN128 Upakkilesasutta(오염원경)

광명이 사라진다. 그것이 사라질 때는 형상도 볼 수 없다. 그때 계속해서 기초가 되는 선(禪)에 든 뒤 출정하여 광명을 두루 채워야 한다. 이와 같이 광명은 서서히 강해진다. '이곳에 광명이 있기를' 이라고 한정한 곳만큼 광명이 있다. 하루 종일 앉아서 보더라도 형상을 볼 수 있다. … 준비단계에서 생긴 까시나의 광명은 마치 횃불의 빛과 같다. … 이 비구의 육안의 시야에 나타나지 않는 것, 즉 뱃속에 있거나, 심장에 있거나, 땅의 표면 아래에 있거나, 벽과 산과 담에 가려져 있거나, 다른 우주에 속해 있는, 이러한 형상이 이제 앎의 눈의 시야에 들어와 마치 육안으로 보는 것처럼 볼 수 있게 된다. 이때 신성한 눈[天眼]이 생겼다고 알아야 한다. 이것이 여기서 형상을 보는 능력을 가진다. … 여기서 천안이 일어나는 순서는 다음과 같다. 앞서 설한 종류의 형색을 대상으로 의문 전향이 일어났다가 사라질 때 그 동일한 형색을 대상으로 4번 혹은 5번의 속행이 일어난다. 모든 것은 앞서 설한 방법대로 알아야 한다. 여기서 [4번과 5번 가운데 각각 셋과 넷인] 앞의 마음들은 일으킨 생각과 지속적 고찰이 있는 욕계의 마음이고, 마지막 것으로 목적을 성취한 마음이 제4선에 속하는 색계의 것이다. 그것과 함께 동시에 생긴 앎이 '중생들의 죽음과 태어남에 대한 앎'이라고 불리며, '신성한 눈의 앎[天眼通]'이라고 한다.[143]

3) 육신통과 사여의족

4가지 성취수단[사여의족]을 많이 닦아 얻은 큰 결실이 '6가지의

---

143 대림스님 역(2004), 『청정도론』 2권, 초기불전연구원, pp.384-387.

앎[육신통]'이고 사성제의 큰 이익에 대한 밝음[明]이다.

비구여, 그러면 어떻게 4가지 성취수단[사여의족]을 닦고 어떻게 많이 지으면 큰 결실과 큰 이익이 있는가? 비구는 '이처럼 나의 열의⟨정진, 마음, 검증(vīmaṃsa)⟩는 지나치게 느슨하지도 않을 것이고 지나치게 팽팽하지도 않을 것이다. 안으로 수축되지도 않을 것이고 밖으로 흩어지지도 않을 것이다.'라고 하면서 열의⟨정진, 마음, 검증⟩를 삼매와 노력의 형성[行]에서 갖춘 성취수단으로 닦는다. 그는 '앞에서처럼 뒤에도 뒤에처럼 앞에도, 아래처럼 위에도 위처럼 아래도, 밤에서처럼 낮에도 낮에처럼 밤에도'라고 하면서 이후와 이전(앞과 뒤)에 대한 인식을 가진 자가 되어 머문다. 그는 이처럼 열려 있는 마음과 방해받지 않은 마음으로 마음을 밝게 만든다. 비구여, 그러면 어떤 것이 지나치게 느슨한 열의인가? 게으름과 함께 하고 게으름과 결합된 열의이다. ⋯ 그러면 어떤 것이 지나치게 팽팽한 열의인가? 들뜸과 함께하고 들뜸과 결합된 열의이다. ⋯ 그러면 어떤 것이 안으로 수축된 열의인가? 해태와 혼침과 함께하고 해태와 혼침과 결합된 열의이다. 비구여, 그러면 어떤 것이 밖으로 흩어진 열의인가? 밖으로 다섯 가닥의 감각적 욕망에 대해서 계속해서 흩어지고 계속해서 방해받는 열의이다. ⋯ 그러면 어떤 것이 비구가 '앞에서처럼 뒤에도 뒤에처럼 앞에도'라고 하면서 앞과 뒤에 대한 인식을 가진 자가 되어 머무는 것인가? 여기 비구는 앞과 뒤에 대한 인식을 잘 파악하고 잘 작의하고 잘 호지하고 지혜로 잘 꿰뚫는다. 이것이 비구가 '앞에서처럼 뒤에도 뒤에처럼 앞에도'라고 하면서 이전과 이후에 대한 인식을 가진 자가 되어 머무는 것이다. 그러면 어떤 것이 비구가 '아래처럼 위에도 위처럼 아래도'라고 하면서 머무는 것인가? 여기 비구는 발바닥에서부터 위로 올라가며 그리고 머리털에서부터 아래로 내려가며, 이 몸은 살갗으로 둘러싸여 있고 여러 가지 부정不淨한 것으로 가득 차 있음을 반조한다. 즉 '이 몸에는 머리털·몸털·손발톱·이빨·살갗·살·힘줄·뼈·골수·콩팥·염통·간·근막·지라·허파·창자·장간막·위·똥·쓸개즙·가래·고름·피·땀·굳기름·눈물·〔피부〕기름기·침·콧물·관절활액·오줌 등이 있다.'라고. 그러면 어떤 것이 비구가 '밤에처럼 낮에도 낮에처럼 밤에도'라고 하면서 머무는 것인가? 여기 비구는 각각의 성질들이나 특징들이나 표상들을 통해서 낮에 열의를 삼매와 노력의 형성〔行〕에서 갖춘 성취수단으로 닦았던 그대로 그 각각의 성질들이나 특징들이나 표상들을 통해서 밤에도 열의를 삼매와 노력의 형성에서 갖춘 성취수단으로 닦는다. 그는 각각의 성질들이나 특징들이나 표상들을 통해서 밤에 열의를 삼매와 노력의 형성〔行〕에서 갖춘 성취수단으로 닦았던 그대로 그 각각의 성질들이나 특징들이나 표상들을 통해서 낮에도 열의를 삼매와 노력의 형성〔行〕에서 갖춘 성취수단으로 닦는다. … 그러면 어떻게 비구가 열려 있는 마음과 방해받지 않은 마음으로 마음을 밝게 만드는가? 여기 비구는 빛의 인식〔光明想〕을 잘 파악하고 대낮의 인식을 확고하게 한다. 이처럼 비구는 열려 있는 마음과 방해받지 않은 마음으로 마음을 밝게 만든다. …(중략)… 비구가 이와 같이 4가지 성취수단을 닦고 이와 같이 많이 〔공부〕 지으면 그는 여러 가지 신통변화를 나툰다. 하나인 채 여럿이 되기도 하고 여럿이 되었다가 하나가 되기도 한다.

나타났다 사라졌다 하고 벽이나 담이나 산을 아무런 장애 없이
통과하기를 마치 허공에서처럼 한다. 땅에서도 떠올랐다 잠겼다
하기를 물속에서처럼 한다. 물 위에서 빠지지 않고 걸어가기를
땅 위에서처럼 한다. … 〔神足通〕 이와 같이 4가지 성취수단을
닦고 이와 같이 많이 〔공부〕 지으면 그는 신성한 귀의 요소〔天耳界〕
로 마음을 향하게 하고 기울게 한다. 그는 인간의 능력을 넘어선
청정하고 신성한 귀의 요소로 천상이나 인간의 소리 둘 다를
멀든 가깝든 간에 다 듣는다.〔天耳通〕 비구가 이와 같이 4가지
성취수단을 닦고 많이 〔공부〕 지으면 그는 자기의 마음으로 다른
중생들과 다른 인간들의 마음을 꿰뚫어 안다. 탐욕〈성냄, 어리석
음〉이 있는 마음을 탐욕〈성냄, 어리석음〉이 있는 마음이라고 꿰뚫
어 알고, 탐욕〈성냄, 어리석음〉을 여읜 마음을 탐욕〈성냄, 어리석
음〉을 여읜 마음이라고 꿰뚫어 안다. 수축한 마음은 수축한 마음이
라고 꿰뚫어 알고, 흩어진 마음은 흩어진 마음이라고 꿰뚫어 안다.
고귀한 마음은 고귀한 마음이라고 꿰뚫어 알고, 고귀하지 않은
마음은 고귀하지 않은 마음이라고 꿰뚫어 안다. 위가 있는 마음은
위가 있는 마음이라고 꿰뚫어 알고, 위가 없는 마음은 위가 없는
마음이라고 꿰뚫어 안다. 삼매에 든 마음은 삼매에 든 마음이라고
꿰뚫어 알고, 삼매에 들지 않은 마음은 삼매에 들지 않은 마음이라
고 꿰뚫어 안다. 해탈한 마음은 해탈한 마음이라고 꿰뚫어 알고,
해탈하지 않은 마음은 해탈하지 않은 마음이라고 꿰뚫어 안다.〔他
心通〕 비구가 이와 같이 4가지 성취수단을 닦고 많이 〔공부〕 지으면
그는 수많은 전생의 갖가지 삶들을 기억한다. 즉 한 생, 두 생,
세 생, 네 생, … 천 생, 십만 생, 세계가 수축하는 여러 겁,

세계가 팽창하는 여러 겁, 세계가 수축하고 팽창하는 여러 겁을 기억한다. '어느 곳에서 이런 이름과 이런 종족과 이런 용모와 이런 음식과 이런 행복과 고통을 경험했고, 이런 수명의 한계를 가졌고, 그곳에서 죽어 다른 곳에서 다시 태어나 그곳에서는 이런 이름과 이런 종족과 이런 용모와 이런 음식과 이런 행복과 고통을 경험했고, 이런 수명의 한계를 가졌고 그곳에서 죽어 여기 다시 태어났다.'라고. 이처럼 한량없는 전생의 갖가지 모습들을 그 특색과 더불어 기억해낸다.〔宿命通〕비구가 이와 같이 4가지 성취수단을 닦고 많이 〔공부〕지으면 그는 청정하고 인간을 넘어선 신성한 눈〔天眼〕으로 중생들이 죽고 태어나고, 천박하고 고상하고, 잘생기고 못생기고, 좋은 곳〔善處〕에 가고 나쁜 곳에 가는 것을 보고, 중생들이 지은 바 업에 따라 가는 것을 꿰뚫어 안다. '이들은 몸으로 못된 짓을 골고루 하고, 입으로 못된 짓을 골고루 하고, 마음으로 못된 짓을 하고, 성자들을 비방하고, 삿된 견해를 지닌 업業을 지었다. 이들은 죽어서 몸이 무너진 다음에는 처참한 곳, 불행한 곳, 파멸처, 지옥에 태어났다. 그러나 이들은 몸으로 좋은 일을 골고루 하고 입으로 좋은 일을 골고루 하고 마음으로 좋은 일을 골고루 하고 성자들을 비방하지 않고 바른 견해를 지닌 업業을 지었다. 이들은 죽어서 몸이 무너진 다음에는 좋은 곳, 천상세계에 태어났다.'라고. 이와 같이 그는 청정하고 인간을 넘어선 신성한 눈으로 중생들이 죽고 태어나고, 천박하고 고상하고, 잘생기고 못생기고, 좋은 곳에 가고 나쁜 곳〔惡處〕에 가는 것을 보고, 중생들이 지은 바 그 업에 따라가는 것을 꿰뚫어 안다.〔天眼通〕비구가 이와 같이 4가지 성취수단을 닦고 이와 같이 많이 [공부] 지으면 그는 모든 번뇌가 다하고 없는 마음의 해탈[心解脫]과 지혜를 통한 해탈[慧解脫]을 바로 지금 여기에서 스스로 최상의 앎에 실현하고 구족하여 머문다.[漏盡通]¹⁴⁴

4) 까시나 수행

(1) 흰색 까시나를 개발하는 방법

까시나 명상은 사문유관의 고따마 보살이 처음 청정범행을 구할 때 두 선인에게서 배운 근접 삼매이고, 무색계의 선정에서 유용하다. 10개의 까시나 수행으로 무색계에 입정할 수 있다.¹⁴⁵ 경문에

---

144 SN51:20 Vibhaṅgasutta(SN51:11 Pubbasutta), 중략은 '앞에처럼 뒤에도, 뒤에처럼 앞에도'라고, ①명상주제를 통해서 ②머리털과 두뇌의 가르침을 통해서 앞이 되고 뒤가 됨이다. (명상주제를 통해서: 명상주제를 천착하는 것은 앞이라 하고 아라한이 됨은 후라고 한다. 비구는 근본 명상주제를 천착하여 마음이 지나치게 느슨함 등의 4가지 경우로 떨어지는 것을 허락하지 않고 형성된 것들을 명상하여 아라한에 머문다.) '(빠띠바가 니밋따) 빛의 인식[光明想]을 잘 파악하고'라고, 마당에 앉아서 때로는 눈을 뜨거나 때로는 눈을 감고 빛의 인식을 작의한다. 눈을 떴거나 감았거나 직접 처다보는 것처럼 확립되면 그때 빛의 인식이 생겼다. '낮이라는 인식'이라는 것이다. 그리고 그것이 밤에도 생겨나면 잘 파악했다고 한다. '빛의 인식을 작의한다.'라고, 낮이나 밤에 태양이나 달이나 등불의 빛이라고 작의하는 것이다. '낮처럼 밤에도[밤처럼 낮에도]'라고, 낮[밤]에 빛을 보았던 것과 같이 밤[낮]에도 그것을 작의한다.
145 무념스님 역(2003), 사마타와 위빠사나, pp.22-25. "4) 불(빛) 까시나는 직경 1피트의 둥근 원이 뚫린 칸막이를 만든다. 장작불 앞에 칸막이를 두고 그 구멍을 통해서 불꽃을 주시한다. 연기나 타는 나무에 집중하지 말고 '불, 불' 하면서 욱가하 니밋따를 얻을 때까지 불이라는 개념에 집중한다. 그리고 그 니밋따를 앞의 방법대로 개발한다. 5) 허공 까시나는 문이나 창문의 구멍을

의하면 흰색 까시나는 4개의 색깔 까시나 중에서 마음을 깨끗하고 밝게 빛나게 한다고 말한다. 가장 좋다는 흰색 까시나를 개발하는 방법이다. 먼저 아나빠나 사띠의 사선정에 다시 들어가야 한다. 그래서 삼매의 빛이 밝게 빛날 때 그 빛을 이용해서 몸 안의 32부분〔相〕을 관찰한다. 그리고 나서 가장 가까이 있는 사람의 몸을 관찰한다. 이때는 단지 뼈로써만 인식한다. 뼈가 혐오스럽다고 느낀다면 그렇게 할 수도 있지만, 원하지 않는다면 단지 외부의 뼈로서만 인식한다. 뼈 전체가 하얗다면 뼈 전체의 하얀색을, 아니면 두개골의 뼈 또는 뼈 중에서 가장 하얗다고 생각되는 부분을 택해서 '하얀색, 하얀색' 하면서 거기에 집중한다. 대신에 집중이 아주 예리하고 몸 안의 뼈를 혐오스럽다고 보기를 원하고 또 그렇게 해왔으며 초선정에 도달했다면, 몸 안의 뼈를 흰색으로 택해서 대상으로 사용할 수 있다. 또는 다른 외부의 뼈에서 혐오감을 인식하고서 그 인식이 안정되고 확고하다면, 그 뼈의 흰색을 더 분명하게 할 수도 있다. 이렇게 성공했을 때 뼈의 혐오감에 집중하지 말고, 그 뼈를 '하얀색, 하얀색' 하면서 흰색 까시나로 전환할 수 있다. 외부의 뼈를 대상으로 택해서 마음을 그 흰색 대상에 고요하게 1시간 또는 2시간씩 집중을 유지해야 한다. 아나빠나 사띠로써 얻은 사선정의 힘 때문에 마음은 흰색 대상에 고요하게 집중될

> 통해서 허공을 보면서 명상한다. 그것이 어려우면, 직경 8인치에서 1피트 사이의 둥근 원이 뚫린 판을 만들고 판을 세운 다음, 그 구멍을 통해서 나무와 같은 다른 대상이 전혀 없는 하늘을 본다. 그 둥근 원을 통해 '허공, 허공' 하면서 그 허공에 집중한다."

것이다. 그 흰색에 한두 시간 집중할 수 있을 때 그 뼈는 사라지고 흰색 동그라미만 남는다. 흰 원이 목화솜처럼 하얗게 될 때가 욱가하 니밋따이다. 새벽별처럼 밝고 깨끗할 때가 빠띠바가 니밋따이다. 욱가하 니밋따가 떠오르기 전의 뼈 니밋따를 빠리깜마 니밋따(예비 표상)라고 부른다. 그 까시나가 빠띠바가 니밋따가 될 때까지 '흰색, 흰색' 하면서 주시를 계속한다. 초선정에 들어갈 때까지 빠띠바가 니밋따에 주시를 계속한다. 그러나 이 집중이 안정되지 못하고, 오래가지 않을 것이다. 집중이 안정되고 오래가게 하기 위해서는 니밋따의 확장이 필요하다. 이렇게 하기 위해서 흰색 빠띠바가 니밋따에 1시간 또는 2시간 집중해야 한다. 그리고 나서 흰색 원을 1, 2, 3인치로 확대하기로 결심한다. 확대할 수 있다고 생각하는 치수를 결정해야 한다. 이와 같은 방식으로 성공할 수 있는지 시도해 본다. 먼저 치수를 정하고 확장해서는 안 된다. 1, 2, 3 또는 4인치의 한계를 정해서 시도한다. 흰색 원을 확장하는 동안 그 원이 불안정하게 될 수도 있다. 그러면 안정될 때까지 '하얀색, 하얀색' 하면서 주시하는 것으로 돌아갈 필요가 있다. 집중이 증가해서 강하게 됨에 따라 니밋따는 안정되고 고요하게 될 것이다. 확장된 니밋따가 안정되면 그 과정을 반복해야 한다. 다시 한 번에 몇 인치씩 확장하기를 결심한다. 이런 식으로 니밋따를 1 또는 2야드가 될 때까지 확장할 수 있다. 성공하면 계속해서 10개의 방향으로 한계 없이 확장해야 한다. 이렇게 하면 보는 곳마다 오직 흰색 니밋따만 보일 것이다. 안으로나 밖으로나 물질의 흔적을 볼 수 없을 때까지 수행한다. 오직 확장된 흰색 까시나에 고요하게 집중된 마음을 유지해야 한다. 그것이 안정이 되면 고리에 걸려있는 모자처럼 마음을 그 흰색 까시나의 한 부분에 고정하고서 '하얀색, 하얀색' 하면서 주시를 계속한다. 마음이 안정되면 흰색 까시나도 안정될 것이다. 그것은 점차로 하얗게 빛나고, 깨끗하게 될 것이다. 이것 또한 흰색 까시나 니밋따에 의해서 생겨난 빠띠바가 니밋따이다. 흰색 빠띠바가 니밋따에 계속해서 1시간 또는 2시간 집중될 때까지 계속해서 수행해야 한다. 그러면 선정의 5요소가 마음에 현저해지고, 깨끗하게 될 것이다. 그때가 초선정에 도달한 것이다. 즉, 1. 일으킨 생각(흰색 까시나의 빠띠바가 니밋따에 마음을 향하는 것), 2. 지속적인 고찰(흰색 까시나의 빠띠바가 니밋따에 마음을 유지하는 것), 3. 희열(흰색 까시나의 빠띠바가 니밋따를 경험하면서 느끼는 기쁨), 4. 행복(흰색 까시나의 빠띠바가 니밋따에 대한 행복감), 5. 심일경(흰색 까시나의 빠띠바가 니밋따에 대한 일념을 이룬 마음) 등의 5가지의 요소가 모두 갖춰졌을 때 초선정이 된다. 아나빠나 사띠에 의한 초선정처럼 흰색 까시나 선정에서도 5가지의 자유자재함을 개발하고 이선정, 삼선정, 사선정을 개발한다.

(2) 빛(광명) 까시나를 개발하는 방법

빛 까시나는 벽 틈으로 흐르는 빛이나 마룻바닥에 떨어지는 빛, 나뭇잎 사이로 흐르는 빛이나 땅에 떨어지는 빛을 보고서 명상을 한다. 또한 나뭇가지 사이로 하늘을 쳐다보고서 명상할 수도 있다. 그것이 어려우면 도자기 속에 램프를 두고서 도자기에서 나오는 빛이 벽을 비출 때 그 둥근 빛을 보고 '빛, 빛' 하면서 거기에 집중해야 한다. '욱가하 니밋따'를 얻으면 흰색 까시나와 같은 방법으로 선정을 개발한다.

(3) 땅 까시나를 개발하는 방법

땅 까시나를 개발하려면 평평한 땅을 찾아야 한다. 새벽별처럼 붉은 갈색이고, 막대기〈돌, 낙엽〉가 없어야 한다. 삽이나 도구를 가지고 직경이 1피트 정도 되는 둥근 원을 판다. 그것이 명상의 대상인 땅 까시나이다. 이제 둥근 땅에 집중하고서 '땅, 땅' 하면서 그것을 주시한다. 얼마동안 눈을 뜨고서 둥근 땅을 집중한 다음, 눈을 감고 마음속에 떠올려서 주시한다. 이런 식으로 표상을 심상화할 수 없다면, '아나빠나 사띠'의 사선정이나 흰색 까시나 선정을 다시 확립해야 한다. 그래서 그 삼매의 빛을 땅 까시나의 주시에 이용한다. 눈을 뜨고 보는 것처럼 둥근 땅의 니밋따를 분명하게 볼 수 있도록 하고 다른 니밋따로 수행을 옮겨갈 수도 있다. 땅 까시나의 색깔, 땅의 견고함, 거칢과 같은 특성에 집중하면 안 되고 다만 땅이라는 개념에 집중해야 한다. 이 '욱가하 니밋따'를 계속해서 개발하면 곧 깨끗하고 순수한 '빠띠바가 니밋따'가 될 것이다. 그러면 '빠띠바가 니밋따'의 크기를 한 번에 조금씩 확장해서 10개 방향에 가득 채워야 한다. 그렇게 사선정에 이를 때까지 집중을 개발한다.

제3장 팔정도의 청정범행과 바른 깨달음

1. 괴로움을 벗어나는 구도求道와 법에 머무는 앎

1) 깨달음을 위한 구도는 팔정도와 '이것에 조건성[연기]'

부처님은 사문유관의 '생로병사'로서 겪은 괴로움에서 벗어나는 청정범행을 위해서 출가하셨고, 여섯 감각장소의 일어남과 사라짐을 꿰뚫어 아는 청정범행을 팔정도로부터 구하셨다.

> 참으로 이 세상은 고통으로 가득하구나. 태어나고 늙고 죽고 죽어서는 다시 태어난다. 그러나 늙음·죽음이라는 이 괴로움으로부터 벗어남을 꿰뚫어 알지 못한다. 도대체 어디서 늙음·죽음이라는 이 괴로움을 벗어남으로 꿰뚫어 알 것인가?[1]

부처님은 "태어나고 늙고 죽고, 죽어서는 다시 태어난다. 도대체

---

[1] SN12:65 Nagarasutta(도시경), SN12:10 Sakyamunigotamasutta(고따마경)

어디서 늙음·죽음이라는 이 괴로움을 벗어남으로 꿰뚫어 알 것인가?"라고, 태어나 늙음·죽음이라는 괴로움에서 벗어나는 구도求道를 찾아서 출가하셨고, 보리수菩提樹 아래에서 괴로움을 벗어나는 중도中道의 깨달음을 팔정도八正道로부터 갖추고 사성제의 바른 깨달음을 성취하셨다. 즉, 고통과 쾌락을 따라가지 않는다. 반면에 고통과 쾌락의 양변을 감각접촉과의 조건의 화합인 '이것에 조건성(idappaccayatā)'[2]과 '원인을 가진 법'이라는 연기된 법[緣起法]으로 꿰뚫어 안다. 이렇게 꿰뚫어 아는 가운데에서의 닦음이라는 중도中道를 완전하게 깨닫는다.[3] 알음알이와 정신·물질과의 '이것에 조건성'으로부터 '괴로움의 일어남[苦集]'이라는 최상의 앎을 갖추고, 사성제四聖諦의 바른 깨달음(sambodhāya)을 성취하셨다.

세존께서는 처음 완전한 깨달음을 성취하시고 나서, 우루웰라의 네란자라 강의 언덕에 있는 깨달음의 나무[菩提樹] 아래에서 머무셨다. 그때 세존께서는 해탈의 행복을 누리시면서 칠 일 동안 단 한 번의 가부좌로 앉아 계셨다. 그러자 세존께서는 그 칠 일이 지난 뒤 그 삼매로부터 출정하셔서 초저녁에 연기를 발생하는 구조[12연기]에 이처럼 잘 작의하셨다. — '이것이 있으니 저것이 있고, 이것이 일어날 때 저것이 일어난다. 무명을 조건으로 형성

---

[2] Ud1:1 Bodhisutta, "이것이 있으니, 저것이 있다."가 이것에 조건성[idappaccayatā].

[3] SN56:11 「초전법륜경」, "양극단을 따라가지 않고 중도를 완전하게 깨달았나니, … 어떤 것이 여래가 완전하게 깨달았으며, 안목을 만들고 앎을 만들며, 고요함과 최상의 앎과 바른 깨달음과 열반으로 인도하는 중도인가? 그것은 팔정도이니,"

이, 형성을 조건으로 알음알이가 … 태어남을 조건으로 늙음·죽음과 슬픔·탄식·고통·정신적 불만족·절망이 일어난다. 이와 같이 괴로움의 무더기가 생겨남이 일어난다.'라고.[4]

팔정도의 정견正見으로부터 '이것이 있으니, 저것이 있다'라는 조건의 화합으로서 '이것에 조건성'과 '원인을 가진 법'을 연기관緣起觀으로 꿰뚫어 아는 괴로움의 발생 구조가 12연기이다.

아난다여, '이것에 조건성이 있기 때문에 늙음·죽음〈태어남, 존재, … 형성들〉이 있는가?'라고 질문을 받으면 '그렇다'라고 대답해야 한다. 만일 '그러면 무엇을 조건으로 하여 늙음·죽음〈태어남, 존재, … 정신·물질, 알음알이, 형성들〉이 있는가?'라고 듣는다면 '태어남〈존재, … 정신·물질, 알음알이, 형성들, 무명〉을 조건으로 늙음·죽음〈태어남, … 육입, 정신·물질, 알음알이, 형성들〉이 있다.'라고 대답한다.[5]

싯따르따 고따마 보살일 때 '알라라 깔라'와 '라마뿟따'에게서 배운 구도는 '염오, 탐욕의 빛바램, 그침, 고요함, 최상의 앎, 바른 깨달음, 열반'에 인도하지 못하였다. 반면에 팔정도로부터 '염오, 탐욕의 빛바램, 그침, 고요함, 최상의 앎, 바른 깨달음, 열반'에

---

4 Ud1:1 Bodhisutta, 부처님이 성도하신 과정을 기술한 우다나(Udana) 경전.
5 각묵스님 역(2006), 『디까 니까야』 2권, 초기불전연구원, pp.135-137. DN15 『대인연경』 성질들이나 특징이나 표상이나 개요에 의해서 명칭이 식별된다.

인도하는 청정범행을 구하셨다. 팔정도로부터 얻은 사성제는 심오하여 특히 '이것에 조건성'인 연기를 보기가 어렵고 깨닫기 어렵고, 고요하고 수승하고, 사유의 영역을 넘어서 미묘하여 현자만이 알아볼 수가 있고, 앎과 봄[知見]이 생겨나서 해탈이 확고부동하고 열반에 인도한다. 반면에 집착을 좋아하고 기뻐하고 즐기는 자는 '이것에 조건성'인 연기를 보기가 어렵다.

그런 내게 이런 생각이 들었다. "이 법은 염오로 인도하지 못하고, 탐욕의 빛바램으로 인도하지 못하고, 소멸로 인도하지 못하고, 고요함으로 인도하지 못하고, 최상의 앎으로 인도하지 못하고, 바른 깨달음으로 인도하지 못하고, 열반으로 인도하지 못한다." 비구여, 그런 나는 그 법에 만족하지 않고 그 법을 염오하며 떠나갔다. 비구여, 그런 나는 유익한 것(kusala)을 구하고 위없는 평화로운 경지를 찾아 마가다 지방에서 차례로 유행하다가 우루웰라의 장군촌(Senānigama)에 이르렀다. 그곳에서 아름다운 땅과 매력적인 숲과 유유히 흐르는 깨끗한 강과 아름다운 강기슭과 근처에 탁발할 수 있는 마을을 보았다. … 그런 나는 자신이 태어나기 마련이면서 태어나기 마련인 것을 재난으로 알아 태어남이 없는 위없고 속박에서 벗어남의 유가안은(yogakkhema)인 열반을 구하고 태어남이 없는 위없는 유가안은인 열반을 증득했다. 자신이 늙기 마련이면서 … 자신이 병들기 마련이면서 … 자신이 죽기 마련이면서 … 자신이 슬퍼하기 마련이면서 … 자신이 오염되기 마련이면서 오염되기 마련인 것에서 재난을 알아 오염이 없는

위없는 유가안은인 열반을 구하여 오염이 없는 위없는 유가안은인
열반을 증득했다. 내게는 앎과 봄〔知見〕이 생겼다. 즉, '나의 해탈은
확고부동하다. 이것이 나의 마지막 태어남이다. 더 이상 다시
태어남은 없다.'라고. 그런 내게 이런 생각이 들었다. "내가 증득한
이 법은 심오하여 보기 어렵고 깨닫기 어렵고 고요하고 수승하고,
사유의 영역을 넘어섰고 미묘하여 오로지 현자들이 알아볼 수
있다. 그러나 사람들은 집착을 좋아하고 기뻐하고 즐긴다. 집착을
좋아하고 기뻐하고 즐기는 사람들이 이러한 '이것에 조건성'인
연기緣起를 보기는 어려울 것이다. 또한 모든 형성된 것들의 가라
앉음, 모든 재생의 근거를 완전히 놓아버림, 갈애의 멸진, 탐욕의
빛바램, 그침, 열반을 보기도 어려울 것이다."[6]

2) 삼매의 이득은 오온을 연유로 하여 생긴 괴로움의 식별

부처님은 삼매를 개발하고 감각이 짓는 세계(loke)를 오온五溫의
일어남과 사라짐에 보라고 말씀한다. 삼매에서 감성 물질이 항상하
지 않음〔無常〕과 감각접촉으로부터 느낌〔受〕과 인식〔想〕과 느낌이
나 인식을 거듭 형성〔의도〕하는 형성〔行〕들과 알음알이〔識〕 등 오온
이 곧 인간 세계에서 법이다.

오온이 바로 세계에 있는 세계의 법이니 여래는 이것을 완전히
깨닫고 통찰하여 알게 하고 설하고 밝히고 확립하고 드러내고

---

[6] MN26 Ariyapariyesanāsutta(성스러운 구함경〔聖求經〕), '이것에 조건성인 연기
〔idappaccayatā paṭiccasamuppādo〕'이다.

분석하고 명확하게 한다.[7]

그러나 범부는 집착하고 얽매이고 미혹하므로 삼매를 닦지 않아 오온을 보지도 못하고 오온의 무더기[오취온]를 취한다. 오취온을 취한 무명에 의해서 삿된 업을 거듭 행하고 즐거움을 끝없이 쫓는다. 그러나 영원한 즐거움은 없다. 죽음 앞에는 즐거움도 없다. 즉, 괴로움[五陰盛苦]이다. 부처님은 정신과 물질로써 구성된 오온(색·수·상·행·식)이 괴로움에 빠진 인간 세계의 법이므로 오온을 완전히 깨닫고 통찰하도록 말씀한다.

오비구를 제도하신 부처님은 녹야원에서 한동안 머무셨습니다. 어느날 새벽에 부처님이 강변을 거닐고 계셨습니다. 그때 강기슭에서 이리저리 뛰어다니는 젊은이가 미친 사람처럼 고함을 치며 뛰어다녔습니다. "아, 괴롭다. 괴로워!"라고. 그 젊은이는 부처님 곁으로 와서 무릎을 꿇고 앉고 "이 괴로움에서 저를 구해주십시오."라고 말했습니다.[8]

부처님은 괴로움에서 벗어나려는 청년 야사(Yasa)에게 청정범행을 닦을 수 있는 출가를 알려주신다. 장부 DN22 『대념처경』의

---

7 SN22:94 Pupphasutta, "세상에는 세상의 법이 있으며 여래는 이것을 완전히 깨닫고(abhisambujjhati) 통찰하였다. 완전히 깨닫고 통찰한 뒤 ①알게 하고 ②설하고 ③밝히고 ④확립하고 ⑤드러내고 ⑥분석하고 ⑦명확하게 하였다."
8 율장(律藏, vinaya-piṭaka)의 『마하박가(mahā-vagga, 대품)』에서 기술.

사성제에서는 괴로움을 '구부득고求不得苦, 애별리고愛別離苦, 원증회고怨憎會苦, 오음성고五陰盛苦' 등으로 구분한다. 이때 '구부득고, 애별리고, 원증회고'의 괴로움은 인과因果로서 분명히 아는 반면에 '오온의 무더기〔오취온〕가 괴로움'이라는 '오음성고'의 괴로움은 삼매에서 오온을 일어남과 사라짐에서 꿰뚫어 알지 않고는 벗어날 수가 없다.

삼매를 닦아라. 삼매에서 비구는 있는 그대로를 꿰뚫어 안다. 무엇을 있는 그대로 꿰뚫어 아는가? '물질, 느낌, 인식, 형성들, 알음알이'의 일어남과 사라짐을 있는 그대로 꿰뚫어 안다.[9]

호흡관의 삼매를 입정과 출정하면서 MN111「차례대로경」에서는 '법을 차례대로 결정한다.'라고 하였다. 즉, 『빠띠삼비다막가』 호흡관의 사선정을 얻고는 몸을 32부위〔相〕로 구분하고 사대물질과 사대물질에서 파생된 물질을 법으로 작의하면서 '물질의 몸〔色身〕'에 묶인 '정신들의 몸〔名身〕'을 정신·물질〔五蘊〕에 알음알이하고 아라한도에 대한 앎과 봄〔知見〕으로 마음을 향하게 한다. 감각기능이 결여되지 않은 다른 몸인 '마노로 만든 몸(manomayaṃ kāya)'으로 숙명통과 천안통을 얻고 사성제를 성취하셨던 것이다.[10] 먼저 삼매

---

9 SN22:5 Samādhisutta, 삼매에서 오온의 일어남과 사라짐을 꿰뚫어 안다.
10 DN2『사문과경』, "삼매에 들고, 청정하고… 흔들림이 없는 상태에 이르렀을 때 앎과 봄으로 마음을 향하게 하고 기울입니다. 그는 이와 같이 꿰뚫어 압니다. '나의 이 몸은 물질로 된 것이고, 4가지 물질로 이루어진 것이며, 부모에서

를 개발해야 오온의 무더기〔五取蘊〕에서 연유한 괴로움의 일어남과 그침을 꿰뚫어 안다.

삼매를 개발한 비구는 있는 그대로 꿰뚫어 안다. 무엇을 있는 그대로 꿰뚫어 아는가? "이것이 괴로움이다."고 있는 그대로 꿰뚫어 안다. "이것이 괴로움의 생겨남이다."고 있는 그대로 꿰뚫어 안다. "이것이 괴로움의 그침이다."고 있는 그대로 꿰뚫어 안다. "이것이 괴로움의 그침에 이르게 하는 길이다."고 있는 그대로 꿰뚫어 안다.[11]

전면에 니밋따 빛의 인식이 함께하는 호흡관〔光明相〕을 닦을 때 느낌, 인식, 일으킨 생각 등이 알려지는 삼매를 많이 닦아 문지기(sati)를 확립하고 꿰뚫어 알아차리면, 오온의 일어남과 사라짐을 식별할 수가 있고 앎과 봄을 증득하고 번뇌가 그친다.

어떤 삼매 수행을 닦고 많이 지으면 앎과 봄을 획득하는가? 여기 비구는 빛의 인식(ālokasaññā)을 작의한다. 낮처럼 밤에도 그런 밤처럼 낮에도 낮의 인식을 확고히 한다. 이처럼 열리고 덮이지

생겨났고 밥과 죽으로 집적되었으며, 무상하고 파괴되고 분쇄되고 해체되고 분해되기 마련이다. 그런데 나의 이 알음알이는 여기에 의지하고 여기에 묶여 있다.'라고. … 마노로 만든 몸으로 마음을 향하게 하고 기울입니다. 그는 이 몸으로부터 형상을 가지고, 마노로 이루어지고 모든 수족이 갖추어지고 감각기능이 결여되지 않은 다른 몸〔意成身〕을 만들어냅니다."

11 SN56:1 Samādhisutta.

않은 마음으로 빛을 가진 마음을 닦는다. 이런 삼매를 닦고 많이 지어 앎과 봄[知見]을 획득하는 것이다. 그러면 어떤 삼매를 닦고 많이 지으면 문지기와 꿰뚫어 알아차림하게 되는가? 여기 비구는 알려지는 것으로서 느낌〈인식, 일으킨 생각〉들이 일어나고 머물다 사라진다. 이처럼 삼매를 닦고 많이 지으며 문지기[sati, 念]와 꿰뚫어 알아차림을 한다. 도반이여, 어떤 삼매를 닦고 많이 지으면 번뇌가 그치는가? 여기 비구는 오취온을 관찰하며 머문다. '이것이 물질이다. 이것이 물질의 일어남〈사라짐〉이다. 이것이 느낌이다. 이것이 느낌의 일어남〈사라짐〉이다. 이것이 인식이다. 이것이 인식의 일어남〈사라짐〉이다. 이것이 형성들이다. 이것이 형성들의 일어남〈사라짐〉이다. 이것이 알음알이[識]이다. 이것이 알음알이의 일어남〈사라짐〉이다.'라고. 이런 삼매 수행을 닦고 많이 지어서 번뇌를 그치게 한다.[12]

3) '이것에 조건성'의 연기緣起와 법에 머무는 앎

"이것이 있으니 저것이 있다."[13]라고 하셨듯이 "태어남을 조건으로 늙음·죽음(괴로움)이 생긴다."[14]라는 '이것에 조건성'으로서 연기를 말씀한다. 고통과 쾌락의 양변을 감각접촉을 연유로 생겨난 연기된 법으로 꿰뚫어 알아야 한다. 즉, 고통과 쾌락은 '원인을 가진 법'이

---

12 DN33 Saṅgītisutta(합송경), DN vol.2. p.223), AN4:41 Samādhisutta.
13 Ud1:1 Bodhisutta. 앞의 성도과정에서 기술하였음.
14 SN12:20 paccayasutta(조건경), "어떤 것이 연유로 바르게 생겨남[緣起]인가? 비구여, 태어남을 조건으로 늙음·죽음이 있다." 연기(paṭiccasamuppādo)를 정의함.

다. 마치 형광등 빛이 여러 번 점멸로 생기듯이, 생겨나 반드시 그치는 감각접촉을 연유로 생겨난 고통과 쾌락들을 감각접촉과의 조건의 화합이라는 '이것에 조건성'의 연기와 '원인을 가진 법'으로 주목한다.

> 즐거움과 괴로움은 연유로 바르게 생겨난 [연기된] 것에 나는 말한다. 무엇이 연유인가? 감각접촉을 연유로 한다.[15]

> 고통을 감각접촉과의 연유로 생긴 '이것에 조건성'에서 꿰뚫어 알고, 또한 그침을 연유로 새로이 일어나는 감각접촉을 문지기(sati)에 확립하면 기억이 통제되고 고통에서 벗어나게 된다.[16]

> '이것이 있으니 저것이 있고, 이것이 일어날 때 저것이 일어난다.' … 근면하고 선정하는 바라문에게 참으로 법들이 분명하게 드러날 때, 그의 모든 의문은 사라지니, '원인을 가진 법(sahetudhamma)'을 꿰뚫어 알았기 때문이다.[17]

---

15 SN12:25 bhūmijasutta(부미자경).
16 녹야원에서 오비구가 좌선에서 겪었던 허리와 무릎의 고통을 감각접촉이라는 '원인을 가진 법'에 안목하는 가운데 더 이상 통증을 따라가지 않아 중도를 완전히 깨달았다.
17 Ud1:1 Bodhisutta, "Iti imasmiṃ sati idaṃ hoti, imassuppādā idaṃ uppajjati,… Yadā have pātubhavanti dhammā, ātāpino jhāyato brāhmaṇassa. Athassa kaṅkhā vapayanti sabbā, yato pajānāti sahetudhamman"ti."

연기법은 조건(paccaya)에 의해서 설명된다.『아비담마』에서는 물질과 마음부수들이 어떤 조건 속에서 생성과 소멸을 거듭하며 천류하는지를 '조건'에서 말한다. 연유로(paṭicca)부터 온다고 해서 조건이다. 어떤 법이 어떤 법을 거부하지 않고 머물거나 일어나면 이 법은 그 첫 번째 법의 조건이 된다. 특성에 따라 어떤 법이 다른 법이 머물거나 일어나는 데 도움을 주는 이것이 조건이다. 조건짓는 법(paccaya-dhamma)과 조건에 따라 생긴(paccayuppanna) 법과 조건짓는 힘(paccaya-satti)의 3가지에 구분한다. 연기에서 '조건짓는 힘'까지 취급하는 '원인을 가진 법'을 paṭṭhāna〔상호의존관계, 處〕에 말한다.[18] paṭṭhāna의 기본 공식은 "Ⓐ는 Ⓑ에게 Ⓒ로써 조건

---

[18] 대림스님·각묵스님 역(2023),『아비담마 길라잡이』2권, 초기불전연구원, pp.169-179(조건의 길라잡이). "물질과 마음부수들이 어떤 조건 속에서 생멸을 거듭하며 천류하는지를 paccaya(조건)에 말하며 마음·마음부수·물질의 복잡 다양한 관계로써 24가지 paccaya가 있다. 연유로(paṭicca)부터 온다고 해서 paccaya이다. 어떤 법이 어떤 법을 거부하지 않고 머물거나 일어나면 이 법은 그 첫 번째 법의 조건이 된다. 특징에 따라, 어떤 법이 다른 법이 머물거나 일어나는 데 도움을 주면 이것이 그것의 조건이다. 조건짓는 법과 조건에 따라 생긴 법과 조건짓는 힘의 3가지 개념에 구분한다. … "무명을 조건으로 하여 형성들이 있다."라고 할 때 무명은 1)조건짓는 법이고 형성들은 2)조건에 따라 생긴 법이다. 이 둘의 조건에 따라 일어난 관계를 정의한 것이 연기. 반면에 조건짓는 법들이 가지고 있고 결과를 발생시키는 고유한 '조건짓는 힘'까지 연기에서 취급하는 것을 3)paṭṭhāna(상호의존관계)에 말한다.『아비담마 길라잡이』는 paccaya를 ① 연기 ② 조건들의 효능과 관련있는 paṭṭhāna 등의 방법으로 혼합: (가) 연기의 방법: paṭicca-samuppāda는 '의지하여 일어남'의 조건을 뜻하며 緣起에 옮겼다. (나) 그의 성질을 어떤 성질이 단지 드러나는 것(paṭicca-samuppāda 합성어는 "이것이 있으면 저것이 있고 이것이 일어나면

이 된다."이다. 태어남의 Ⓐ는 '조건 짓는 법'이고 늙음·죽음의 Ⓑ는 '조건에 따라 생긴 법'이며, 원인을 가진 바의 Ⓒ는 '조건의 힘'이다. Ⓐ가 Ⓑ에게 어떤 조건이 되는가에 유념한다. 즉, 태어남의 원인을 가진 조건의 힘이라는 상호의존관계로써 늙음·죽음에게 일어남을 조건한다. 이렇게 조건을 받아들이는 지혜로써 '법에 머무는 앎'을 말한다.

조건(paccaya)을 받아들이는 지혜로써 '법에 머무는 앎'이 있다는 것은 어떠한 말인가? '무명〈형성〔行〕… 태어남〉은 형성〈알음알이〔識〕… 늙음·죽음〉의 일어남〈이어짐, 표상, 쌓음, 결합, 장애, 모여 일어남, 원인, 조건〉이 의존하는 것이다. 이들 아홉의 모습으

저것이 일어난다."에 정형화된다. 여기서 '그의 성질'은 조건짓는 것이고, '어떤 성질이 단지 드러나는 것'은 조건에 따라 생긴 법이 단지 일어나는 뜻의 '이것에 조건성'이다. (연기의 12가지 요소, 무명의 조건이 존재하면 그 조건에 의지하여 조건에 따라 생긴 형성들〔行〕이 일어난다.) (다) paṭṭhāna(상호의존관계) 방법(paṭṭhāna는 어떤 법이 존재하는 원인이나 출발점을 뜻한다.) 논장 『paṭṭhāna』에서 24가지 paccaya(조건)을 설명한다: 1. 조건짓는 법. 2 조건에 따라 생기는 법, (일어나는 구조만 다룬 연기의 방법에 대조적인) 3. paṭṭhāna(상호의존관계) 방법(모든 조건짓는 법은 조건짓는 힘을 가지고, 이 힘이 그들로 하여금 조건에 따라 생긴 법을 일어나게 한다. 즉, 24가지 조건은 24가지 각각의 조건짓는 힘을 가진다.) (라) 조건들의 효능(āhacca-paccaya-ṭṭhiti)은 '조건의 확립'의 뜻, 연기가 단지 조건짓는 법에 초점을 둔다면 paṭṭhāna는 조건의 특별한 힘이다.(레디 사야도) (마) 스승들은 두 방법을 혼합(『청정도론』 17장에서 24가지 paṭṭhāna는 12연기 각 요소들 사이의 상호관계를 밝히려고 채용되었다. "어떤 정신들이 존재하는 원인이나 출발점인 paṭṭhāna 의미는 조건짓는 법이 24개 조건짓는 힘을 가지고 이 힘이 조건에 따라 생긴 법을 일어나게 함.") 연기된 법의 일어남〔法-滅(원인)-集〕.

로 무명은 조건이며 형성은 조건에 함께 바르게 생겨난 것이다. 그리고 무명〈형성 … 태어남〉은 원인(hetu)이며, 형성〈알음알이 … 늙음·죽음〉은 원인에 바르게 생겨난 것이며, 또한 이들 두 법들은 원인에 바르게 생겨난 것이다. 무명〈형성 … 태어남〉은 연유[paṭicca, 然]이며, 형성〈알음알이 … 늙음·죽음〉은 연유로 바르게 생겨난 것(paṭiccasamuppanna)이며, 이들 두 법들이 연유로 바르게 생긴다. 무명〈형성 … 태어남〉은 조건이며, 형성〈알음알이 … 늙음·죽음〉은 조건에 바르게 생겨난 것이며, 이들 두 법들의 조건으로 바르게 생긴다.'라고 조건을 받아들이는 지혜로써 '법에 머무는 앎'이다.[19]

논장 『빠띠삼비다막가』에서 조건(paccaya)을 받아들이는 지혜로써 '법에 머무는 앎'을 설명한다. 즉, 무명〈형성 … 태어남〉은 조건〈원인, 연유로〉이며 형성〈알음알이 … 늙음·죽음〉은 조건에〈원인에, 연유로〉 함께 바르게 생겨난 것이다. 이렇게 무명〈형성 … 태어남〉과 형성들〈알음알이 … 늙음·죽음〉이라는 두 법들의 조건으로써 바르게 생긴다고, 조건을 받아들이는 지혜를 이용하여 '법에 머무는 앎'이 알려진다. '법에 머무는 앎'이라는 중도의 깨달음이 어떻게 팔정도에 부합하는지를 설명한다.

---

[19] 임승택 역(2021), 『빠띠삼비다막가 역주』, 가산불교문화연구원, pp.142-146.

2. 중도의 깨달음과 팔정도

1) 중도中道의 문헌과 연기관緣起觀

SN56:11 『초전법륜경』은 중도를 완전히 깨달아 바른 깨달음을 구하였다. 감각접촉을 연유로 생겨난 고통과 쾌락을 '원인을 가진 법'으로 알아야 한다.

출가자가 가까이하지 않아야 할 두 가지 극단이 있다. 무엇이 둘인가? 그것은 저열하고 촌스럽고 범속하고 성스럽지 못하고 이익을 주지 못하는 감각적 욕망들에 대한 쾌락의 탐닉에 몰두하는 것과, 괴롭고 성스럽지 못하고 이익을 주지 못하는 자기 학대에 몰두하는 것이다. 비구여, 이러한 (고통과 쾌락) 양극단을 따라가지 않고 여래는 중도를 완전하게 깨달았나니, 안목과 앎을 만들고 고요함과 최상의 앎(abhiññā)과 바른 깨달음(sambodhāya)과 열반으로 인도한다.[20]

중도(majjhimā paṭipadā)에서 majjhimā는 '가운데[中]에서의' 뜻이고 paṭipadā는 고(dukkha)의 소멸을 닦는 행도이다.[21] 중도는

---

[20] SN56:11 Dhammacakkappavattanasutta, "ubho ante anupagamma majjhimā paṭipadā tathāgatena abhisambuddhā cakkhukaraṇī ñāṇakaraṇī upasamāya abhiññāya sambodhāya nibbānāya saṃvattati."

[21] 김근중(2017), 앞의 논문, pp. 202-203. "가운데(中)에서의 majjhimā는 뒤의 여성명사 paṭipadā와 결합으로 majjha 어간조사 'a'가 접미사 'ima'로 바뀜. 대상을 향하여 접두사 paṭi와 발자국 padā로 구성된 paṭipadā는 한 걸음씩

양변에서 드러난 가운데〔中〕를 계속 한 걸음씩 나아가며 닦는 행도行道의 뜻이다. 중도를 "붓다는 이전 선인들의 발자취인 팔정도를 따라가며 사성제라는 옛 도시를 발견했다."[22]라고 팔정도에 말하거나 "중도는 바른 견해이고 연기법을 아는 지혜이다."[23]라고 말한다. 또한 '고苦와 낙樂의 양변을 떠나 양변이 서로 원융하게 회통하는 것'에 말한다.[24] 고통과 쾌락은 같은 범주이라는 감각접촉을 조건으로 일어난 '원인을 가진 법'이다. 여섯 감각장소로부터 감각접촉이 발생한다.

> 1. 감각접촉에 묶여 고통스럽거나 즐거운 느낌이 일어난다. "일어나는 법은 무엇이든 반드시 그친다."라고, '감각접촉의 그침'이라는 원인(hetu)이 있기 때문에 새로이 '감각접촉의 일어남'이 있다는 것이 있는 그대로 사실이다. 감각접촉을 연유로 생겨난 고통이나 쾌락은 '이것에 조건성〔緣起〕'을 충족한다.
> 2. 고통과 쾌락의 양변이 서로 다른 범주가 아니고 고통과 쾌락은 모두 감각접촉을 연유로 함께 생겨난 법이므로 양변은 감각접촉을 원인으로 생긴 '원인을 가진 (연기된) 법'이다.

　　나아가며 닦는 행도. 고통과 쾌락을 연기된 법으로 아는 가운데 한 걸음씩 나아가며 사성제까지 닦음〔中道〕."
22　김홍미(2014), 「붓다의 사성제 정각과 십이연기」, 불교학연구 제38호, p.34.
23　틱낫한 저, 유충 역(2013), 『중도란 무엇인가』, 도서출판 사군자, p.29.
24　성철스님(1993), 『백일법문』 상, 장경각, p.111.

> 3. 양변을 '이것에 조건성[연기]'과 '원인을 가진 법'에서 꿰뚫어 아는 "가운데 의해서(majjhena) 법을 설한다.(SN12:15 Kaccānagottasutta)"라는 교설의 연기관緣起觀이 중도이다.

고락苦樂을 감각접촉과의 조건의 화합을 연유로 생겨남에 알면 '이것에 조건성[연기]'과 '원인을 가진 법'을 바른 견해로 가질 수가 있다.

여래는 즐거움과 괴로움은 연유로 바르게 생겨남으로 말씀한다. 무엇을 연유로 생겨남인가? 감각접촉을 연유로 한다.[25]

『백일법문』이 인용한 「피안도품」의 중도설[26]은 연기관이다. 「피안도품」의 「학인 띳싸 멧떼이야의 질문 경」에서 '양변을 올바르게 알아 중간을 더럽히지 않는 자者'는 문지기(sati)를 확립[念處]하고 지혜로이 연기를 성찰하므로 대인이라고 말씀한다.

누가 양변을 올바로 알아 중간을 더럽히지 않는 자입니까? … 문지기를 확립하고 성찰하여 열반에 든 비구에게 평온에 의해서

---

25 SN12:25 bhūmijasutta(부미자경).
26 성철스님(1993), 앞의 책, p.68(p.90), "『숫타니파타』 「피안도품」에 다음과 같은 말씀이 있습니다. 양극단에 집착하지 아니하고 그 가운데도 집착하지 않습니다."

동요가 없습니다. 그는 양변을 올바르게 알아, 중간(majjhe)을 더럽히지 않습니다. 나는 그를 대인이라 부릅니다.[27]

양변을 올바로 알아 중간을 더럽히지 않는 자는 '이것에 조건성'이라는 조건의 화합, 즉 연기를 아는 자이다. 고통과 쾌락은 감각접촉을 연유로 바르게 생겨난 연기된 법이다. 이때 중간을 더럽히지 않는 의미로서 그침의 중간이 반드시 있으므로 새로이 '감각접촉'이 일어나는 등 '있는 그대로의 사실'의 원인에 연유한 고통과 쾌락을 '원인을 가진 법'으로 꿰뚫어 안다. 이렇게 고통과 쾌락을 감각접촉을 연유로 생긴 '원인을 가진 법'으로 알아 더 이상 고통과 쾌락의 양변을 따라가지 않는 지혜의 연기관을 중도로 말씀하고 팔정도에서 완성한다. 뒤 절 '3. 연기법의 이해'의 AN6:61 majjhesutta에서 6가지 종류인 양변과 중간을 '이것에 조건성〔연기〕'에 예시한다.

2) 출가의 구도求道는 '이것에 조건성'을 꿰뚫는 팔정도

부처님은 사문유관에서 태어나 겪는 늙고 죽음〔연기〕이라는 괴로움을 벗어날 수 있는 도道를 구하고자 출가하셨고, 청정범행의 팔정도에서 12연기를 최상의 앎으로 갖추고 사성제까지 바른 깨달음으로 성취하신 것이다. 그리고 앞 절의 MN26 『Ariyapariyesanāsutta(聖求經)』에서 구도의 목적을 "염오, 탐욕의 빛바램, 그침, 고요함, 최상의 앎, 바른 깨달음, 열반에 인도하는 것"이라고 말씀한다. 또한

---

27 전재성 역, 『숫타니파타(Stn)』, 한국빠알리성전협회, 2004. 「피안가는 길의 품」, 「학인 띳싸 멧떼이야의 질문에 대한 경」.

'유가안은(yogakkhema)'인 열반을 증득하고 더 이상 다시 태어남이 없다는 '법에 머무는 앎'을 '이것에 조건성'인 연기에 대한 밝음으로 말씀하셨다. 즉, 싯따르따 고따마 보살은 자기의 몸을 학대하는 고행과 나체주의자가 추구한 즐거움 등 고통과 쾌락의 끝까지('양극단'에 칭함)를 닦으며 괴로움을 여의려고 수행하였지만 구도에 무익하였기 때문에 양극단을 따라가지 않았던 것이다. 유미죽의 공양을 드신 보살은 수행할 힘을 갖추고 몸을 정갈히 하고, 유소년시절 잠부나무 아래에서 경험한 초선初禪[28]을 회상하셨다. 잠부나무에서 호흡 명상에 대한 문지기(sati)를 따라가던 기억의 회상으로부터 일으킨 생각 및 지속적 고찰[어행]과 감각적 욕망의 떨쳐버림[출리]과 희열과 행복이 있는 초선[선정]의 요소들로 갖춘 예비 팔정도를 '깨달음을 위한 도(maggo bodhāya)'라고 확신한다.

나는 부왕 농경제에서 시원한 잠부나무 그늘에 앉아 감각적 욕망을 완전히 떨쳐버리고 유익하지 않은 법을 떨쳐버린 뒤 일으킨 생각과 지속적 고찰이 있고, 떨쳐버림에서 생긴 희열과 행복이 있는 초선을 갖추어 머물렀다. 그런 나에게 문지기에 대한 기억(satānusāri)을 따라가며 이러한 알음알이가 생겼다. ―'이것은 깨달음을 위한 도(maggo bodhāya)이다.'라고.[29]

---

[28] MN43 mahāvedallasutta, "초선을 증득한 비구에게 감각적 욕망, 악의, 해태와 혼침, 들뜸과 후회, 의심이 버려진다. 일으킨 생각과 지속적 고찰과 희열과 행복과 마음의 하나됨이 있다. 초선에서 5가지 요소들이 버려지고 5가지 요소들을 가진다."

[29] MN36 Mahāsaccakasutta. SN12:65 Nagarasutta(도시경), "전생에 올바로 원만

여섯 감각장소(āyatana)의 일어남과 사라짐으로부터 감각접촉이 있음을 있는 그대로 꿰뚫어 알게 되므로 고락苦樂을 여의는 구도의 팔정도를 초선의 기억으로부터 알음알이[식별]하셨다. 팔정도에서 고통과 쾌락의 양변을 각자 저마다 감각장소(āyatana)에서 닿은 조건으로부터 생겨난 조건의 화합[30]인 '이것에 조건성[緣起]'과 '원인을 가진 법'이라는 '연기관緣起觀'에서 꿰뚫어 아는 가운데에서의 닦음[中道]을 완전하게 깨달은 것이다. 이러한 연기관의 중도를 깨달았기 때문에 녹야원의 오비구도 태어남〈늙음, 병듦, 죽음, 슬픔〉이 없는 위없는 '유가안온'인 열반을 구한 것이다.

그대들에게 법을 설하리라. 내가 가르친 대로 따라 하면 오래지 않아 좋은 가문의 아들들이 바르게 집을 떠나 출가한 목적인 위없는 청정범행의 완성을 지금 여기 최상의 앎에서 알고 실현하고 구족하여 머물 것이다. 비구여, 드디어 나는 오비구를 확신시킬 수가 있었다. 두 비구를 가르치는 동안 세 비구가 탁발을 나갔다. … 오비구는 나에게 이런 교훈을 받고 이런 가르침을 받아 자신들이 태어나〈늙, 병들, 죽, 슬프, 오염되〉기 마련인 것에서 재난을 알아 태어남〈늙음, 병듦, 죽음, 슬픔, 오염〉이 없는 위없는 유가안온의 열반을 구하여 태어남〈늙음, 병듦, 죽음, 슬픔, 오염〉이

히 깨달은 부처님들이 거닐던 그 옛 길과 옛 거리는 무엇인가? 그것은 바로 팔정도이다. … 나는 참으로 깨달음을 위한 도를 성취하였다."

[30] SN12:19 Bālapaṇḍitasutta, "이 몸과 밖으로 정신·물질의 쌍이 일어나는 연유로 감각접촉하고, 여섯 감각장소 중 하나에 닿아 즐거움과 괴로움을 경험한다."

없는 위없는 유가안은인 열반을 증득했다. 그들에게 앎과 봄이 생겼다. '우리의 해탈은 확고부동하다. 이것이 마지막 태어남이다. 더 이상 다시 태어남은 없다.'라고. … 다섯 얽어매는 감각적 욕망[오욕락]이 있다. 무엇인가? 원하고 좋아하고 마음에 들어 감각적 욕망을 짝하고 매혹적인 눈으로 인식되는 형색이 있다. 〈귀로 인식되는 소리가 있다. 코로 인식되는 냄새가 있다. 혀로 인식되는 맛이 있다. 몸으로 인식되는 감촉이 있다.〉 비구여, 어떤 사문이나 바라문이든지 이들 오욕락에 묶이고 홀리고 빠져서 재난을 보지 못하고 벗어남에 대한 지혜[반조의 앎]가 없이 그것을 즐기면, '그들은 불행을 만났고 재난을 얻었고 사악한 마라[pāpi]의 손아귀에 들어갔다.'라고 알아야 한다. … 감각적 욕망에 묶이지 않고 홀리지 않고 빠지지 않아서 재난을 보고 벗어남에 대한 지혜를 갖추어 수용하면, '그들은 불행을 만나지 않았고 재난을 얻지 않았고 사악한 마라의 손아귀에 들지 않았다.'라고 알아야 한다. … 그와 같이 비구는 감각적 욕망들을 완전히 떨쳐버리고 유익하지 않은 (불선) 법들을 떨쳐버린 뒤, 일으킨 생각과 지속적 고찰이 있고, 떨쳐버렸음에서 생긴 희열과 행복이 있는 초선을 구족하여 머문다. 이 비구를 일러 '마라를 눈멀게 했고, 마라의 눈을 발판이 없도록 그렇게 빼버려 그 사악한 마라가 볼 수 없는 곳으로 갔다.'라고 한다.[31]

---

31 MN26 Ariyapariyesanāsutta(聖求經), "(§19) 그런 내게 이런 생각이 들었다. 내가 증득한 이 법은 심오하여 보기 어렵고 깨닫기 어렵고 고요하고 수승하고 사유의 영역을 넘어섰고 미묘하여 오직 현자만이 알아볼 수 있다. 그러나 사람들은 집착을 좋아하고〈기뻐하고〉즐긴다. 집착을 좋아하고〈기뻐하고〉

다시 말하면, 부처님이 출가하신 구도求道는 "어떻게 하면 몸을 닦으며 마음을 닦는 것인가?(MN36 mahāsaccakasutta)"라고, 몸과 마음을 닦는 청정범행에 있다. 사선정을 개발하고 감각기능이 결여되지 않은 상태인 '마노로 만든 몸[意成身]'에서, 여섯 감각장소(āyatana)의 일어남과 사라짐을 알음알이와 정신·물질과의 '이것에 조건성'인 연기로부터 꿰뚫어 알아 사성제의 바른 깨달음에 이르는 길이 곧 청정범행이다. 그래서 SN56:11『초전법륜경』에서는 부처님이 녹야원에서 오비구에게 법을 전할 때, "고통과 쾌락의 양극단을 따라가지 않고 중도를 완전하게 깨달았나니."라고, 고통과 쾌락이라는 '원인을 가진 법'에 따라가지 않고 청정범행으로써 중도 깨달았음을 말씀한 뒤에 "어떤 것이 여래가 완전하게 깨달았으며… 중도인가? 그것은 바로 8가지 성스러운 도[八聖道]이다."라고, 중도를 팔정도라고 말씀한다. 즉, '이것에 조건성'과 '원인을 가진 법'인 연기관을 꿰뚫어 아는 가운데에서 닦음[中道에 칭함.]을 팔정도에서 완전히 깨달아 안목과 앎을 만들고 고요함과 최상의 앎과 바른 깨달음과 열반에 인도한 것이다.

어떤 것이 여래가 완전하게 깨달았으며, 안목을 만들고 앎을 만들며, 고요함과 최상의 앎(abhiññā)과 바른 깨달음과 열반으로 인도하는 중도인가? 그것은 바로 8가지 구성요소를 가진 성스러운 도[八支聖道]이다.[32]

집착을 즐기는 사람들이 이러한 '이것에 조건성'인 연기를 보기는 어려울 것이다. …(§27)"(이하의 구차제정이 유가안은)

중도에 관한 위 『초전법륜경』의 두 경문을 묶어 팔정도로 해석한다. 고통과 쾌락을 감각장소에서의 감각접촉을 연유로 생겨난 조건의 화합〔이것에 조건성〕과 '원인을 가진 법'이라는 연기된 법〔緣已生〕으로 꿰뚫어 아는 가운데에서의 닦음〔이 연기관을 '중도'라고 함.〕을 팔정도의 청정범행에서 닦아, MN26『성구경聖求經』에서의 "감각적 욕망의 재난에 대한 벗어남의 지혜(paññā)"와 "염오, 탐욕의 빛바램, 그침, 고요함, 최상의 앎, 바른 깨달음, 열반"으로 인도한다. 고통과 쾌락의 양변은 모두 같은 범주의 감각접촉을 연유로 생긴 법이다.[33] 즉, 고따마 보살은 코끼리의 큰 발자욱에 비유하신 사성제까지를 연기관에서 한 걸음씩 나아가며 닦는다.[34] 사성제마저도 '이것에 조건성〔연기〕'에서 꿰뚫어 아는 가운데에서의 닦음〔中道〕을 팔정도에서 바르게 성취하셨고, 그러한 청정범행이 괴로움과 번뇌(āsava)가 그친 열반으로 인도한다.

호흡관의 명상에서 겪은 고통에서 팔정도를 구할 수 있다. 좌선할 때 바닥과의 감각접촉을 연유로 생겨난 고통스런 느낌을 성내거나 거부하지 않고 받아들인다. 그러면 고통스런 느낌을 연기된 것이라는 '원인을 가진 법'으로 꿰뚫어 알고〔바른 견해〕, 즐겁거나 괴로운 세속적인 느낌을 벗어나는 출리出離로써 바른 사유를 하게 된다. 호흡관의 기본 4가지 정형구에서의 일으킨 생각(尋)과 지속

---

32 SN56:11 「초전법륜경」, "중도는 팔정도이다." (DN22 「대념처경」 도성제가 팔정도)
33 SN12:25 Bhūmijasutta(부미자경), "여래는 즐거움과 괴로움은 연유로 바르게 생겨남에 말씀한다. 무엇을 연유로 생겨남인가? 감각접촉을 연유로 한다."
34 MN28 Mahāhatthipadopamasutta(상적유경).

적 고찰(伺)이라는 바른 언어, 태어나 죽는 전생에 대한 앎과 기억으로부터 바른 업을 짓는 정업, 사분소의와 오후 불식으로 계를 지키는 바른 생활(正命), 4가지 정근의 바른 정진, 몸〈느낌, 마음, 법〉에서 몸〈느낌, 마음, 법〉을 따라가며 문지기(sati)를 확립하는 바른 문지기(正念), 청정한 문지기로써 얻은 사선정의 바른 선정(正定) 등 팔정도로부터 고통을 감각장소에서의 감각접촉을 연유로 생겨난 조건의 화합, 즉 '이것에 조건성(연기)'으로 꿰뚫어 아는 연기관의 중도中道를 완전히 깨닫고, 12연기를 최상의 앎으로 갖춘 사성제까지를 바른 깨달음에서 닦아 괴로움을 벗어나는 길을 청정범행에서 밝힌다.

3) 팔정도는 깨달음에 이르는 길(maggo bodhāya)이다

호흡관 명상으로부터 문지기(sati)가 청정한 사선四禪을 오후에 얻는다. 사대와 사대에서 파생된 물질로써 몸을 32가지 부위(相)로 식별하고 사대 요소의 12가지 특징과 '무상'으로 봄(見)을 한다.[35] 지극히 청정하고 깨끗한 마음들로써 속속들이 스며들게 하고서 오염원이 사라져 부드럽고 활발발하고 안정되고 흔들림이 없는 '마노(意)로 만든 몸'으로 초경에 숙명통과 이경에 천안통을 갖추고 삼경에서는 여섯 감각장소[36]를 일어남과 사라짐에서 꿰뚫어 알

---

[35] DN2 『사문과경』, "나의 이 몸은 물질로 된 것이고, 사대물질로 이루어진 것이며 부모에서 생겨났다. …"

[36] MN149 Mahāsaḷāyatanikasutta, "여섯 감각장소(āyatan)를 설하리라.… 눈〈귀, 코, 혀, 몸, 마노〉를 있는 그대로 알고 보지를 못하며, 형색〈소리. 냄새.

수가 있는 앎과 봄[知見]으로 마음을 향하고 기울인다. 즉, 빠띠바가 니밋따의 밝은 빛으로 '심장 위에 튀는 눈 투명물질'을 '마노 투명물질'에서 구별하고 앎과 봄으로 향한다.

또한, 몸에서 몸을 따라가며 머문다. 대상의 물질에 대한 찰나 머묾[전향]을 따라가며 정신들을 식별한다. 제2장 5. '사선정과 『아비담마』에서 법의 인식과정'에서의 초선정[욕계]과 같이 대상을 인식할 때는 6가지 감각장소[눈, 귀, 코, 혀, 몸, 의(마노)]의 문門에 나타난 대상에 대해서 오문五門과 의문意門 전향의 두 가지 문이 같이 일어나고, 이들 두 가지 전향에 따른 정신·물질을 알음알이(식별)할 수 있었다. 즉, 느낌, 인식, 의도, 감각접촉, 작의 등에 기우는 정신과 사대 물질로부터 변형하고 파생된 물질 등을 합쳐서 구분한 정신·물질[37]에서의 마음[識, 재생연결식]이 일어나므로 여섯 감각장

맛, 촉감, 법]들을 있는 그대로 알고 보지를 못하며, 눈⟨귀, 코, 혀, 몸, 마노⟩의 알음알이[識]를 있는 그대로 알고 보지를 못하며, 눈⟨귀, 코, 혀, 몸, 마노⟩의 감각접촉[觸]을 있는 그대로 알고 보지를 못하며, 눈⟨귀, 코, 혀, 몸, 마노⟩의 감각접촉을 조건으로 일어난 즐겁거나 괴롭거나 괴롭지도 즐겁지도 않은 느낌(受) 등을 있는 그대로 알고 보지를 못할 때에 눈⟨귀, 코, 혀, 몸, 마노⟩에 집착하고 색⟨성, 향, 미, 촉, 법⟩들에 집착하고, 눈⟨귀, 코, 혀, 몸, 마노⟩의 알음알이에 집착하고, 눈⟨귀, 코, 혀, 몸, 마노⟩의 감각접촉에 집착하고, 눈⟨귀, 코, 혀, 몸, 마노⟩의 감각접촉을 조건으로 일어난 즐겁거나 괴롭거나 혹은 괴롭지도 즐겁지도 않은 느낌에 집착한다. 그가 집착하고 얽매이고 미혹하고 만족할 때에 미래에 취착할 5가지 무더기들[五取蘊]이 쌓인다. 그에게 다시 태어남을 가져오고 향락과 탐욕이 함께 하며 여기저기서 즐기는 갈애가 증장하게 된다. … 그는 육체적인 괴로움과 정신적인 괴로움(苦)을 겪는다."
37 SN12:2 Vibhaṅgasutta(연기 분별경), "정신·물질이란 무엇인가? 여기서 느낌과

소를 식별한 것이다.[38] 특히 사선정〔색계〕에서 오염원이 사라져 부드럽고 활발발하고 안정되고 흔들림이 없이 대상의 형색을 인식할 때는 감각기능〔意〕이 결여되지 않은 상태인 '마노로 만든 몸〔意成身〕'이라는 의문 인식과정으로서 형색에 관한 의문 전향을 하고 속히 아는 속행과 등록을 하는데, 의문 전향의 정신들이 눈 감성물질을 '눈 투명물질과 구체적 물질과 삼특상과 혐오' 등 '위빠사나 앎'이라는 결정을 여리작의하는 것에 의지하는 바로서 정신·물질의 그침을 알음알이한다. 감각기능이 결여되지 않은 상태인 '마노로 만든 몸에 대한 앎(manomayiddhiñāṇa)'은 DN2『사문과경』의 "정신·물질에서의 알음알이〔識〕는 물질로 된 몸에 묶여 있다."를 뜻한다.

마음이 삼매에 들고 … 오염원이 사라지고, 부드럽고 활발발하고, 안정되고 흔들림이 없을 때 "이 몸은 물질로 된 것이고, 사대물질로 이루어진 것이며, … 나의 이 알음알이는 여기에 의지하고 여기에 묶여 있다. … '마노로 만든 몸〔意成身〕'으로 마음을 향하게 하고 기울게 한다. 그는 이 몸으로부터 형상을 가지고 마노로 이루어지고, 모든 수족이 다 갖추어지고, 감각기능이 결여되지 않은 다른 몸〔意成身〕을 만들어 낸다.[39]

인식과 의도〔行〕와 감각접촉과 작의가 정신이다. 그리고 사대물질과 사대물질로부터 파생된 물질을 합쳐서 물질이다."

[38] 임승택·서갑선·이춘옥 공역(2014), 앞의 책, "정신·물질의 현상은 정신 더미〔名身〕와 물질 더미(色身)의 조합이 특징이다. 그것이 6가지 감각장소의 근접 요인이다."

[39] DN2『사문과경沙門果經』"나의 알음알이는 여기에 의지하고 여기에 묶여 있다."

대상인 형색에 닿을 때 감각기능이 결여되지 않은 상태인 '마노로 만든 몸〔意成身〕'이라는 심장을 토대로 한 의문意門 인식과정에서, 대상에 대한 정신들의 식별은 보는 눈 감성물질을 '6가지 위빠사나 앎'이라는 결정의 여리작의를 의지하고 있다.⁴⁰ 이렇게 의문 전향의 정신들이 심장이라는 토대 물질에 의지하는 조건으로써 '물질의 몸'이 '정신의 몸'에 조건이 되는 것을 "알음알이는 여기에 의지하고 여기에 묶여 있다."라고 말씀한다. 이상과 같이 고통과 쾌락을 감각접촉과의 '이것에 조건성〔연기〕'으로 꿰뚫어 아는 가운데에서 (12연기) 알음알이〔識〕와 정신·물질과의 '이것에 조건성〔緣起〕'까지도 나아가며 닦는 중도를 팔정도에서 완전하게 깨달았다. 이렇게 '물질의 몸'에 의지하고 묶여 있는 정신, 즉 알음알이〔재생연결식〕에 의해서 전생의 삶을 기억하는 숙명통宿命通이라는 앎과 수많은 업業의 상속에서 '죽음과 다시 태어남'을 꿰뚫어 아는 천안통天眼通이라는 앎 등을 『사문과경』에서 말씀한다. '깨달음에 이르는 길 (maggo bodhāya)'인 팔정도에서 연기관의 중도를 닦는다.

---

40 (앞 장, 물질 깔라빠의 8원소 식별에서) 마노의 요소(manodhātu)인 바왕가는 심장 토대에 의지하여 일어난다. 오취온五取蘊의 세계에서 안·이·비·설·신 알음알이〔前五識〕를 제외한 인식과정의 모든 알음알이들은 마노의 알음알이〔意識〕 요소이다. 마노의 알음알이 요소는 심장 토대에 의지하여 일어난다. 즉, 심장 토대는 마노의 요소〔意界〕와 마노의 알음알이 요소가 일어날 때 의지하는 토대이다.

4) 8가지의 성스러운 팔정도

『빠띠삼비다막가』의 호흡관에서 팔정도를 "바른 견해, 바른 사유, 바른 말, 바른 행위, 바른 삶, 바른 정진, 바른 문지기, 바른 삼매는 힘에 의해서 나머지 일곱 길의 지분이 한 맛이다'는 것으로 도의 지분이 한 맛이라는 도에 의한 닦음이다."[41]라고 말한다. 8가지 팔정도 각각이 나머지 일곱 길에게 영향을 준다.

> 팔정도(magga)를 모은다고 할 때, 팔정도를 모은다는 것은 어떻게 하는가? 봄의 의미로써 바른 견해[正見]를 모은다. 마음 쏟음의 의미로써 바른 사유[正思惟]를 모은다. 받아들임의 뜻에서 바른 말[正語]을 모은다. 일어남의 의미로써 바른 행위[正業]를 모은다. 청정의 의미로써 바른 삶[正命]을 모은다. 정근의 의미로써 바른 정진[正精進]을 모은다. 확립[상호의존관계]의 의미로써 바른 문지기[正念]를 모은다. 산란하지 않음의 의미로써 바른 삼매를 모은다.[42]

호흡관의 정형구에서 몸에서 몸을 따라가며 머문다. 즉, 길거나 짧은 날숨을 놓아버리며 들숨으로 전향할 때, 혹은 길거나 짧은 들숨을 놓아버리며 날숨으로 전향할 때 윗입술에 살짝 치는 니밋따를 파악하고 문지기(sati)를 확립[念處]할 수 있었다. 이러한 호흡관에서 감각접촉이 항상하지 않음에 대한 바른 견해, 좌선이 준 고통을

---

41 임승택 역(2021), 『빠띠삼비다막가 역주』, 가산불교문화연구원, p.100.
42 임승택 역(2021), 앞의 책, 가산불교문화연구원, p.475.

거부하던 성냄을 벗어나 받아들임에 마음 쏟음 하며, 고통을 출리出 離하는 바른 사유, 감각접촉에서의 인식에 대해서 마음이 향하는 일으킨 생각과 지속적 고찰을 호흡관에서 언어적 형성〔語行〕으로 받아들이는 바른 말〔語〕, 숙명통과 천안통으로부터 죽고 태어남의 앎으로부터 살생을 금하는 바른 행위, 삼경에 바른 깨달음에 이르는 사분소의와 오후불식의 바른 생활(삶), 4가지의 바른 정진, 4가지의 바른 문지기의 확립, 청정한 문지기로부터 얻은 사선정의 바른 삼매[43] 등의 청정범행에서 유익하지 않은 법들을 떨쳐버리는 '깨달음에 이르는 길(maggo bodhāya)'로서 팔정도이다. MN117 『Mahācattārīsakasutta』에서는 팔정도를 "번뇌에 물들 수 있고 공덕의 편에 있으며 재생의 근거를 가져오는 것이 아니고, 번뇌에 물들지 않고 출세간이고 성스러운 도의 구성요소"[44]로 정의한다. 이때 팔정

---

[43] MN117 Mahācattārīsakasutta. "바른 견해, 바른 사유, 바른 말, 바른 행위, 바른 생계, 바른 정진, 바른 문지기가 있으니, 비구여, 이들 7가지 구성요소를 갖춘 마음이 하나가 됨을 일러 성스러운 바른 삼매의 조건에 말하고, 도움되는 것이 함께했다."

[44] MN117 Mahācattārīsakasutta. "어떤 것이 번뇌에 물들지 않고 출세간이고 도의 구성요소인 성스러운 바른 견해인가? 비구여, 성스러운 마음을 가졌고 번뇌 없는 마음을 가졌으며 성스러운 도를 구족하여 성스러운 도를 닦는 자가 있으니 지혜로이 지혜의 기능과 지혜의 힘, 법을 택하는 깨달음의 구성요소〔擇法覺支〕가 있으니 바른 견해로 도의 구성요소―이들이 번뇌에 물들지 않은 출세간이고 도의 구성요소인 성스러운 바른 견해이다. 그릇된 견해를 버리고 바른 견해를 갖기 위해서 노력하는 것이 바른 정진이다. 그는 문지기로서 그릇된 견해를 버리고, 문지기로서 바른 견해를 갖추고 머문다. 이것이 바른 문지기이다. 이처럼 3가지 법이 바른 견해를 따르나니."

도의 바른 삼매에 대해서 바른 견해〈사유, 말, 행위, 생활, 정진, 문지기〉등이 사전 조건들로서 도움이 된다.

(1) 항상하지 않음과 원인을 가진 법이 바른 견해〔正見〕
"일어나는 법은 그 무엇이든 반드시 그친다."[45]라고 하듯이 항상하지 않은 특징이 법에 대한 바른 견해이다. 형광등이 수차례의 점멸로부터 빛나듯이, 고통스러운 느낌은 수차례 감각접촉을 조건으로 생겨난 '원인을 가진 법'이라는 연기된 법이다. 즉, '무상'한 감각접촉을 연유로 생겨난 고통스러운 느낌을 '이것이 있으니 저것이 있다.'라는 '이것에 조건성〔연기〕'과 '원인을 가진 법'에 바른 견해를 한다. 감각접촉이 항상하지가 않고 찰나 그치는 원인에 의해서 일어남에도 불구하고 감각접촉을 연유로 생겨난 고통이 항상하다고 믿는 삿된 견해를 검은 소와 흰 소의 두 마리 소가 같은 멍에 줄에 묶여 있음에 비유한다. 고통과 쾌락은 '감각접촉이 항상하다'고 믿는 멍에 줄이라는 삿된 견해이다.

> 시각이 형상을 묶고 있는 것입니까? 아니면 형상이 시각을 묶고 있는 것입니까? …(중략)… 마노가 법을 묶고 있습니까? 아니면 법이 마노를 묶고 있습니까? 꼿티따여, 시각이 형상을 묶고 있는 것도 형상이 시각을 묶고 있는 것도 아닙니다. 그 양변을 조건으로 생겨난 욕망과 탐욕이 있는데 그것에 묶였습니다.[46]

---

[45] SN56:11 Dhammacakkappavattanasutta(초전법륜경), "yaṃ kiñci samudayadhammaṃ, sabbaṃ taṃ nirodhadhamma."

SN12:15 『Kaccānagottasutta(가전연경)』에서는 "바른 견해는 어떻게 해서 있습니까? 깟짜야나여, 이 세계(loke)는 대부분 두 가지를 의지하고 있다. 그것은 '있다'는 것과 '없다'는 관념이다. 세계의 일어남을 있는 그대로 올바른 지혜로 보는 자는 세계에 대해서 없다는 것이 일어나지 않는다. 세계의 그침(nirodha)을 있는 그대로 (yathābhūta)[47] 올바른 지혜로 보는 자는 세계에 대해서 있다는 것이 일어나지 않는다."라고 바른 견해를 말한다. 감각기관이 짓는 세계를 '있다[有]'와 '없다[無]'의 양변에 따라가지 않고, 세계를 감각기능이 대상에 닿은 연유로 생겨난 것이라는 '이것에 조건성[緣起]'과 '원인을 가진 법'으로 바른 견해를 한다. SN45:8 Vibhaṅgasutta[이하 『분석경』에 칭함]에서는 "무엇이 바른 견해[正見]인가? 비구여, 괴로움에 대한 앎(ñāṇa), 괴로움의 일어남에 대한 앎, 괴로움의 그침에 대한 앎, 괴로움의 그침에 인도하는 도에 대한 앎 ― 이를 일러 바른 견해라 한다."라고 사성제라는 앎[48]을 바른 견해에서 말씀한다.

---

[46] SN35:232 Koṭṭhikasutta, "[사리뿟따] 벗이여, 예를 들어 검은 소와 흰 소가 하나의 밧줄이나 멍에줄에 묶여 있는데, 누군가 검은 소가 흰 소를 묶고 있는 것이라든가 흰 소가 검은 소를 묶고 있는 것이라고 말한다면, 그는 옳게 말하는 것입니까? [꼿티따] 벗이여, 그렇지 않습니다. 검은 소가 흰 소를 묶고 있는 자도 아니고 흰 소가 검은 소를 묶고 있는 자도 아닙니다. 단지 하나의 밧줄이나 멍에 줄에 묶여 있는 것입니다. 그것들은 거기에 묶여 있습니다." 하나의 멍에 줄에 묶여 있는 고통과 쾌락.

[47] 임승택 역(2021), 앞의 책, p.458. (3. Anāpānassatikathā) "그침(nirodha)에 확고히 하는 의미가 있는 그대로 의미이다."

[48] "괴로움의 진리는 일어날 때 분명하다. 몽둥이나 가시 등으로 때릴 때 '아, 괴롭다.'라는 말이 절로 나온다. 괴로움 일어남의 진리는 먹고 싶어함 등을

괴로움의 '일어남과 그침'의 양변을 감각기능이 대상에 닿은 연유로 생겨난 정신·물질과의 조건의 화합이라는 '이것에 조건성〔緣起〕'과 '원인을 가진 법'으로 바른 견해를 할 수가 있다. 또한 DN22『대념처경』에서는 "괴로움에 대한 바른 견해, 괴로움의 일어남에 대한 바른 견해, 괴로움의 그침에 대한 바른 견해, 괴로움의 그침에 인도하는 도에 대한 바른 견해, 이것을 바른 견해라고 말한다."라고 바른 견해를 말하는데, 사성제에 대한 앎(ñāṇa)을 밝음(vijjā)이라고 한다.[49] MN117『Mahācattārīsakasutta』에서는 바른 견해〔定見〕를 "법을 택하는 깨달음의 구성요소〔擇法覺支〕가 있는 바른 견해이면서 도의 구성요소가 번뇌에 물들지 않은 출세간"[50]이라고 말한다.

(2) 원인을 가진 법의 확립과 출리가 바른 사유(正思惟)

고통을 감각접촉의 연유로 생겨난 '이것에 조건성〔연기〕'으로 꿰뚫

통해서 일어날 때 분명하다. 특징을 통찰하는 것으로써 이 둘은 보기 어렵기 때문에 심오하다. 나머지 둘을 보기 위해 노력하는 것은 마치 우주의 꼭대기를 거머쥐려고 손을 펴는 것과 같다. 이처럼 이 둘은 심오하기 때문에 보기 어렵다. 이와 같이 보기 어렵기 때문에 심오하고, 심오하기 때문에 보기 어려운 사성제에 대해서 공부 짓는 등을 통해서 처음 단계〔괴로움〕의 앎이 일어남을 두고 괴로움에 대한 앎(dukkha ñāṇa)으로 설하셨다. 〔그러나〕 통찰하는 순간에는 그 앎은 오직 하나이다."(DA. iii. 802)

49 SN56:42 Papātasutta, "비구여, 괴로움에 대한 앎, 괴로움의 일어남에 대한 앎, 괴로움의 그침에 대한 앎, 괴로움의 그침에 인도하는 닦음에 대한 앎이라는 것을 밝음〔vijjā, 明支〕이라 부르고, 이런 방식으로 밝음〔明〕에 도달한다."

50 MN117 Mahācattārīsakasutta "바른 견해, 바른 정진, 바른 문지기 등의 이 세 가지 법들이 '바른 견해〈사유, 말, 행위, 생활〉'를 따르고 에워싸나니."

어 알고, 반드시 그치므로 새로이 일어나게 되는 감각접촉을 마음의 성문을 지키는 문지기(sati)에 확립하면서 기억의 통제를 얻게 되고 고통에서 벗어나게 된다. 먼저 감각접촉을 연유로 생겨난 고통스런 느낌〔통증〕을 성내거나 거부〔惡意〕하지 않고 받아들인다. 이처럼 악의하지 않으면 감각접촉을 연유로 생겨난 고통스럽거나 즐거운 느낌을 항상하지 않음〔무상〕에 바른 견해를 할 수가 있다. 형광등 빛이 점멸로서 생겨나듯이 감각접촉 역시 찰나 그침의 원인이 있으므로 새로 일어나고 이를 계속해서 느끼는 데도 불구하고 감각적 욕망에 묶인 범부는 고통스럽거나 즐거운 느낌만을 계속해서 취한다. 즉, 즐거움과 고통은 감각접촉을 연유로 생긴 법들이다. 따라서 즐거움과 고통의 법을 감각접촉과의 조건의 화합이라는 '이것에 조건성(연기)'과 '원인을 가진 법'에 바르게 견해를 할 수가 있으므로 세속적인 통증을 벗어나는〔出離〕 마음 쏟음이 바른 사유〔正思惟〕이다. 그래서 『대념처경』에서 "욕망이 없는 생각과 악의가 없는 생각과 해함이 없는 생각〔出離〕 이것이 바른 사유이다."[51]라고 말한 것이다. 한편 『분석경』의 주석서에서는 "출리出離와 악의와 불선 등에 대해 일으킨 생각(vitakka)은 감각적 욕망과 악의와 불선을 삼가하는 등 인식들의 다양함 때문에 처음에는 여럿이다. 그렇지만 (예류, 아라한) 도의 순간에는 이들 3가지에 대해서 생겨난 유익하지 않은 '일으킨 생각(vitakka)'을 잘라버리기 때문에 이들은 더는 일어나지 않게 된다. 이렇게 도의 구성요소를 완성할 때에는 오직 하나의

---

51 DN22 mahāsatipaṭṭhānasutta(대념처경)

유익한 사유가 일어난 이것을 '바른 사유〔正思惟, sammāsaṅkappa〕'라 한다."라고 말한다.[52] Mahācattārīsakasutta에서 바른 사유를 "사색, 일으킨 생각, 사유, 전념, 고정, 마음의 지향, 말의 형성〔口行〕"의 출세간으로 말한다.

(3) 바른 어행이 정어正語

호흡관의 4가지 기본 명상 주제들로부터 일으킨 생각과 지속적 고찰을 거듭하며 언어적 형성〔語行〕에 받아들이는 바른 말〔正語〕이다. 초선을 개발할 때의 언어의 영역(vācāgocarā)에 대한 삼매의 개발에서 '일으킨 생각과 지속적 고찰이 있는 삼매, 일으킨 생각은 없고 지속적 고찰만 있는 삼매, 일으킨 생각도 없고 지속적 고찰도 없는 삼매' 등의 3가지 삼매를 '밤처럼 낮에도 낮에도 밤처럼' (빠띠바가 니밋따) 빛을 가진 마음에 닦는다. 이때 니밋따의 전체 혹은 부분〔모습, 相〕에 이끌리지 않고 감각기능의 문門을 잘 단속하고 삼매가 오염원[53]의 제한을 받지 않기 때문에 무상으로 안 것〔見〕의 청정함과 멀리 있는 형상들의 봄〔천안통〕을 구한다. 그래서『대념처경』은 언어의 영역에 대한 "거짓말을 멀리하는 것, 험담을 멀리하는 것, 거친 말을 멀리하는 것, 잡담을 멀리하는 것을 일러 바른 말

---

[52] 각묵스님 역(2009),『상윳따 니까야』제5권, pp.188-195, 초기불전연구원, DA.iii.802-804. https://cafe.daum.net/bulwon/Q4Qx/415?svc=cafeapi

[53] MN128 Upakkilesasutta, 의심, 작의하지 않음, 해태와 혼침, 두려움, 의기양양, 열등감, 지나친 정진, 느슨한 정진, 갈망, 다양한 인식, 형상에 대한 지나친 응시.

(sammāvāca)이라 한다."라고 계戒에 말한다. 한편 『분석경』의 주석에서는 "거짓말을 하는 것 등도 거짓말을 삼가는 인식들의 다양함 때문에 처음에는 여럿이지만 도의 순간에는 이들 4가지에 일어난 해롭고 나쁜 행실을 가진 의도의 다리를 잘라버리기 때문에 이들이 더는 일어나지 않게 된다. 이처럼 도의 구성요소를 완성할 때는 오직 하나의 유익한 절제[54]가 일어난 것이 '정어'이다."라고 말한다. Mahācattārīsakasutta에서의 정어는 "4가지의 말로 짓는 나쁜 행위를 억제하고 절제하고 제어하고 금하는 것"의 출세간으로 말한다.

(4) 선한 바른 행위가 정업正業

감각접촉의 원인(hetu)에 의해서 느낌이 있다. 감각접촉과의 '이것에 조건성'을 연유로 생겨난 고통스러운 느낌을 '원인을 가진 법'에 힘써 모으는 행위[戒]가 선한 행위이다. 그리고 알음알이[識]를 조건으로 생겨난 정신·물질이 알음알이를 넘어갈 수가 없다는 '재생연결식'으로서 '죽고 다시 태어남'의 일어남을 모으는 행위[械]가 바른 행위[正業]이다. 그래서 『대념처경』은 "살생을 멀리하고, 도둑질을 멀리하고, 삿된 음행을 멀리하는 것을 일러 바른 행위라 한다."라고 한다. 한편 『분석경』의 주석에서는 "살생을 금하는 등도 산목숨을 죽이는 것 등을 삼가는 인식의 다양함 때문에 처음에는 여럿이지만 도의 순간에는 이 3가지에 대해서 생긴 해롭고 나쁜 행실을 가진 의도의 다리를 잘라버리기 때문에 더는 일어나지 않는다.

---

54 절제(veramaṇi 혹은 virati)는 주석서와 아비담마에서 쓰이는 전문 술어로서, 팔정도 가운데서 바른 말, 바른 행위, 바른 생계 등 3개의 계戒를 지칭함.

이처럼 도의 구성요소를 완성할 때 오직 하나의 유익한 절제가 일어난다."를 '바른 행위〔正業〕'에 말한다. Mahācattārīsakasutta에서의 정업은 "몸으로 짓는 세 가지 나쁜 행위를 억제하고 절제하고 제어하고 금하는 것"의 출세간으로 말한다.

(5) 바른 삶을 지키는 바른 생활〔正命〕

'사분소의'의 간소한 생활과 빈 터의 고요한 감관과 삼경에 바른 깨달음의 성취를 위한 오후 불식不食으로 망상과 졸음을 벗어나는 등의 바른 생활을 지킨다. 오후에 사선정을 출정한 뒤 '거룩한 이들의 빛에 대한 인식'[55]으로부터 감각기능이 결여되지 않은 상태인 '마노로 만든 몸'에서 정신·물질과 알음알이(재생연결식)와의 조건의 화합인 '이것에 조건성〔緣起〕'을 꿰뚫어 아는 가운데 '전생의 기억에 대한 앎〔숙명통〕'을 초경에 얻고, 오염원을 벗어나 멀리 있는 대상을 받아들이며 형상들의 봄을 구하며 '중생들의 삶과 죽음에 대한 앎〔천안통〕'을 이경에 얻고, 사성제에 대한 바른 깨달음의 앎〔누진통〕을 삼경에 구하는 청정범행이라는 삶이 바른 생활〔正命〕이다. 그래서 『대념처경』은 "성스러운 제자가 잘못된 생활을 제거하고 올바른 생활로 생명을 영위하는 삶을 일러 바른 생활(sammā-ājīva)이라고 한다."고 말한다. 한편 『분석경』의 주석에서는 "먹는 것 등을 위해 일어난 몸과 말에서의 삿된 생활을 제거하고 부처님이 칭송하신 바른 생활로서 생명을 영위한다. 바른 생활은

---

[55] 『Patisambhidamagga』 1. mahāvaggo 3. ānāpānassatikathā, "빛에 대한 인식은 거룩한 이들의 나감이다. 혹은 거룩한 이들이 해태와 혼침에서 나간다."

음모 등을 삼가는 인식들의 다양함 때문에 처음에는 여럿이지만 도의 구성요소를 완성할 때는 오직 하나의 유익한 절제가 일어난다." 라고 말한다. Mahācattārīsakasutta에서의 바른 생활〔正命〕은 "수행에 반하는 그릇된 삶을 억제하고 절제하고 제어하고 금하는 것"이다.

(6) 4가지 정근이 바른 정진〔正精進〕

『대념처경』은 "비구는 아직 일어나지 않은 악행이나 유익하지 않는 법〔不善法〕은 일어나지 않도록 의욕을 생기게 하고, 정진하고 힘을 내고 마음을 다잡고 ('피부와 힘줄과 뼈만 남은들 무슨 상관이랴!'라고 생각하면서 노력하며) 애를 쓴다. 이미 일어난 악행이나 유익하지 않는 법을 버리기 위해 의욕을 생기게 하고, 정진하고 힘을 내고 마음을 다잡고 애를 쓴다. 아직 일어나지 않은 유익한 법들은 일어나도록 의욕을 생기게 하고 정진하고, 힘을 내고 마음을 다잡고 애를 쓴다. 이미 일어난 유익한 법들은 지속시키고 사라지지 않게 하고, 증장시키고, 충만하게 하고, 개발하게 하고, 성취하게 하기 위해 의욕을 생기게 하고, 정진하고 힘을 내고 마음을 다잡고 애를 쓴다."라고, 이러한 4가지의 정근을 열의를 가지고 바르게 정진하는 것이 바른 정진〔正精進〕이다. 한편 『분석경』의 주석에서는 "아직 일어나지 않은 것은 '존재나 대상에 대해서 아직 자신에게 일어나지 않은 뜻'이다. 남에게서 일어나는 것을 보고서 '오, 참으로 나에게 이런 사악하고 유익하지 않은 (불선) 법들이 일어나지 않기를!'이라고 이와 같이 아직 일어나지 않은 사악하고 유익하지 않은 법들이 일어나지 않게 하기 위해서 열의를 생기게 한다. '아직 일어나지 않은 유익한(kusala)' 것을 아직 얻지 못한 초선初禪으로 말한다. 이러한 바른 정진도 아직 일어나지 않은 해로움을 일어나지 않도록 하는 마음 등의 다양함 때문에 처음에는 여럿이지만, 도의 구성요소를 완성하면 오직 하나의 유익한 정진이 일어난다."라고, '바른 정진〔正精進〕'을 말한다.

(7) 바른 문지기(sati)의 확립이 정념正念

부처님은 유소년일 때 초선에서의 문지기(sati)에 대한 기억을 따라가며 '이것은 깨달음을 위한 길(maggo bodhāya)이다.'라고, 초선을 '깨달음을 위한 길'에 알음알이하셨다.[56] 앞의 『빠띠삼비다막가』 호흡관에서 감각접촉〈무명, 갈애, 업〉을 조건으로 느낌과 인식과 일으킨 생각이 알려진 것이다. 인식에 마음이 향하는 일으킨 생각과 그 일으킨 생각에 대한 지속적 고찰을 하며 문지기를 확립하고, 그러한 문지기의 역할로써 들숨과 날숨의 몸에서 몸을 따라가며 유익하지 않은 법들을 떨쳐버리는 출리出離로부터 희열과 행복과 심일경心一境 등 초선에 머문 기억을 따라가면서 '이것은 깨달음을 위한 길이다.'라고 식별하셨던 것이다. 반드시 그치는 '원인을 가진 법'으로써 감각접촉이 일어나므로 느낌과 인식을 마음에서 형성〔心行〕한다. 감각적 욕망, 악의, 망상과 졸음, 들뜸과 후회, 의심〔五蓋〕 등을 떨쳐버리고 느낌과 인식과 일으킨 생각 등을 감각접촉을 연유로 바르게 생겨난 법으로 통제하는 기억이 문지기의 역할에 대한

---

[56] MN85 Bodhirājakumārasutta, "왕자여, 그런 나에게 문지기(sati)에 대한 기억을 따라가며 알음알이가 생겨났다. '이것은 깨달음을 위한 도이다.'"

앎이다. 안으로 감각기능[意]이 결여되지 않은 상태인 '마노로 만든 몸[意成身]'에서 감각할 영역과 대상을 법에 식별하는 마노와,[57] 밖으로 대상에 향할 때 심장 토대의 물질의 몸[色身]을 정신들의 몸[名身][58]이 의지하는 조건으로부터 생긴 정신·물질[名色]과, 안팎으로 여섯 감각장소[육내외입처]를 일어남과 사라짐에 알음알이하는 등으로부터 몸⟨느낌, 마음, 법⟩[59]에서 몸⟨느낌, 마음[識], 감각접촉⟩의 일어남과 그침에 따라가며 문지기를 상호의존관계에 확립(satipaṭṭhāna)하고 머무는 사념처四念處[60]가 바른 문지기[正念]이다.

---

[57] MN43 Mahāvedallasutta, "눈⟨귀, 코, 혀, 몸⟩이 서로 다른 대상과 다른 영역을 갖고 있어 서로 다른 영역과 대상을 경험한다. 마노[意]가 그들 각자의 의지처이고, 그들 각자의 영역과 대상을 경험한다."

[58] 심장이라는 토대 물질에 의지하는 조건으로써 '물질의 몸'이 '정신의 몸'에 조건이 되는 것을 정신들의 '알음알이는 여기[물질]에 의지하고 여기에 묶여 있다.'라고 함.

[59] DN22 mahāsatipaṭṭhānasutta, 숨⟨행주좌와, 사대에 파생된 물질, 부정관⟩은 몸, 즐거운⟨괴로운, 즐겁지도 괴롭지도 않은⟩ 느낌. 탐. 진. 치⟨수축한, 흩어진, 고귀한, 위가 있는, 삼매, 해탈⟩는 마음, 오개⟨오온, 여섯 감각장소, 칠각지, 사성제⟩는 법이다. 부정관은 AN7:46 Saññāsutta에서 "7가지 인식(saññā)을 닦고 많이 지으면 큰 결실과 큰 이익이 있고, 불사不死를 완성한다. 무엇이 7가지 인식인가? 1. (몸) 부정不淨, 2. 죽음, 3. 음식에 대한 혐오, 4. 세계에 진정한 즐거움이 없다, 5. 끊임없이 변한다는 무상, 6. 변하는 것은 괴로움, 7. 괴로운 것을 나라고 할 바가 없음[無我].

[60] DN22 mahāsatipaṭṭhānasutta, "안으로⟨혹은 밖으로, 혹은 안팎으로⟩ 법에서 법을 관찰하며 머문다. 혹은 법에서 일어나는⟨사라지는, 일어나거나 사라지기도 하는⟩ 법을 관찰하며 머문다. 혹은 그는 '법이 있구나'라고 문지기를 확립하나니 앎이 있고 문지기만이 현전할 때까지. 이제 [불선법] 의지하지 않고 머문다."

그래서 『대념처경』은 "몸〈느낌, 마음, 법〉에서 몸〈느낌, 마음, 법〉
을 관찰하며 머문다. 세상에 대한 욕심과 싫어하는 마음을 버리며
근면하게 꿰뚫어 알아차리고 문지기하며 머문다. 이를 바른 문지기
라고 한다."라고 말한다. 한편 『분석경』의 주석에서 "바른 문지기
(sati) 역시 몸〈느낌, 마음, 법〉을 파악하는 마음의 다양함 때문에
처음에는 여럿이지만 도의 순간에는 이 4가지에 대한 역할을 성취하
며 도의 구성요소를 완성하고 오직 하나의 문지기가 일어난다."라고
바른 문지기(sammā-sati)에 대해 말한다.

(8) 4가지 선정을 갖춘 바른 삼매

삼매에서 인간 세계의 법이라는 오온을 일어남과 사라짐에 꿰뚫어
알 수 있다. 문지기(sati)의 지배를 받아 정신·물질(오온)이라는
법을 작의한다.[61] 초선初禪에서 사선四禪까지의 구성 요소들을 법으
로 식별하는 것을 MN111 『Anupadasutta』에서 사리붓다가 '법을
차례대로 결정한다.'라고 말한다. 『대념처경』에서도 사선四禪까지
를 청정한 문지기의 확립에 나아가며 법들을 차례대로 결정한다.
즉, 호흡관 정형구로부터 니밋따의 파악[62]을 정진하며 "감각적 욕망
을 완전히 떨쳐버리고 유익하지 않은 법[不善法]들을 떨쳐버린 뒤,

---

61 AN10:58 Mūlakasutta(뿌리경), "법은 열의를 뿌리로 작의에 근원하며, 감각접촉
에 일어나며, 느낌에 모이며, 삼매를 으뜸하고, 문지기 지배를 받고, 지혜를
최상으로, 해탈의 핵심에, 불사不死로서 열반한다."
62 AN9:35 Gāvīupamāsutta, "감각적 욕망들을 완전히 떨쳐버리고 유익하지
않은 법들을 떨쳐버린 뒤 초선에 들어 머무는 데 서투르다. 그는 그 니밋따를
반복하지 않고, 닦지 않고, 많이 짓지 않고, 바르게 확립하지 않았다."

일으킨 생각과 지속적 고찰이 있고, 떨쳐버림에서 생겼으며 희열과 행복이 있는 초선을 구족하여 머문다. 일으킨 생각과 지속적 고찰을 가라앉혔기 때문에 자기 내면의 것이고, 확신이 있으며, 마음이 하나가 됨이 있고, 일으킨 생각과 지속적 고찰이 없고, 삼매에서 생긴 희열과 행복이 있는 이선을 구족하여 머문다. 희열이 사라졌으니 평온하게 머물고, 문지기하고 알아차리며 몸으로 행복을 경험하니, 이것 때문에 성자들이 그를 두고 '평온하게 문지기하며 행복하게 머문다'라고 말하는 삼선을 구족하여 머문다. 즐거움도 괴로움도 버렸고, 아울러 그전에 이미 기쁨과 슬픔이 사라졌기 때문에 괴롭지도 즐겁지도 않은 평온으로 문지기가 청정한 사선을 구족하여 머문다. 이것이 바른 삼매〔正定〕이다."라고 말한다, 이렇게 바른 삼매를 가진 아라한은 바른 앎과 바른 해탈을 갖는다.

비구여, 거기서 바른 견해가 먼저다. 그러면 어떻게 바른 견해가 먼저 오는가? 바른 견해를 가진 자에게 바른 사유가 생긴다. 바른 사유를 가진 자에게 바른 말이 생긴다. 바른 말을 가진 자에게 바른 행위가 생긴다. 바른 행위를 가진 자에게 바른 생활이 생긴다. 바른 생활을 가진 자에게 바른 정진이 생긴다. 바른 정진을 가진 자에게 바른 문지기가 생긴다. 바른 문지기를 가진 자에게 바른 삼매가 생긴다. 바른 삼매를 가진 자에게 바른 앎이 생긴다. 바른 앎을 가진 자에게 바른 해탈이 생긴다. 비구여, 이와 같이 유학들의 도 닦음은 여덟 가지 구성요소를 갖추고, 아라한은 열 가지 구성요소를 구족한다.[63]

한편 『분석경』의 주석에서는 예류도부터 아라한도까지의 도道를 선禪에 따라서 결정하는 것을 바른 삼매[正定]라고 말한다. 즉, "선禪은 예비단계에도 도道의 순간에도 여럿이다. 예비단계는 선의 증득에 따라 여럿이지만, 도의 순간에는 여러 가지 도〔예류도부터 아라한도〕에 따라 여럿이다. 왜냐하면 어떤 자는 첫 번째 예류도를 초선을 통해서 얻거나 혹은 두 번째의 도道 등도 초선을 통해 얻거나 혹은 이선 등 가운데 어느 한 선禪을 통해서 얻기 때문이다. 어떤 자는 첫 번째 도를 이선 등 가운데 어떤 한 선을 통해서 얻기도 하고, 두 번째 도 등도 이선 등 가운데 어떤 선을 통해서 얻기도 하고 초선을 통해서 얻기도 하기 때문이다. 이와 같이 〔예류도 등의〕 4가지 도는 선을 통해서 같기도 하고 다르기도 하며 전적으로 같기도 하다. 그런데 이 차이점은 기초가 되는 선에 의해서 결정된다. 기초가 되는 선의 결정에 따라 우선 초선을 얻은 자가 초선에서 출정하여 위빠사나를 할 때 일어난 도가 초선을 통한 것이다. 도의 구성요소와 깨달음의 구성요소는 여기서 성취된다. 이선에서 출정하여 위빠사나를 할 때 일어난 도가 이선을 통해서 얻은 것이다. 여기서 도의 구성요소는 7가지이다. 삼선에서 출정하여 위빠사나를 할 때 일어난 도가 삼선을 통해서 얻은 것이다. 여기서 도의 구성요소는 7가지이고 깨달음의 구성요소는 6가지이다. 이 방법은 사선을 출정하는 것에서부터 비상비비상처까지 적용된다. 무색계에서는 '사종선四種禪'과 '오종선五種禪'이 일어난다. 이것은 출세간

---

63 MN117 Mahācattārīsakasutta, 깨달음의 10가지 도(十支).

이다. 왜냐하면 여기서 초선 등의 어떤 선에서 출정하여 예류도를 얻고는 무색계의 증득을 닦은 뒤 그는 무색계에서 태어난다. 그 선을 가진 자에게 그곳에서 3가지 도가 일어난다. 이처럼 기초가 되는 선에 따라 〔道가〕 결정된다. 이것이 '바른 삼매〔正定, sammā-samādhi〕'이다."라고 말한다.

(9) '마노〔意〕로 만든 몸'에 몰두하는 자가 법에 머문다

이상과 같이 팔정도로부터 법들을 차례대로 결정할 수가 있다. 호흡관의 니밋따 파악으로부터 얻은 느낌과 인식에 대한 일으킨 생각과 지속적 고찰을 행하며 마음에 오염원을 막아내고, 문지기를 확립할 때 감각적 욕망, 악의, 망상과 졸음〔해태〕, 들뜸과 후회, 의심 등의 유익하지 않은 법〔五蓋〕을 떨쳐버리면서 생긴 희열과 행복 등 초선의 법들을 토대로 문지기가 청정한 사선四禪까지의 법들을 차례대로 결정한다. 또한 사선정에서 몸을 사대물질의 32부위〔相〕와 12가지 특징으로 관찰하고서 투명물질(깔라빠)인 무상으로 식별한다. 감각기능이 결여되지 않은 상태인 '마노로 만든 몸〔意成身〕'이라는 의문意門 전향에서, 정신들의 식별이 눈 투명물질을 6가지의 '위빠사나 앎'이라는 결정을 여리작의하면서 의지하는 것이다. 이러한 알음알이〔識〕와 정신·물질과의 '이것에 조건성〔緣起〕'으로서 '괴로움의 그침〔12연기〕'을 꿰뚫어 안다.

열심히 선정을 수행하는 바라문에게 법이 명백해질 때 그의 모든 의심은 사라진다. '원인을 가진 법'을 꿰뚫어 알기 때문이다. 조건

이 어지럽게 흐트러지지 않기 때문이다.[64]

사선정으로부터 감각기능의 결여가 없는 상태인 '마노로 만든 몸'에 몰두하는 자가 법에 머무는 자이다.[65] 또한 감각접촉을 연유로 바르게 생겨난 괴로움을 오온과 감각장소(āyatana)와 6계〔dhātu, 지·수·화·풍·허공·식〕라는 '원인을 가진 법'에 꿰뚫어 알게 하는[66] 청정범행의 팔정도가 괴로움을 벗어나는 바른 깨달음이다. 이와 같이 팔정도를 깨달은 보림으로부터 괴로움이 항상하지 않는 안목, 사성제에 대한 바른 견해라는 앎, 감각장소에서 탐·진·치에 대한 고요함, 오문과 의문 인식과정에서 알음알이와 정신·물질과의 조건의 화합[67]을 연유로 여섯 감각장소〔육입〕가 생기고 여섯 감각장소 〈감각접촉, 느낌, 갈애, 취착, 존재, 태어남〉를 조건으로 해서 감각

---

64 Vinaya Piṭaka〔율장〕 mahāvaggapāḷi, 1. mahākhandhako, bodhikathādh 와 MN26 Ariyapariyesanāsutta, "감각적 욕망들을 완전히 떨쳐버리고 유익하지 않은 법들을 떨쳐버린 뒤, 일으킨 생각과 지속적 고찰이 있고, (오개) 떨쳐버렸음에서 생긴 희열과 행복이 있는 초선을 구족하여 머문다. 이 비구를 일러 마라를 눈멀게 했고, 마라의 눈을 빼버려 사악한 마라〔빠삐〕가 볼 수 없는 곳으로 갔다."
65 대림스님 역(2006), 앞의 책, p.197(AN5:73 paṭhamadhammavihārīsutta), "'법에 머무는 자'라고 말합니다. 어떤 자가 법에 머무는 자입니까? … 홀로 앉음을 소홀히 하지 않으며 안으로 마음의 사마타에 몰두한다. 이렇게 법에 머문다."
66 SN8:12 Vaṅgīsasutta, "법을 설하셨으니, 오온·감각장소·요소에 관한 것이다. 그분이 설한 법을 듣고 나는 출가하여 집 없는 자가 되었다."
67 SN12:65 Nagarasutta(도시경), "'정신·물질이 있을 때 알음알이가 있으며, 정신·물질을 조건으로 하여 알음알이가 있다.'라고." M9 명색의 일어남이 識.

접촉〈느낌, 갈애, 취착, 존재, 태어남, 늙음·죽음(苦)〉이라는 '집성제〔苦蘊〕'가 연기한다. 이러한 최상의 앎을 갖추고 사성제의 바른 깨달음(sambodhāya)을 구한다.

3. 연기법緣起法의 이해

1) 연기緣起는 중도(majjhimā paṭipadā)를 가리킨다

부처님은 사문유관의 '생로병사'를 연기(paṭiccasamuppāda)로 통찰하셨다. 연기는 늙음·죽음의 괴로움(dukkha)이 뒤따른다. '태어남을 조건으로 늙음·죽음이 있다.'라는 연기의 정형구가 있다. '태어남을 조건으로 바르게 생겨난(samuppādo) 늙음·죽음'의 경문은 '이것에 조건성'이라는 연기를 만족한다. 이때 늙음·죽음은 연기된 법이다.

> 연기와 연기된 법을 설한다. … 어떤 것이 연유로 바르게 생겨남〔paṭiccasamuppādo, 緣起〕인가? 비구여, 태어남을 조건으로 늙음·죽음이 있다. 이것은 여래들께서 출현하거나 출현하지 않거나 존재하는 요소〔界〕이며, 법으로 확립된 것이고, 법으로 결정된 것이며, '이것에 조건성(idappaccayatā)'이다. 여래는 이것을 완전히 깨달았고 관통하였다.[68]

---

68 SN12:20 Paccayasutta, "존재〈취착, … 무명〉를 조건으로 태어남〈존재, … 형성들〉이 있다. 이것은 여래가 출현한 이후나 출현하기 이전에도 존재하는 요소이며, 법으로 확립된 것이고, 법으로 결정된 것이며, 이것에 조건성이

조건의 모임이 서로 의존하는[69] 연유로(paṭicca) 영원함[常]이 없다. 일어날 때 함께(saha) 바르게(sammā) 일어난다. 제각기 일어나는 것이 아니고 원인이 있으므로 바르게 일어나는 뜻의 samuppāda는 조건이 화합할 때 법이 일어나므로 끊어짐(斷)을 없앤다. paṭicca와 samuppāda의 두 단어를 합쳐 각각의 조건이 화합하여 법이 상속하는 것을 방해하지 않고 각각의 법들이 생겨나므로 연기는 중도를 가리킨다.[70]

있다. 여래는 이것을 완전하게 깨달았고 관통하였다. 완전하게 깨닫고 관통한 뒤 '보라! 무명을 조건으로 형성들[行]이 있다.'라고 알게 하고 가르치고 천명하고 확립하고 드러내고 분석하고 명확하게 한다. 비구여, 이와 같이 여기서 진실함, 거짓이 아님, 다른 것으로부터 생겨나는 것이 아님의 '이것에 조건성(idappaccayatā)' 이것을 연기라 한다. … 어떤 것이 연기된 법인가? 늙음·죽음은 무상하고 형성에 조건지워지고 '연유로 바르게 생겨난 것'이고 부서지는 법이며 사라지는 법이며 탐욕이 빛바랜 법이며 그치는 법이다."

[69] 임승택 역(2021), 앞의 책, p.142, "법에 머무는 앎이 있다는 것은 어떤 것인가? 무명〈형성 … 태어남〉은 형성〈알음알이 … 늙음·죽음〉의 일어남〈이어짐, 표상, 쌓음, 결합, 장애, 생겨남, 원인, 조건〉이 의존하는 것이다."

[70] 대림스님 역(2004), 『청정도론』 3권, 초기불전연구원, pp.23-32. "연기란 조건짓는 법들이고, 연기된 법들이란 이 조건 따라 생긴 법들이다. … 연기는 늙음·죽음 등의 법들에 조건이 되는 것이 특징이다. 괴로움을 뒤따르는 것이 역할이며 나쁜 길로서 나타난다고 안다. 원인을 무시함으로써 조건을 의지하여 바르게 일어나는 것이 바로 연기라고 하면서 오직 일어나는 것만을 연기라고 한다면 그것은 옳지 않다. 단지 일어남만을 연기에 주장하는 사람은 Padesavihārasutta와 반대가 된다. … 조건에 따라 생긴 법의 모임이 연기라고 한 것은 두 가지로 이해한다. … 그래서 paṭicca(緣)라 한다. 일어날 때 함께(saha) 바르게(sammā) 일어난다(uppajjati). 제각각 일어나는 것이 아니고 원인 없이 일어나지 않기 때문에 samuppāda(起)라 한다. 이와 같이 조건하여 일어나는

A. 사리붓다의 앗사지 게송과 원인을 가진 법

고통을 감각접촉의 연유로 생겨난 법이라는 '원인을 가진 법 (sahetudhamman)'으로 꿰뚫는 앎이 '사리붓다'가 들은 앗사지 게송이다. 감각접촉을 연유로 생긴 고통은 반드시 그치는 법인 '원인을 가진 법'이고, 그와 같이 형성된 (연기된) 법은 무상하다.[71]

원인으로부터 생긴 법들, 그들의 원인을 여래는 말씀하셨네.
그 법들의 그침도 대사문은 이와 같이 설하시네.[72]

것이 緣起이다. 더욱이 함께 일어나기 때문에 samuppāda이고, 조건의 화합을 조건해서 이다. 그리고 '이 원인의 모임이 조건이다.'라고 해서 '그것에 조건성(tappaccayattā)'이다. 연기(paṭiccasamuppāda)는 결과에 나타내는 표현이다. 다른 방법으로 ①조건의 모임이 서로서로 의지하여 ②조화롭게 함께 법들을 생기게 한다.… 이렇게 ①앞의 단어(paṭicca)로 영원하거나, 원인 없이, 거짓 원인, 지배자에 의해 존재한다는 학설의 영원함(常)이 없음을 타파하고 ②뒤의 단어(samuppāda)로 조건이 화합할 때 법들이 일어나는 것을 가리켜 단멸斷滅을 타파한다. ③두 단어를 합쳐 각 조건이 화합하고 상속하는 것을 방해하지 않고 각각의 법들이 생기기 때문에 paṭicca-samuppāda(연기)는 '중도'를 가리킨다. 이것은 "그가 짓고 그가 경험한다, 그가 짓고 제3자가 경험한다."라는 사견을 버린다.

71 AN3:134 Uppādāsutta, "'일체 형성된 것은 무상하다.'라는 것은 여래가 출현한 후나 출현하기 이전에 존재하는 요소(界)이며 법으로 확립된 것이고, 법으로 결정된 것이다."
72 구도하던 사리뿟따가 탁발하는 앗사지의 엄정한 품행에서 받은 게송(Vin.i.40) 諸法從緣起 如來說是因 彼法因緣盡 是大沙門說 「根本說一切有部毘奈耶」(『대지도론』 11권)

이렇게 고통을 감각접촉을 연유로 생긴 '원인을 가진 법'에 꿰뚫어 알고, 법에서 법을 따라가며 문지기에 머물고 괴로움을 벗어난다.

B. 팔정도로써 중도와 안냐(aññā) 꼰단냐

『초전법륜경』에서 "중도는 팔정도이다."라고 하였다. 즉, 고통과 쾌락의 양변이 감각접촉과의 같은 범주[조건의 화합]로써 '이것에 조건성[연기]'을 충족하고 '원인을 가진 법'이라는 연기법에 꿰뚫어 아는 '가운데에서 한 걸음씩 나아가며 사성제까지를 닦는 중도(majjhimā paṭipadā)'를 팔정도에서 완성하라는 의미가 함축된 경문이다. 그리고 "일어나는 법은 그 무엇이든 반드시 그친다."라고 말한 꼰단냐를 석가모니불은 '안냐(aññā) 꼰단냐'라고 기뻐하셨다. 바른 문지기[정념]에서 반드시 그치는 원인의 감각접촉을 연유로 생겨난 고통을 '이것에 조건성[연기]'과 '원인을 가진 법'에 꿰뚫어 아는 앎(aññā)의 증득을 기뻐하셨던 것이다.

2) 연기관의 교설이 중도이다

MN10 Satipaṭṭhānasutta(『염처경』)에서의 "안·이·비·설·신·의를 분명히 알고, 색·성·향·미·촉·법을 분명히 알며, 양변을 조건으로 생겨난 결박을 분명히 알고"라고, 선정을 출정한 뒤에 눈으로 대상인 형색을 볼 때 감각기능[根]의 결여가 없는 상태인 '마노로 만든 몸'에서 6가지 안팎의 감각장소(āyatana)로부터 두 가지 문[안문과 의문]의 전향이 일어나고, 의문意門 전향에 따른 정신·물질을 인식과정에서 알음알이한다. 사대물질에서 파생된 심장 토대의 물질

[色]을 의지하는 조건을 연유로 해서 느낌, 인식, 의도[行], 알음알이 등 기우는 특징이 정신[名]이다. 이 둘을 합쳐 정신·물질에 구분하면 정신·물질을 '원인을 가진 법'에 식별할 수가 있으므로 감각장소에서의 법들로써 세계를 일어남과 그침에 계속해서 본다. 세계의 일어남을 '있는 그대로 철저히 보는 자'는 세계가 '없다'라는 관념과 세계의 그침을 '있는 그대로 철저히 보는 자'는 '있다'라는 관념이 생기지 않는다. '있다(有)'와 '없다(無)'의 양변을 따라가지 않고, "양변을 감각이 짓는 세계와의 연유로 바르게 생겨난 '조건의 화합'이라는 '이것에 조건성[연기]'과 양변을 '원인을 가진 법'으로 꿰뚫어 아는 가운데 의해서 여래는 법을 설한다(majjhena tathāgato dhammaṃ deseti)."라고 중도를 교설한다. 원인의 연유로(paṭicca) 바르게 일어남(samuppāda)이라는 '이것에 조건성[연기]'를 꿰뚫어 아는 가운데 의해서 양변을 연기된 법으로 설명한 것이다.

이렇게 바른 견해가 있다. 깟짜야나여, 일체가 '있다'는 것은 극단이고 '없다'는 것도 극단이다. 이러한 양변을 따라가지 않는 '(연기관) 가운데 의해서[majjhena] 여래는 법을 설한다.' — 무명을 조건으로 형성들이, 형성들을 조건으로 알음알이가, 알음알이를 조건으로 정신·물질이, 정신·물질을 조건으로 여섯 감각장소가, 여섯 감각장소를 조건으로 감각접촉이, 감각접촉을 조건으로 느낌이, 느낌을 조건으로 갈애가, 갈애를 조건으로 취착이, 취착을 조건으로 존재가, 존재를 조건으로 태어남이, 태어남을 조건으로 늙음·죽음과 근심·탄식·육체적 고통·정신적 고통·절망이 생긴다. 이

처럼 괴로움의 무더기가 발생한다.[73]

Kaccānagottasutta(『가전연경』)에서 12연기는 11가지 '이것에 조건성[緣起]'에 의해서 '원인을 가진 법'을 설명한다. 무명〈형성들, 알음알이, … 태어남〉을 조건으로 형성들〈알음알이, 명색, … 늙음·죽음〉이 생기는 등 괴로움 무더기의 발생을 연기에 말한다. 연기는 나쁜 길로 향한다.

3) 6가지 종류의 연기관과 예류자의 봄(dassana)

『숫타니파타』「피안도품」에 관한 AN6:61 majjhesutta(『중간경』)가 있다. 양변의 같은 범주로부터 드러난 어떤 존재를 중간(majjhe)에 밝혀 지혜를 갖춘다. "갈애(taṅhā)가 양변을 기워서 이런저런 존재로 태어나게 한다. 최상의 앎(abhiññā)에 알아야 할 것을 최상의 앎에 알고 철저히 알아야 할 것을 철저히 알 때 지금 여기에서 괴로움을 끝내게 된다."라고 양변의 중간을 밝혀 최상의 앎을 얻는다. 이때 '바느질하는 여인'의 갈애에 묶인 6가지 양변과 같은 범주인 중간은 '이것에 조건성'이고, 조건의 화합이 모여 서로 의지하는 상호의존관계(paṭṭhāna)에 있다.

감각접촉이 첫 변이고 감각접촉의 일어남이 둘째 변이며 감각접촉의 그침이 중간이고, 갈애가 바느질하는 여인이다. 왜냐하면 갈애가 그것을 기워서 이런저런 존재로 태어나게 한다. … 과거가

---

73 SN12:15 Kaccānagottasutta.

첫 번째 변이고 미래가 두 번째 변이며 현재가 중간이고, 갈애가 바느질하는 … 즐거운 느낌이 첫 번째 변이고 괴로운 느낌이 두 번째 변이며 괴롭지도 즐겁지도 않은 느낌이 중간이고, … 여섯 가지 안의 감각장소가 첫 번째 변이고 여섯 가지 밖의 감각장소가 두 번째 변이며 알음알이가 중간이고, … 정신이 첫 번째 극단이고 물질이 두 번째 극단이며 알음알이가 중간이고, … 자기 존재가 있음〔有身〕이 첫 번째 변이고 자기 존재가 있음의 일어남이 두 번째 변이며 자기 존재가 있음의 그침이 중간이고, …[74]

갈애가 양변을 기워서 이런저런 존재로써 중간을 드러낸다. 첫 번째로 양변에 대한 조건의 화합이 모여 서로 의지하는 상호의존관계〔處〕로부터 드러난 중간은 '감각접촉의 그침'이다. 즉, 갈애를 조건으로 감각접촉과 '감각접촉의 일어남'을 서로 의지하는 상호의존관계에 묶을 때 '감각접촉의 그침'이라는 중간이 이런저런 존재로써 드러난다. 이렇게 해서 드러난 감각접촉에서의 일어남과 그침이라는 양변을 감각접촉과의 조건의 화합을 연유로 생겨난 연기된 법에 철저하게 안다. 이처럼 '이것에 조건성〔연기〕'과 '원인을 가진 법'이라는 최상의 앎으로부터 감각접촉에서의 상호의존관계를 연기에 설명하였다. 두 번째로 양변에 대한 조건의 화합이 모여 서로 의지하는 상호의존관계로부터 드러난 중간은 감각접촉에 대한 앎을 토대로 지금 여기에 머무는 현재이다. 이미 없어진 과거의 감각접촉이나 오지도 않은 미래의 감각접촉에도 머물지 않고, 감각접촉에

---

[74] 대림스님 역(2006), 「앙굿따라니까야」 제4권, 초기불전연구원, pp.239-244.

서의 일어남과 그침의 양변을 감각접촉과의 조건의 화합을 연유로 생겨난 '원인을 가진 법'으로 철저하게 아는 문지기의 확립〔念處〕이 현재이다.

〈표 3〉 양변에 대한 조건의 화합으로써 중간과 함의

첫 변	두 번째 변	중간	중간의 함의
감각접촉	감각접촉의 일어남	감각접촉의 그침	이것에 조건성과 원인을 가진 법
과거	미래	현재	문지기의 확립〔念處〕
즐거운 느낌	괴로운 느낌	괴롭지도 즐겁지도 않음	평온한 사선정
육근	육경	알음알이〔識〕	여섯 감각장소로부터 오문과 의문〔2가지 문〕에 전향을 식별
정신〔名〕	물질〔色〕	알음알이〔識〕	의문전향의 정신들이 눈 투명물질을 '위빠사나 앎'으로 결정하는 여리작의에 의지하는 것
유신견	유신견의 일어남	유신견의 그침	유신견을 제거한 예류자가 열반을 처음으로 봄〔수다원과〕

이러한 '문지기의 확립에 마음의 하나가 됨〔心一境〕'이 바른 삼매〔正定〕를 개발한 것이다. 세 번째로 양변에 대한 조건의 화합이 모여 서로 의지하는 상호의존관계로부터 드러난 중간은 평온〔不苦不樂〕이다. 감각접촉을 할 때마다 마음은 감각접촉에 관한 '즐거운 느낌'이 일어나기를 원하고 반면에 '괴로운 느낌'이 일어나는 것을 싫어하고 있다. 감각접촉과의 조건의 화합을 연유로 생겨난 즐겁거나 괴로운 느낌의 양변을 '이것에 조건성〔연기〕'과 '원인을 가진

법'에 철저하게 알면, 즐겁거나 괴로운 느낌들을 따라가지 않고 '일어나 반드시 그치는 법〔원인을 가진 법〕'으로 받아들여 그 느낌들을 출리하므로〔正思惟〕 '즐겁지도 않고 괴롭지도 않음〔평온〕'이라는 중간에 머물게 된다. 네 번째로 양변에 대한 조건의 화합이 모여 서로 의지하는 상호의존관계로부터 드러난 중간은 갈애의 조건으로 육근과 육경을 여섯 감각장소에 묶은 전향[75]에 대한 알음알이〔六識〕이다. 갈애를 조건으로 감각기능〔根〕이 그 대상을 만나 2가지 종류의 오문五門과 의문意門에 전향하는[76] 것을 알음알이하는 것이다. 다섯 번째로 양변에 대한 조건의 화합이 모여 서로 의지하는 상호의존관계로부터 드러난 중간은 갈애를 조건으로 정신과 물질을 묶을 때의 알음알이다. 알음알이는 육신〔물질의 몸〕이라는 사대 광장에서 성주城主[77]이다. 선정을 출정한 뒤, 대상에 기우는 특징의 정신들〔名〕과 사대물질에서 파생된 감성물질로써 변하는 특징의 물질〔色〕 등의 정신·물질(nāmarūpa)에 대한 알음알이다. 느낌, 인

---

[75] MN10 Satipatthanasutta(念處經), 여섯 안팎의 감각장소에서 법을 구한다. "어떻게 세상에서 비구는 여섯 안팎의 감각장소〔phassāyatana, 內外入處〕에서 법을 따라서 법을 관찰하는가? 세상에서 비구는 안이비설신의를 알고 색성향미촉법을 알고 두 변을 조건으로 일어난 결박(saṃyojana)을 알고, 전에 없던 결박(전향)이 어떻게 생기는지 원인을 꿰뚫어 알고, 일어난 결박이 어떻게 해서 그치는지 원인에 꿰뚫어 알고, 제거된 결박이 어떻게 해서 다시는 일어나지 않는지 그 원인을 꿰뚫어 안다."라고 보는 감각기능 눈의 안문 전향과 일어나 그치는 법에 대한 의문 전향을 안다.

[76] 정명스님(2020), 앞의 책, pp.30-32. 앞의 절 『아비담마』 인식과정'은 "五門전향-전오식-받아들임-조사-결정-속행-등록, 바왕가, 意門전향-속행-등록."

[77] SN35:245 kiṃsukopamasutta(낑수까 나무 비유의 경)

식, 의도, 감각접촉, 작의 등의 정신들을 향해 기우는(nāmana) 특징으로써 정신이 사대에 파생된 심장 물질의 토대로부터 변하는(rūppana) 특징의 물질에 의지하는 것을 알음알이한다. 이상과 같이 '육내외입처와 육식六識' 그리고 '정신·물질과 알음알이〔識〕' 등 두 겹의 알음알이를 가진 이 몸〔有身〕에서, 즐거움과 괴로움의 발생을[78] 느낌, 인식, 의도, 감각접촉, 작의로 기우는 특징인 정신들과 사대에서의 심장 토대와 그 심장 토대를 의지하고 변형하는 특징인 감성물질 등에 구분한 정신·물질에서의 알음알이로부터 꿰뚫어야 한다. 이렇게 정신·물질과 알음알이와의 조건의 화합〔이것에 조건성〕을 연유로 여섯 감각장소(āyatana)들의 하나에 닿은 것을 식별〔재생연결식〕하고, 여섯 감각장소의 일어남과 사라짐에 꿰뚫어 안다. 여섯 번째로 양변에 대한 조건의 화합이 모여 서로 의지하는 상호의존관계〔處〕로부터 드러난 중간은 '자기 존재가 있음〔sakkāya, 有身見〕의 그침'이다. 갈애를 조건으로 '자기 존재가 있음'과 '자기 존재가 있음의 일어남'을 서로 의지하는 상호의존관계에 묶을 때 '자기 존재가 있음의 그침'이라는 중간이 이런저런 존재로써 드러난다. 이렇게 드러난 '자기 존재가 있음'에 대한 '일어남과 그침'이라는 양변을 '자기 존재가 있음'과의 조건의 화합을 연유로 생겨난 것에 철저하게 안다. 이처럼 '이것에 조건성〔연기〕'과 '원인을 가진 법'이

---

[78] S12:19 Bālapanditasutta, "무명의 장애를 받고 갈애를 가진 어리석은 자에게 이와 같이 이 몸이 일어난다. 이 몸이라는 것과 밖으로 정신·물질이라는 쌍이 일어나고 이 쌍을 연유로 감각접촉을 하고, 여섯 감각장소 중 하나에 닿아서 (정신·물질과의 '이것에 조건성'으로부터) 즐거움과 괴로움을 경험한다."

라는 최상의 앎으로부터 '자기 존재가 있음'에서의 상호의존관계를 연기로 설명하였다. 이상과 같이 조건의 화합으로써 연기된 법을 항상하지가 않아 변하고 괴로움이고 '나이다'고 할 수 없음과 혐오하는 등 '위빠사나 앎'으로 결정하는 여리작의를 의지하게 된다. 이처럼 이 몸을 '이것에 조건성[연기]'과 '원인을 가진 법'에 알아 유신견을 벗어나고 열반을 처음으로 보는 예류자의 봄(dassana)[79][80]을 얻게 된다.

4. 탐·진·치에 대한 고요함과 법에 머무는 앎

1) 감각장소에 대한 요소의 분석과 탐·진·치의 고요함(upasamā)

여섯 감각장소(āyatana)에서의 요소(dhātu)를 있는 그대로 알아 청정범행[81]을 구한다. 요소에 대한 염오와 이욕의 지혜와 열반의 진리와 집착의 놓아버림과 탐·진·치에 대한 고요함을 갖춘다.

내적인 것과 외적인 것의 땅의 요소, 예를 들면 머리털·몸털·손발

---

[79] AN3:92 「멀리 여읨경」, "봄이 생김과 더불어 성스러운 제자는 자기 존재가 있다는 견해, 의심, 계율과 세계에 대한 집착의 3가지 족쇄를 제거한다." 족쇄를 제거한 예류자는 봄을 얻었기 때문에 법의 눈(cakkhu)을 얻었다.(DN3, MN56)
[80] 정명스님(2023), 앞의 책, pp.271-273, 정신·물질을 조건으로 육입이 … 괴로움 무더기 일어남의 바른 깨달음을 보는 예류자는 유신견, 의심, 계금취를 제거.
[81] SN35:73 Chaphassāyatanasutta, "여섯 감각장소의 일어남과 사라짐을 달콤함과 위험함에서 벗어나 있는 그대로를 꿰뚫어 알지 못하면 청정범행을 성취하지 못한다."

톱 · 이 · 살갗 · 살 · 힘줄 · 뼈 · 골수 · 콩팥 · 염통 · 간 · 근막 · 지라 · 허파 · 창자 · 장간막 · 위 속의 음식 · 똥과 그 외에도 몸 안에 있고 개개인에 속하는 땅〈물, 불, 바람, 허공〉과 딱딱하고 견고한〈액체상태, 뜨거운, 바람의 기운, 허공에 속하는〉 것과 업에서 생긴 것은 무엇이건 이를 일러 내적인 땅〈물, 불, 바람, 허공〉의 요소라 한다. 내적인 '땅, 물, 불, 바람, 허공'의 요소든 외적인 '땅, 물, 불, 바람, 허공'의 요소든 그것은 단지 '땅, 물, 불, 바람, 허공'의 요소일 뿐이다. 이에 대해 '이것은 내〈나의 것, 나의 자아〉가 아니다.'라고 있는 그대로 바르게 지혜로 보아야 한다. 이처럼 이것을 있는 그대로 바른 지혜로 보아 '땅, 물, 불, 바람, 허공'의 요소를 역겨워하고 마음이 '땅, 물, 불, 바람, 허공'에 대한 탐욕을 빛바램하는 것이다.[82]

사람을 '땅, 물, 불, 바람, 허공, 알음알이〔識〕' 등의 6가지 요소〔dhātu, 界〕에 이루어졌다고 지혜로이 분석한다. 사람은 18가지 마노〔意〕의 고찰로써 이루어졌다. 즉, 눈〈귀, 코, 혀, 몸, 마노〉으로 형색〈소리, 냄새, 맛, 촉감, 법〉을 보는〈듣는, 맡는, 맛을 보는, 촉감하는, 아는(viññāya)〉데 '기뻐하는 마음이나 싫어하는 마음이나 평정' 등으로서 형색〈소리, 냄새, 맛, 촉감, 법〉을 마노의 고찰(upavicāra)에서 경험한다. 이때 괴로움이 그친 열반에 관한 진리를 보호해야 하고, 집착에 대한 놓아버림에 힘써야 하고, 탐 · 진 · 치를 완화시켜 고요함에 닦는 등 4가지 토대(지혜, 진리, 버림, 고요함)를

---

82 MN28 Mahāhatthipadopamasutta(상적유경), 사성제의 큰 발자국 안에 포함됨.

분석해야 한다. 4가지 토대에 굳게 선 자는 '나이다.'라는 환상에 대해 흔들리지 않고 갈망하지 않고 고요한 성자가 된다. 우선해야 할 지혜는 땅, 물, 불, 바람, 허공, 알음알이 요소들을 삼특상[무상, 고, 무아]으로 알며 역겨움과 이욕을 한다.

사람은 6가지 요소로 이루어졌다. 6가지 감각장소로 이루어졌다. 18가지 마노의 고찰로 이루어졌다. 사람은 4가지 토대[지혜, 진리, 버림, 고요함]를 가진다. 여기에 굳게 선 자에게 환상幻想이 일어나지 않으며, 환상이 다시는 일어나지 않을 때 고요한 성자라고 한다. (땅, 물, 불, 바람, 허공, 알음알이) 지혜를 소홀히 여겨서 안 되고, 진리를 보호해야 하고, 버림을 힘써야 하고, 고요함을 공부한다. - 이것이 6가지 요소의 분석에 대한 요약이다.[83]

사람이 6가지 요소[땅, 물, 불, 바람, 허공, 알음알이(識)]로써 이루어진다는 지혜로부터 괴로움의 그침에 관한 앎을 소홀히 하지 않고, 열반에 관한 진리를 보호하고, 집착에 대한 놓아버림을 힘쓰고, 탐·진·치貪瞋痴에 대한 고요함을 갖추어야 한다. 먼저 땅, 물, 불, 바람, 허공 요소들을 역겨워하고 이욕하는 지혜이다. 이때 알음알이〔識〕의 요소에 관한 지혜는 즐거움〈괴로움, 괴롭지도 즐겁지도 않음〉을 느끼면 거기에 매이지 않고 또한 생명의 마지막 느낌을 '몸이 파괴되어 더 이상 즐겁게 느껴지지 않고 식어버릴 것'에 분명히

---

83 MN140 Dhātuvibhaṅgasutta, 대림스님 역(2012), 『맛지마니까야』 제4권, pp.476-502, 18개 고찰은 6가지 요소×3(정신적 만족, 정신적 불만족, 평온).

아는 것이다.[84]

---

[84] MN140 Dhātuvibhaṅgasutta, "이제 청정하고 순수한 알음알이〔識〕만이 남았다. 이 알음알이로 무엇을 아는가? 그는 '즐겁다〈괴롭다, 괴롭지도 즐겁지도 않다〉'라고 안다. 즐거움〈괴로움, 즐겁지도 괴롭지도 않음〉을 느낄 감각접촉을 연유로 즐거운〈괴로운, 즐겁지도 괴롭지도 않은〉 느낌이 일어난다. 즐거움〈괴로움, 즐겁지도 괴롭지도 않음〉을 느끼면서 '나는 즐거운〈괴로운, 즐겁지도 괴롭지도 않은〉 느낌을 느낀다.'고 꿰뚫어 안다. '즐거움〈괴로움, 즐겁지도 괴롭지도 않음〉을 느낄 그 감각접촉의 그침과 더불어 즐거움〈괴로움, 즐겁지도 괴롭지도 않음〉을 느낄 감각접촉을 연유로 일어난 즐거운〈괴로운, 즐겁지도 괴롭지도 않은〉 느낌도 그치고 가라앉는다.'고 꿰뚫어 안다.… 이와 같이 즐거운〈괴로운, 즐겁지도 괴롭지도 않은〉 느낌의 접촉에 의존해서 즐거운〈괴로운, 즐겁지도 괴롭지도 않은〉 느낌이 일어나고, 즐거운〈괴로운, 즐겁지도 괴롭지도 않은〉 느낌을 느끼면, '나는 즐거운〈괴로운, 즐겁지도 괴롭지도 않은〉 느낌을 느낀다.'라고 꿰뚫어 안다. 그 즐거운〈괴로운, 즐겁지도 괴롭지도 않은〉 느낌의 접촉에 그침이 있으므로 '그것에서 생겨나 느껴지는 즐거운〈괴로운, 즐겁지도 괴롭지도 않은〉 느낌의 접촉을 조건으로 일어난 즐거운〈괴로운, 즐겁지도 괴롭지도 않은〉 느낌이 그치고 멈춘다.'라고 꿰뚫어 안다. 이제 청정하고 순수하고 부드럽고 다루기 쉽고 빛나는 평온이 남았다.… 이처럼 꿰뚫어 안다. '내가 만일 이와 같이 순수한 평온을 공무변처〈식무변처, 무소유처, 비상비비상처〉에 기울여 적절하게 마음을 닦아도 이것은 형성된 것이다. 그는 존재나 비존재를 형성하지도 않고 의도하지도 않는다. 존재나 비존재를 형성하지도 의도하지도 않을 때 그는 세상의 어느 것도 취착하지 않는다. 세상의 어느 것도 취착하지 않을 때 그는 동요하지 않는다. 동요하지 않을 때 그는 스스로 완전한 열반을 얻는다. 그는 '태어남은 다했다. 청정범행은 성취되었다. 할 일을 다해 마쳤다. 다시는 어떤 존재로 돌아오지 않을 것이다.'고 꿰뚫어 안다. 만일 즐거운〈괴로운, 즐겁지도 괴롭지도 않은〉 느낌을 느끼면 그는 '그것은 무상하다.'〈'연연할 것이 못된다.', '기뻐할 만한 것이 아니다.'〉라고 꿰뚫어 안다. 즐거운〈괴로운, 괴롭지도 즐겁지도 않은〉 느낌을 느끼면 그는

이와 같이 구족한 비구는 이런 궁극적인 지혜의 토대를 구족한다.
이것이 궁극적 성스러운 지혜(ariyā paññā)이니, 바로 괴로움의
그침에 대한 앎이다. 이런 그의 해탈은 진리에 확고하여 흔들림이
없다. 비구여, 허황한 법은 거짓이고 허황하지 않는 법인 열반은
진리이기 때문이다. 그러므로 이와 같이 구족한 비구는 궁극적인
진리의 토대를 구족한다. 이것이 궁극적인 성스러운 진리이니,
바로 허황하지 않는 법인 열반이다. 전에 그가 어리석었을 때
그에게는 재생의 근거가 있었고 거기에 빠졌다. 이제 그것을 제거
하고 그 뿌리를 자르고 그것을 야자수 줄기처럼 만들고 멸절시켜
미래에 다시는 일어나지 않게 했다. 이와 같이 구족한 비구는
이런 궁극적인 버림(cāgo)의 토대를 구족한다. 이것이 궁극적인
성스러운 버림이니, 바로 모든 집착의 놓아버림이다. 전에 그가
어리석었을 때 그는 탐욕과 열망과 욕망〈분노와 악의와 혐오,
무명과 어리석음〉이 있었다. 이제 그것을 제거하고 … 미래에
다시는 일어나지 않게 했다. 이와 같이 구족한 비구는 궁극적인
고요함의 토대를 구족한다. 이것이 궁극적인 성스러운 고요함이
니, 바로 탐·진·치의 고요함이다. 이처럼 '사람은 지혜를 소홀히
여겨서는 안 된다. 진리를 보호해야 한다. 버림을 길러야 한다.
고요함을 공부 지어야 한다.'라고 이것을 연유로 한 말이다.[85]

거기에 매이지 않고 그것을 느낀다. 그는 몸〈생명〉의 마지막 느낌을 느낄
때, '나는 지금 몸〈생명〉의 마지막 느낌을 느낀다.'라고 꿰뚫어 안다. '몸이
무너져 생명이 다하면, 바로 여기서 이 모든 느낌에 기뻐할 것이 없고 싸늘하게
식을 것이다.'라고 꿰뚫어 안다." 이렇게 알음알이〔識〕를 놓아버린다.
[85] MN140 Dhātuvibhaṅgasutta, "여기에 굳게 선 자에게 허황된 환상〔空想〕이

6가지 요소에 대한 염오와 이욕의 지혜와 열반의 진리와 집착의 놓아버림과 탐·진·치에 대한 고요함에서, 12연기라는 괴로움 무더기의 발생을 최상의 앎(abhiññā)으로 갖추고 사성제의 바른 깨달음을 구한다. 이때 알음알이와 정신·물질과의 '이것에 조건성'으로부터 여섯 감각장소(phassāyatana)를 일어남과 사라짐으로 꿰뚫어 알아 6가지 요소를 염오하고, 여섯 감각장소의 달콤함과 위험함에서 벗어난다.[86] 즉, 사대물질에서 파생된 눈〈귀, 코, 혀, 몸, 마노〉의 감각장소를 조건으로 일어난 감각접촉, 느낌, 인식, 의도〔行〕 등의 알음알이〔識〕에 대해서 집착하지 않고 얽매이지 않을 때 오취온五取蘊이 쌓이지 않고 갈애가 제거되고 평온을 누린다. 이와 같은 수행을 팔정도에서 닦을 때 사념처, 사정근, 오근, 오력, 칠각지[87], 사여의족

일어나지 않으며 환상이 더 이상 일어나지 않을 때 고요한 성자라고 한다."

[86] 각묵스님 역(2009), 앞의 책, pp.160-162, SN35:73 Chaphassāyatanasutta(무아상경), '여섯 감각장소(āyatana)의 일어남과 사라짐을 달콤함과 위험함에서 벗어나 있는 그대로 꿰뚫어 알지 못하면 청정범행을 성취하지 못했고 법과 율에서 멀리 있다. … 비구여 어떻게 생각하는가? 눈〈귀, 귀, 코, 혀, 몸, 마노〉은 항상한가, 무상한가? 무상합니다. … 무상한 것은 괴로움인가? 즐거움인가? 괴로움입니다. 그러면 무상하고 괴로움이고 변하기 마련인 것을 두고 '이것은 내 것이다. 이것은 나다. 이것은 나의 자아다.' 라고 하는 것이 타당한가? 그렇지 않습니다. … 이렇게 보는 잘 배운 성스러운 제자는 눈〈귀, 코, 혀, 몸, 마노〉에 대해서 염오한다. 염오하면서 탐욕이 빛바래고 탐욕이 빛바래므로 해탈한다. '태어남은 다했다. 청정범행은 성취되었다.'

[87] SN46:52 Pariyāyasutta(Bojjhaṅgasutta) "안으로(안이비설신의) 법들에 관한 문지기도 염각지(satisambojjhaṅgo)이고, 밖으로(색성향미촉법, 명색) 법들에 관한 문지기도 염각지念覺支이다. 염각지는 이러한 설명으로 두 겹이다. 안으로

[37道品] 등도 닦게 되고 사마타와 위빠사나[止觀]가 드러난다. 그래서 최상의 앎으로 알아야 할 법들로서 오취온을 철저히 알고, 최상의 앎으로 버려져야 할 법들로서 무명과 존재와 갈애를 알고, 최상의 앎으로 닦아야 할 법은 사마타와 위빠사나이고, 최상의 앎으로 실현해야 할 법은 밝음[明]과 벗어남(해탈)이다. 먼저 여섯 감각장소에 대한 법들을 있는 그대로 알아야 한다.

눈〈귀, 코, 혀, 몸, 마노〉을 있는 그대로 알고 보며, 형색〈소리, 냄새, 맛, 촉감, 법〉들을 있는 그대로 알고 보며, 눈〈귀, 코, 혀, 몸, 마노〉의 알음알이[識]를 있는 그대로 알고 보며, 눈〈귀, 코, 혀, 몸, 마노〉의 감각접촉을 있는 그대로 알고 보며, 눈〈귀, 코,

---

법들에 대해 지혜로이 '검증, 고찰, 두루 탐구함'도 택법각지(dhammavica-yasambojjhaṅgo)이고, 밖으로 법들에 대해 지혜로이 '검증, 고찰, 두루 탐구함'도 택법각지擇法覺支이다. 택법각지는 이러한 설명으로 두 겹이다. 몸의 부수(42개 부위相)에 대한 정진(viriya)도 정진각지이고, 마음부수(cetasika)에 대한 정진도 정진각지이다. 정진각지는 이러한 설명으로 두 겹이다. 일으킨 생각(vitakka)과 지속적 고찰(vicāra)를 갖춘 희열(pīti)도 희각지이고, 일으킨 생각과 지속적 고찰이 없는 희열(전율, 유체이탈, 법열)도 희각지이다. 희각지는 이러한 설명으로 두 겹이다. 몸(몸 형성)의 경안도 경안각지이고, 마음(마음 형성)의 경안도 경안각지이다. 경안각지는 이러한 설명으로 두 겹이다. 일으킨 생각과 지속적 고찰을 가진 삼매(초선)도 정각지이고, 일으킨 생각과 지속적 고찰이 없는 삼매(이선-삼선)도 정각지이다. 정각지는 이러한 설명으로 두 겹이다. 안으로 법들에 관한 평온도 사각지(upekhāsambojjhaṅgo)이고, 밖으로 법들에 관한 평정도 사각지捨覺支이다. 사각지는 이러한 설명으로 두 겹이 된다."

혀, 몸, 마노〉의 감각접촉을 조건으로 일어난 즐겁거나 괴롭거나 괴롭지도 즐겁지도 않은 느낌 등을 있는 그대로 알고 볼 때 비로소 눈〈귀, 코, 혀, 몸, 마노〉에 집착하지 않고 형색〈소리, 냄새, 맛, 촉감, 법〉들에 집착하지 않고, 눈〈귀, 코, 혀, 몸, 마노〉의 알음알이에 집착하지 않고, 눈〈귀, 코, 혀, 몸, 마노〉의 감각접촉에 집착하지 않고, 눈〈귀, 코, 혀, 몸, 마노〉의 감각접촉을 조건으로 일어난 즐겁거나 괴롭거나 혹은 괴롭지도 즐겁지도 않은 느낌에 집착하지 않는다. 그가 집착하지 않고 얽매이지 않고 미혹하지 않고 만족하게 여기지 않을 때에 미래에 취착할 5가지 무더기들〔五取蘊〕이 쌓이지 않는다. 그리고 다시 태어남을 가져오고 향락과 탐욕이 함께 하며 여기저기서 즐기는 갈애가 제거된다. 그에게 육체적〈정신적〉 불안이 제거된다. 육체적〈정신적〉 고통이 제거된다. 육체적〈정신적〉 열병이 제거된다. 그는 육체적〈정신적〉으로 즐거움을 누린다. 그러한 사람의 견해가 바른 견해〔正見〕이다. 그러한 사유가 바른 사유〔正思惟〕이다. 그와 같은 정진이 바른 정진〔正精進〕이다. 그러한 문지기가 바른 문지기〔正念〕이다. 그러한 삼매가 바른 삼매〔正定〕이다. 그전에 이미 그의 몸과 말의 업과 생계는 아주 청정해졌다. 이처럼 그는 성스러운 팔정도를 수행하고 완성한다. 이와 같이 성스러운 팔정도를 닦을 때 4가지의 문지기 확립〔四念處〕, 바른 노력〔四正勤〕, 성취수단〔四如意足〕[88], 5가지 기능과

---

88 MN115『여러 가지 요소경』, 사여의족(열의, 정진, 문지기, 조사). "비구가 요소〔dhatu〕에 능숙하고 감각장소(āyatana)에 능숙하고 연기에 능숙하고 가능한 것과 불가능한 것에 능숙할 때 현자이고 조사하는 자라고 할 수가 있다."(SN22:57)

힘〔五根, 五力〕, 7가지 깨달음 구성요소〔七覺支〕도 완성된다. 그에게 사마타와 위빠사나〔止觀〕[89]의 2가지 법이 조화롭게 나타난다. 그는 최상의 앎(abhiññā)으로 철저히 알아야 할 법들〈버려야 할 법들, 닦아야 할 법들, 실현해야 할 법들〉을 최상의 앎에 철저히 안다. 최상의 앎으로 철저하게 알아야 할 법들은 물질, 느낌, 인식, 형성들, 알음알이의 무더기들〔五取蘊〕이다. 최상의 앎으로 버려야 할 법들은 무명과 존재의 갈애이다. 최상의 앎으로 닦아야 할 법은 사마타와 위빠사나〔止觀〕이다. 최상의 앎으로 실현해야 할 법은 밝음(vijjā)과 벗어남(vimutti)이다.[90]

2) 감각장소에서 법들의 차례대로 결정과 정신·물질

눈과 같은 감각기능의 문門이 그 대상인 형색을 볼 때 인식과정(vīthi)이라는 '마음의 길'로써 법들을 식별할 수가 있다. 『초전법륜경』에서 "일어나는 법은 그 무엇이든 반드시 그친다."라고, 일어나 그치는 법들을 차례대로 식별하는 자에 대해서 완전한 '앎'을 갖춘 '안냐(aññā) 꼰단냐'라고 말씀한다. 먼저 알아야 할 것은 여섯 감각장소(āyatana)이다. MN10 satipaṭṭhānasutta『염처경』에서 "안·이·비·설·신·의를 분명히 알고, 색·성·향·미·촉·법을 분명히 알며, 양변을 조건으로 생겨난 결박(전향)을 분명히 알고"의 의미를 감각장소

---

[89] AN2:3:10, "사마타를 닦으면 어떤 이로움이 있는가? 마음이 개발된다. 마음이 개발되면 어떤 이로움이 있는가? 욕망이 제거된다. 위빠사나를 닦으면 어떤 이로움이 있나? 지혜가 개발된다. 지혜가 개발되면 어떤 이로움이 있는가? 무명이 제거된다."

[90] MN149 Mahāsaḷāyatanikasutta.(DN22 mahāsatipaṭṭhānasutta)

에서의 법들로써 식별해야 한다. MN111 『Anupadasutta』에서는 사리붓다가 초선에서 사선까지 입정과 출정을 거듭하며 "법을 차례대로 결정한다."라고 한다. 눈으로 형색을 볼 때[91], 감각장소에서 정신들의 식별을 "법을 차례대로 결정한다."로서 말할 수가 있다. 감각장소에서는 먼저 눈과 형색의 결박이 있고 다음에 마노[意]와 법을 결박하는 등 2가지 문門의 전향이 있다. 2가지 문에 관한 마음의 길[인식과정]에서는 눈과 같이 단지 보는 작용의 역할로써 안문眼門 전향의 인식과정이 있고 또한 눈 감성물질을 속히 아는[속행] 의문意門 전향의 인식과정이 있다. 사선정 이후 감각기능이 결여되지 않은 상태인 '마노로 만든 몸'이 의문 인식과정이다.

하지만 범부는 형색을 볼 때 감각장소에서 안문眼門 전향에 따른 알음알이[眼識]가 이전 문에서 습기習氣와 탐냄에 의해서 왜곡되므로 악업의 유익하지 않은[불선] 속행을 하고 의문 전향이 배제된다. 그래서 눈과 형색의 결박을 (身·口·意) 형성들[行]로 알음알이하는 조건으로 정신·물질을 알음알이하고, 정신·물질을 알음알이하는 조건으로 여섯 감각장소(육입)를 알음알이하고, 여섯 감각장소에 닿은 조건으로 감각접촉을 알음알이하고, 그러한 (근·경·식) 감각접촉을 조건으로 해서 즐겁거나 괴로운 느낌이 생겨나는 것이다. 이러한 조건의 화합[이것에 조건성]들로써 금생에서 괴로움의

---

[91] 걷기 명상에서 매번 걸음마다 감각장소가 생기고 혹은 호흡관에서 숨을 내쉬거나 들이쉴 때 윗입술에 살짝 치는 니밋따가 감각장소이다. 혹은 눈으로 날아다니는 나비를 볼 때 나비의 날개가 낱낱이 퍼득이는 장면으로 볼 수가 있을 때가 감각장소이다.

발생〔연기〕을 식별하게 된다. 이와 같이 감각기능〔意根〕이 결여되어 있는 상태인 범부는 눈으로 형색을 볼 때 습기와 탐냄에 의해 오염된 알음알이로써 감각장소를 집착하고, 오취온五取蘊에 빠져 쾌락에 치달리고, 그 즐거움의 항상함을 원하지만 결국은 늙음·죽음이라는 괴로움을 마주한다.

반면에 사선정을 개발한 자는 안문眼門 전향에 따른 알음알이〔眼識〕에서 습기와 탐냄이 없으므로 단지 보는 감각기능의 작용만을 속행하고, 감각기능이 결여되지 않은 '마노〔意〕로 만든 몸〔意成身〕'의 상태에 있다. 즉, 사선정 이후의 믿을 만한 '빠띠바가 니밋따'의 빛으로부터 심장 위에 눈 투명요소가 나타나거나 혹은 니밋따의 빛이 '바왕가-마노투명요소'에 부딪히면서 눈 투명요소를 대상에 취한 의문 인식과정〔心路〕[92]이 일어난 것이다. '바왕가'에 의해서 분리된 의문 인식과정에서 의문전향이 눈 투명요소를 결정할 때, 눈 투명요소를 눈 투명요소〈구체적 물질, 눈 투명요소를 일어나고 사라지는 법으로 '무상', 눈 투명요소가 끊임없이 일어나고 사라지므로 '괴로움', 눈 투명요소가 지속될 실체가 없다는 '무아', 눈 투명요소의 나쁜 냄새를 혐오스러움〉라고 속히 아는 속행들의 상속이 일어난다. 이처럼 의문 전향의 12개 정신들[93]이 눈 감성물질을 눈 투명요소와 구체적 물질과 삼특상(무상·고·무아)과 혐오스러움 등의 '위빠사

---

[92] 제2장 5. "사선정과 『아비담마』에서 법의 인식과정"에서 상세히 기술함.
[93] 정명스님(2020), 『사마타·루빠 명상 매뉴얼』, 비움과소통, pp.26-27, "(대상을 아는) citta, phassa, vedanā, saññā, cetanā, ekaggatā, jīvitindriya(생명기능), manasikāra(작의), vitakka, vicāra, adhimokkha(결심)"과 평온한 느낌.

나 앎'으로 결정하는 여리작의를 의지하는 것으로서 '속행의 토대가 되는 여리작의'를 속행하는 마음의 상속이 일어난다. 즉, 의문전향의 12개 정신들이 눈 감성물질을 '위빠사나 앎'으로 결정하는 여리작의를 의지하는 것으로서 유익한 속행을 하므로 정신·물질의 그침을 식별한다. 이렇게 마노의 문〔意門〕에서의 지혜로운 여리작의로부터 안팎 감각장소〔意-法〕를 일어남과 사라짐에서 꿰뚫는다.

3) 정신·물질로부터 앎과 봄(ñāṇadassana)이 예류자

팔정도에서 정신·물질의 일어남과 그침을 꿰뚫고, 여섯 감각장소의 일어남과 사라짐과 달콤함과 위험함과 벗어남을 인식과정에서 꿰뚫어 알아야 한다. 즉, 감성물질 눈〈귀, … 몸〉을 염오하면 탐욕이 빛바래므로 탐욕을 벗어난다. 사성제에 대한 무명을 조건으로 몸과 말과 마음의 형성들〔saṅkhārā, 行〕이 생겨나고, 형성들을 조건으로 알음알이가 생겨난다. 알음알이를 조건으로 정신·물질이 생겨난다. 즉, 알음알이를 조건으로 오문五門과 의문意門 전향이 일어나고, 의문 전향에서의 정신들의 식별이 눈 투명요소을 '위빠사나 앎'으로 결정하는 여리작의를 의지하는 유익한 속행으로부터 정신·물질의 그침을 식별할 수가 있다.

> 다섯 감각기능〔根〕 눈〈귀, 코, 혀, 몸〉이 서로 다른 대상과 다른 영역을 갖고 있어, 서로 다른 영역과 대상을 경험하는데, 마노(mano)가 그들 각자의 의지처이고, 마노〔意〕가 그들 각자의 영역과 대상을 경험한다.[94]

의지하는 조건으로써 물질의 몸이 정신의 몸에 대해서 조건이 된다. 이때 물질의 몸(rūpakāya)이라고 하는 사대물질과 파생물질은 토대이다. 앞의 『아비담마』 인식과정에서 "눈, 귀, 코, 혀, 몸, 마노의 알음알이는 함께하는 마음부수들〔정신〕과 함께 눈〈귀, 코, 혀, 몸, 심장〉이라는 물질을 의지하여 일어난다."라고 하였다.

각각의 성질들이나 특징들이나 표상들이나 개요들에 의해서 '정신의 몸 무더기(nāmakāyassa)'라는 개념이 생긴다. 만약 이런 각각의 성질들이나 특징들이나 표상들이나 개요들이 존재하지 않는다면 물질의 몸 무더기(rūpakāyassa)에서 이름으로 바르게 생겨난 감각접촉〔adhivacanapaṭighasamphasso, 命名觸〕이 알려질 수 있는가? 없습니다, 세존이시여. 아난다여, 여기 각각의 성질들이나 특징들이나 표상들이나 개요들에 의해서 물질의 무더기라는 개념이 생긴다. 그러나 만약 이런 각각의 성질들이나 특징들이나 표상들이나 개요들이 존재하지 않는다면 '정신의 몸에서 감각적 반응으로 바르게 생겨난 감각접촉〔nāmakāyepaṭighasamphasso, 有對觸〕' 이 알려질 수 있는가? 없습니다, 세존이시여. 아난다여, 여기 각각의 성질들이나 특징들이나 표상들이나 개요들에 의해서 정신·물질이라는 개념이 생긴다. 만약 이런 각각의 성질들이나 특징들이나 표상들이나 개요들이 존재하지 않는다면 감각접촉이 알려질

---

94 MN43 Mahāvedallasutta, 意(mano)를 제외한 5개 감성물질이 삼특상(무상·고·무아)에서의 법이다. 안이비설신 오문五門과 삼특상으로 여리작의할 의문意門이라는 육내외입처 문지기가 염처이고, 이때 여리작의할 법의 확립이 유익한 과보이다.

수 있는가? 없습니다, 세존이시여. 아난다여, 그러므로 정신·물질이라는 그것이 바로 감각접촉의 원인이고, 근원이고, 기원이고, 조건이다.[95]

성질이나 특징들이나 표상들이나 개요에 의해서 정신이나 물질의 몸이 개념화되고 알려지는 것은 사리붓다의 "법들을 차례대로 결정한다."의 의미이다. 즉, 눈과 같은 감성물질의 몸[色身]이 정신의 몸[名身]에 대해서 조건이 되는 바로서 정신·물질이 감각접촉의 원인이 되고, 근원이고, 기원이고, 조건이 된다. 이를 색계의 의문 인식과정에서 행한다. 색계의 의문 인식과정에서, 의문 전향의 12개 정신들이 눈 투명물질을 눈 투명물질과 삼특상과 혐오스러움 등의 '위빠사나 앎'으로 결정하는 여리작의(yonisomānasikāra)를 의지하는 바의 속행과 등록이 일어난다.[96] 즉, 정신의 몸[名身]이 '위빠사나 앎'이라는 속행을 가진 물질의 몸[色身]을 의지하는 것으로서 정신·물질의 그침이 일어난다. 정신·물질의 그침이 일어나는 조건

---

[95] 각묵스님 역(2006), 『디까 니까야』 2권, 초기불전연구원, pp.135-137, D15 『대인연경』.

[96] 주의를 기울이다(āvajjati)의 작의(manasikaroti)는 의문 전향과 속행과 등록의 정신들에 기우는 의문意門 인식과정으로써 정신이다. "여리작의란 무상⟨괴로움, 무아, 더러운 것⟩이라는 진리에 순응하여 마음이 굴러가고 함께 전개되고 마음에 두는 것을 말한다."(MA. i.64)「위빳시 경」에서 위빳시 부처님(칠불)은 여리작의를 통해서 12연기를 지혜에 관통하고 일어남과 사라짐에 대한 눈, 앎, 지혜, 밝음, 광명이 생겼다고 말한다. 삼계의 무더기들을 '이것이 괴로움이다.'라고 여리작의한다. 〔이렇게 위빳사나 앎이 일어난다.-MAT〕

으로 여섯 감각장소에 대한 식별이 그친다. 이렇게 정신·물질을 식별하는 조건으로 해서 여섯 감각장소를 일어남과 사라짐에서 꿰뚫어 알 때 연기緣起에 대한 봄(dassana)은 청정하고 처음으로 열반을 보게 된다. 이와 같이 열반을 처음 보는 예류자(sotāpanna)[97]는 유신견, 의심, 계율과 서계書契에 대한 집착〔戒禁取〕의 족쇄가 그친다.

어떻게 해서 비구의 봄(dassana)은 아주 청정하게 됩니까? 도반이여, 6가지 감각장소〔육입〕를 일어남과 사라짐에 있는 그대로 꿰뚫어 알 때 봄은 아주 청정하게 됩니다.[98]

---

[97] 수단원의 "봄(dassana)은 첫 번째 도(pathama-magga) 예류도이다. 오염원의 제거를 성취하여 첫 번째로 열반을 보기 때문에 '봄'이라고 부른다."(SA.iii.55)

[98] SN35:245 Kiṁsukopamasutta, "거기에 지혜롭고 슬기롭고 현명한 문지기가 있어, 모르는 자들은 제지하고 아는 자들만 들어가게 한다. 그때 동쪽에서 재빠른 전령 두 명이 달려와서 문지기에게 '여보시오, 지금 이 도시의 성주는 어디에 계시오?'라고 말하면 그는 '지금 그분은 중앙광장에 앉아 계십니다.'라고 대답할 것이다. 그러면 그 전령은 성주에게 있는 그대로 보고를 한 뒤 들어온 길을 따라서 되돌아 갈 것이다. 그때 서쪽〈북쪽, 남쪽〉에서 … 보고를 한 뒤 길을 따라서 되돌아 갈 것이다. 내가 만든 이 비유의 뜻은 다음과 같다. 도시라는 것은 4가지 근본물질로 이루어진 이 몸을 말한 것이다. 이 몸은 부모에게서 생겨났고, 밥과 죽으로 집적되었으며, 무상하고 파괴되고 분쇄되고 해체되고 분해되기 마련이다. 여섯 개의 문은 6가지 안의 감각장소(āyatana, 육입)이다. 비구여, 문지기란 sati를 두고 한 말이다. 전령 두 명은 사마타와 위빠사나이다. 성주는 알음알이〔識〕이다. 중앙광장은 4가지 근본물질이니, 그것은 땅, 물, 불, 바람의 요소이다. 있는 그대로의 소식은 열반을 두고 한 말이다. 들어온 길이란 8가지 구성요소를 가진 성스러운 팔정도이다."

알음알이가 사대물질[육신]에서 성주城主이다. 알음알이를 조건으로 정신·물질이 생기고, 정신·물질을 알음알이[재생연결식]하는 조건으로 여섯 감각장소[saḷāyatana, 육입]가 일어난다. 이때 여섯 감각장소 가운데 '눈, 귀, 코, 혀, 몸'의 다섯은 감성물질이고 마노〔意〕의 감각장소는 과보의 마음이다.[99] 사대에서 파생된 눈〈귀〉감성물질을 '위빠사나 앎'으로 결정하는 여리작의를 의지하는 바의 정신·물질을 알음알이하는 조건으로부터 괴로움의 그침을 바르게 견해한다. 법에 능숙해서 여리작의할 법을 철저히 꿰뚫어 사성제를 알고 유신견을 제거한다.

무엇을 알고 무엇을 보는 자가 번뇌[100]들이 그치는가? 여리작의如理作意와 여리작의하지 않은 자이다. 여리작의하지 않은 자에게 아직 일어나지 않은 번뇌들은 일어나고, 이미 일어난 번뇌들은 증가한다. 여리작의如理作意하는 자에게 아직 일어나지 않은 번뇌들은 일어나지 않고, 이미 일어난 번뇌들은 없어진다. 비구여,

---

99 업에서 생긴 물질들이 일어날 때 이들은 5가지 감각장소가 일어나는 조건이다. 물론 5가지 감각장소도 업에서 생긴 물질의 한 형태이다. 즉, 마노의 감각장소를 일어나게 하는 조건이다. 다시 말하면 12연기 3번째 알음알이가 4번째 정신[名]을 조건 짓고 그 정신은 다시 5번째 여섯 감각장소를 과보인 알음알이에 조건 짓는다.[재생연결식] 욕계에서 정신·물질은 여섯 감각장소 모두를 일어나도록 조건 짓고 색계에서는 눈과 귀와 마노의 감각장소들만 일어난다. 무색계에서는 마노만이 유일한 감각장소이다.

100 MN2 Sabbāsavasutta, "눈〈귀, 코, 혀, 몸, 마음〉으로 나오기(āsavanti) 때문에 '번뇌'라 한다. 감성물질 법은 종성, 비상비비상처까지 흐름."(MA. i .61)

'봄(見)〈단속함, 수용함, 감내함, 피함, 버림, 수행〉'으로써 없애야 할 번뇌들이 있다. 어떤 것이 봄으로써 없애야 할 번뇌들인가? … 잘 배운 성스러운 제자는 성자들을 친견하고 성스러운 법에 능숙하고〈인도하고〉, 바른 사람들이〈친견하게, 법에 능숙하게, 법에 인도〉 되어 작의해야 할 법들을 꿰뚫어 알고 작의하지 말아야 할 법들을 꿰뚫어 알아서, 작의하지 말아야 할 법들을 작의하지 않고 작의해야 할 법들을 작의한다. … 무엇이 그가 작의하고 있는 법으로써 작의해야 할 법들인가? 어떤 법들을 작의할 때 아직 일어나지 않은 감각적 욕망〈존재, 무명〉에 기인한 번뇌가 일어나지 않고 이미 일어난 감각적 욕망〈존재, 무명〉에 기인한 번뇌가 없어지면, 그 법들은 그가 작의하고 있는 법으로써 작의해야 할 법들이다. 그가 작의하지 말아야 할 법들을 작의하지 않고, 작의해야 할 법들을 작의하고 있기 때문에 아직 일어나지 않은 번뇌들은 일어나지 않고 이미 일어난 번뇌들은 없어진다. 그는 '이것이 괴로움〈괴로움의 일어남, 괴로움의 그침, 괴로움의 그침에 인도하는 도 닦음〉이다.'라고 여리작의를 한다. 그가 이와 같이 여리작의하면 3가지 족쇄들이 제거되나니, 자기 존재가 있다는 견해, 의심, 계행과 의례의식에 대한 집착이다. 비구여, 이를 봄으로 없애야 할 번뇌라고 말한다.[101]

---

[101] 대림스님 역(2012), 『맛지마 니까야』 제1권, 초기불전연구원, pp.170-192. "이 괴로움을 일어나게 하는 갈애를 '이것이 일어남이다.'라고 여리작의한다. 괴로움과 일어남이 이곳에 이르러 그치고 일어나지 않기 때문에 '이것이 열반이라 부르는 괴로움의 그침이다.'고 여리작의한다. 그침을 성취하는 팔정도 '이것이 괴로움의 그침에 인도하는 도 닦음이다.'에 여리작의한다."

4) 법들에 대한 위빠사나와 12연기로써 법에 머무는 앎

MN111 「차례대로경」에서 사리붓다가 보름 동안 차례대로 법들에 대한 위빠사나[102]를 닦는다. 즉, 초선정에서 정신들의 식별로부터 청정한 문지기(sati)의 사선정까지 정신들의 식별과, 또한 형상〔色〕을 초월하고 '무한한 허공'으로 인식하는 공무변처空無邊處, '무한한 알음알이〔識〕'로 인식하는 식무변처, '아무것도 없음'으로 인식하는 무소유처, 인식을 완전히 초월한 비상비비상처非想非非想處 등의 앎(ñāṇa)을 갖추고 출정한다. 다시 비상비비상처를 완전히 초월하여 상수멸想受滅을 앎으로 구족하여 머문다. 그리고 도의 지혜(maggapaññā)로써 4가지 성스러운 진리(사성제)를 보고 번뇌(āsavā)를 남김없이 소멸한다. 이와 같이 구차제정九次第定으로써 입정과 출정을 하고 과거에 그치고 변해버린 그 법들을 따라가며 관찰〔法隨觀〕한다. '이와 같이 이 법들은 없었는데 생겨나고, 있다가는 사라진다.'라고, 법들에 대해 홀리지 않고 저항하지 않고 집착하지 않고 매이지 않고 벗어나고 자유롭고 한계가 없이 머문다. '이보다 높은 벗어남은 없다.'라고 꿰뚫어 아는 바로써 정신들을 식별한다. 표현할 수 있는 모든 개념을 정신들의 식별로써 철저하게 알게 되면,[103] 괴로움이라고 표현할 어떤 것도 남아 있지 않아 괴로움을

(MA.i.72)

102 법들을 차례대로 하나씩 삼특상하거나 하나로 묶어 삼특상에 식별.

103 SN1:20 Samiddhisutta, "표현할 수 있는 것을 인식하는 중생들은 표현할 수 있는 것에 머물러 있나니, 표현할 수 있는 것을 철저하게 알지 못하면 죽음의 굴레에 매이게 된다. 그러나 표현할 수 있는 것을 철저하게 알면

벗어난다. 즉, 12연기는 11가지 조건의 화합[이것에 조건성]의 연기와 원인을 가진 법에서 법을 따라가며 법에 머무는 앎을 제공한다.

연기를 자세히 분별하여 설한다. … 그러면 비구여, 늙음과 죽음이란 무엇인가? 이런저런 중생들이 이런저런 중생들의 무리 가운데서 나이가 들고, 노쇠하고, 이빨이 부서지고, … 수명이 감소하고 여러 감각기관이 무너진다. 이것을 늙음이라고 한다. 이런저런 중생들이 이런저런 중생들의 무리로부터 멸망하고, 제거되고, 부서지고, 사라지고, 죽고, 오온이 부서지고, 시체를 안치하고, 명근이 끊어지는 것, 이것을 죽음이라고 한다. 그러면 태어남은 무엇인가? 이런저런 중생들이 이런저런 중생들의 무리로부터 태어나고, 출생하고, 도래하고, 생기고, 오온이 나타나고, 감각기관을 획득하는 등을 태어남이라고 한다. 그러면 존재란 무엇인가? 3가지 존재가 있으니 감각적 욕망의 욕계, 물질 존재의 색계, 물질 존재가 없는 무색계이다. 그러면 취착이란 무엇인가? 4가지 취착이 있으니, 감각적 욕망에 대한 취착, 견해에 대한 취착, 계율과 의식에 대한 취착, 자아의 교리에 대한 취착이 그것이다. 그러면 갈애란 무엇인가? 6가지 갈애가 있으니, 형색〈소리, 냄새, 맛, 감촉, 법〉에 대한 갈애가 그것이다. 그러면 느낌이란 무엇인가? 6가지 느낌이 있으니, 눈〈귀, 코, 혀, 몸, 마노〉의 감각접촉에 의해 생기는 느낌이 그것이다. 그러면 감각접촉이란 무엇인가?

표현하는 자를 여기지 않나니, 그에게는 그런 것이 존재하지 않기 때문에 그를 표현할 그 어떤 것도 그에게 존재하지 않는다." 눈의 감성물질을 인식과정에서 위빠사나 앎에 철저하게 표현.

6가지 감각접촉이 있으니, 눈〈귀, 코, 혀, 몸, 마노〉에 의한 접촉이 그것이다. 그러면 6가지 감각장소란 무엇인가? 눈〈귀, 코, 혀, 몸, 마노〉이라는 감각장소가 그것이다. 그러면 정신·물질이란 무엇인가? 여기서 느낌과 인식과 의도와 감각접촉과 작의가 정신이다. 그리고 사대물질과 사대물질로부터 파생된 물질을 합쳐서 물질이다. 그러면 알음알이란 무엇인가? 여섯 가지 알음알이가 있으니, 눈〈귀, 코, 혀, 몸, 마노〉의 식識이 그것이다. 그러면 형성들[行]이란 무엇인가? 3가지 형성, 즉 몸의 형성[kāyasaṅkhāro, 身行]과 언어의 형성[vacīsaṅkhāro, 語行]과 마음의 형성[cittasaṅkhāro, 心行]이 그것이다. 그러면 무명이란 무엇인가? 괴로움〈괴로움의 일어남, 괴로움의 그침, 괴로움의 그침에 인도하는 도 닦음〉에 대한 무명이 그것이다. 이와 같은 무명을 조건으로 형성[行]이 있다. 형성을 조건으로 알음알이가, 알음알이를 조건으로 정신·물질이, 정신·물질을 조건으로 여섯 감각장소가, 여섯 감각장소를 조건으로 감각접촉이, 감각접촉을 조건으로 느낌이, 느낌을 조건으로 갈애가, 갈애를 조건으로 취착이, 취착을 조건으로 존재가, 존재를 조건으로 태어남이, 태어남을 조건으로 늙음과 죽음, 근심, 탄식, 고통, 불만족(싫어하는 마음), 절망 등이 있다. 이와 같이 모든 괴로움의 무더기가 일어난다. 그러나 무명이 남김없이 사라진 무명의 그침을 조건으로 형성들이 그친다. 형성의 그침을 조건으로 알음알이가, 알음알이의 그침을 조건으로 정신·물질이, 정신·물질의 그침을 조건으로 여섯 감각장소가, 여섯 감각장소의 그침을 조건으로 감각접촉이, 감각접촉의 그침을 조건으로 느낌이, 느낌의 그침을 조건으로 갈애가, 갈애의 그침을 조건으로 취착이, 취착의 그침을 조건으로 존재가, 존재의 그침을 조건으로 늙음과 죽음, 근심, 탄식, 고통, 불만족, 절망 등이 그친다. 이와 같이 모든 괴로움의 무더기가 그친다.[104]

조건의 화합인 11가지 '이것에 조건성'의 연기 구조를 상호의존관계[paṭṭhāna, 處]의 공식인 "Ⓐ는 Ⓑ에게 Ⓒ로써 조건이다."에서 전개한다. Ⓐ는 조건 짓는 법, Ⓑ는 조건에 따라 생긴 법, 원인을 가진 Ⓒ는 조건의 힘이다. 즉, 상호의존관계의 24가지 조건의 힘[105]으로써 무명〈형성. … 태어남〉은 형성〈알음알이, … 늙음·죽음〉의 생겨남에게 조건이다. 이러한 연기 구조로서 문지기의 확립[satipaṭṭhāna, 念處]을 하고 Ⓐ와 Ⓑ의 두 바퀴가 맞물린 채로 3가지의

---

104 SN12:2 vibhaṅgasutta(연기 분별경), 12연기의 순관과 역관.
105 대림스님·각묵스님 역(2023), 『아비담마 길라잡이』 2권, 초기불전연구원, pp.202-203, "상호의존관계의 방법(paṭṭhāna-nayo): 24가지 조건은 논장 Abhidhamma Piṭaka의 『빳타나』『담마상가니』에서 열거하는 마음과 물질에 관계된 법들의 상호관계이다. 첫째, 조건 짓는 법: 한 법이 다른 법을 일어나〈의지하〉게 하거나 유지하게 하면 그 법은 조건 짓는 법이다. 둘째, 조건에 따라 생기는 법: 조건 짓는 법에 의해 조건이 지어져서 생긴 법이다. 셋째, 레디 사야도가 정착시킨 '조건 짓는 힘(paccaya-satti)'은 조건 짓는 법이 조건에 따라 생긴 법에 대해서 작용하는 어떤 특별한 방법을 아비담마에서의 24가지에 설명한다. (1) 24가지 조건: 원인의 조건, 대상의 조건, 지배하는 조건, 틈 없이 따르는 조건, 더욱 틈 없이 따르는 조건, 함께 생긴 조건, 서로 지탱하는 조건, 의지하는 조건, 강하게 의지하는 조건, 먼저 생긴 조건, 뒤에 생긴 조건, 반복하는 조건, 업의 조건, 과보의 조건, 음식의 조건, 기능[根]의 조건, 선정의 조건, 도道의 조건, 서로 관련된 조건, 서로 관련되지 않은 조건, 존재하는 조건, 존재하지 않는 조건, 떠나간 조건, 떠나가지 않은 조건이다."

연결과 4가지 겹으로 3가지의 회전을 하는 등 삼세의 윤회, 즉 12연기가 괴로움 무더기의 일어남[苦集]을 향해서 '원인을 가진 법'으로 전개된다.[106] 이렇게 '조건을 받아들이는 지혜'로서 12연기는

---

106 대림스님·각묵스님 역(2023), 『아비담마 길라잡이』 2권, 초기불전연구원, pp.179-199. "연기는 윤회의 구조를 설명한다. (1) 기본 정형구 ①무명을 조건으로 형성들[行]이 … 태어남을 조건으로 늙음·죽음과 근심, 탄식, 육체적 고통·정신적 고통·절망이 일어난다. 이와 같이 모든 괴로움의 무더기가 일어난다. 이것이 연기이다. 『청정도론』 XVII에서… 무더기들(khandha)의 더미, 장소들[āyatana, 處]의 장소, 요소들[dhātu, 지수화풍공식]의 비었음, 기능들[indriy, 根]을 다스린다는 뜻, 진리들[四聖諦]의 뜻을 알지 못하므로 무명이다. 나아가 눈의 알음알이[眼識]의 토대와 대상, 연기와 조건에 따라 생긴 법을 숨기기 때문에 무명이다. 형성된 것을 계속 형성하므로 형성이다. 즉, ①무명을 조건으로 한 형성들[saṅkhāra, 行]과 ②형성들로 전승되어 온 형성들이다. 무명을 조건으로 한 형성들은 공덕이 되는 형성[puñña-abhisaṅkhāra]과 공덕이 되지 않는 형성, 흔들림이 없는 형성의 3가지, 몸과 언어[vacī]와 마음의 형성[身口意 行] 3가지 등 6가지이다. 이들 모두는 세간적 유익함과 해로움의 의도(cetanā)이다, 알기[識別] 때문에 알음알이다. [대상으로] 기울기 때문에 정신(nāma)이다. 변형되기 때문에 물질[rūpa]이다. 생긴 [마음과 마음부수들을] 펴기 때문에, 윤회의 고통을 인도하기 때문에 감각장소(phassāyatana)라 한다. 닿기 때문에 감각접촉(phassa)이라 한다. 느끼기 때문에 느낌이라 한다. 갈증내기 때문에 갈애라 한다. 취착하기 때문에 취착[取]이라 한다. 생존하고 생존하게 하기 때문에 존재[의지]라 한다. … ①무명을 조건으로 형성들[行]이 일어난다: 무명은 사성제를 모르는 것이다. 아비담마에서 무명은 사성제〈출생 이전, 사후, 과거와 미래, 연기〉를 모르는 것이다. 형성들은 세간적인 유익한 마음이나 해로운 마음과 연결된 29가지 의도를 말한다. 8가지 큰 유익한 마음과 색계의 5가지 유익한 禪의 마음은 공덕이 되는 형성이라 부른다. 12가지 해로운 마음에 있는 의도는 공덕이 되지 않는 형성이라 부른다. … 중생의 정신적 흐름이 무명과 합치되면 그 형성은 미래에

결과를 생산하는 힘으로써 업을 산출한다. 그래서 무명이 업을 형성하는 으뜸가는 조건이다. 무명은 해로운 행위들에서 현저하게 드러나고 세간적 유익한 행위들에서는 존재의 흐름 속에 숨어있다. ②형성들을 조건으로 알음알이가 일어난다: 29가지 유익한 형성들이나 해로운 형성들을 반연하여 32가지 과보로 나타난 알음알이가 있다. 재생연결의 찰나에 바로 전생에 임종을 맞은 존재의 마지막 속행과정에서 나타났던 특히 강한 하나의 의도적 형성이 그 업이 익기 적절한 세상에서 19가지 재생연결식 가운데 하나를 일어나게 한다. 그 후 삶의 과정에서 쌓은 다른 업들이 환경에 따라서 다른 과보로써 나타나 알음알이들이 일어나게 한다. ③알음알이를 조건으로 정신·물질이 일어난다: 위 ②에서 알음알이는 전적으로 과보의 마음을 뜻했지만 삶에서 일어나는 과보의 마음뿐 아니라, 여러 전생의 업을 지은 유익한 마음들과 해로운 마음들을 모두 의미한다. 여기서 정신[nāma]은 과보의 마음과 연결된 마음부수들을 뜻하고, 물질[rūpa]은 업에서 생겨난 물질들을 의미한다. '다섯 무더기 존재[五蘊]'가 모두 다 있는 세상의 알음알이가 정신과 물질 둘 다의 조건이 된다. 그러나 '4무더기를 가진 존재[무색계]'에서 알음알이는 오직 정신의 조건이 된다. 그리고 '한 무더기만 가진 존재'에서는 그것은 단지 물질의 조건만 된다. 오온을 모두 가진 존재의 재생에서, 재생연결의 찰나에 재생연결이 일어날 때 그와 동시에 다른 3가지 정신의 무더기, 즉 느낌〈인식, 형성들〉의 무더기가 일어난다. 이때 특별하게 응고된 물질들(몸과 성과 심장토대의 십원소)도 함께 일어난다. 알음알이는 함께 존재하는 정신과 물질의 요소들 가운데서 가장 으뜸이기 때문에 알음알이를 반연하여 정신·물질이 일어난다고 하는 것이다. ④정신·물질을 조건으로 여섯 감각장소[六入]가 일어난다: 여섯 감각장소 가운데 처음의 다섯은 물질의 감성인 눈, 귀, 코, 혀, 몸이고 마노[意] 감각장소는 32가지 과보의 마음이다. 업에서 생긴 물질들이 일어날 때 이들은 5가지 감각장소가 일어나는 조건이 된다. 물론 5가지 감각장소도 업에서 생긴 물질의 한 형태이다. 즉, 여기서 말하는 마노의 감각장소를 일어나게 하는 조건이 된다. 다시 말하면 12연기 3번째 구성요소인 알음알이가 4번째 구성요소인 정신[名]을 조건 짓고 그 정신은 다시 5번째 구성요소인 여섯 감각장소를 과보인 알음알이에 조건 짓는다.[재생연결식] 욕계에서 정신·물질은 여섯 감각장소 모두를 일어나도록 조건 짓고 색계에서는 눈과 귀와 마노의 감각장소들만 일어난다. 무색계에서는 마노만이 유일한 감각장소이다. ⑤여섯 감각장소를 조건으로 감각접촉이 일어난다: 여기서 감각접촉은 과보의 마음과 연결된 감각접촉이다. 감각접촉이란 마음과 마음부수들이 대상들과 여섯 감각장소들 중의 하나에서 함께 만난다. 눈의 감각장소에서 일어나는 감각접촉은 눈의 감각접촉이다. 눈과 형색과 눈의 알음알이가 함께 만나는 것이 특징이다. 다른 감각접촉들, 귀의 감각접촉 등도 그들 각자의 감각장소에서 일어난다. 마노의 감각접촉[意觸]은 32가지 과보의 마음 가운데 10가지 쌍으로 된 5가지 알음알이[前五識]를 제외한 22가지 과보의 마음과 관계된다. 감각접촉은 감각장소들이 있을 때만 일어날 수 있으므로 감각접촉은 여섯 감각장소를 반연한다. ⑥감각접촉을 조건으로 느낌이 일어난다: 감각접촉이 일어날 때 느낌은 같은 감각접촉의 조건에 따라 동시에 일어난다. 감각접촉은 알음알이가 대상과 조우하는 것이고, 그 조우는 반드시 특정한 정서적인 색조를 띠는데 이것이 감각접촉이 일으키는 느낌이다. 느낌에 눈의 감각접촉에서 생긴 느낌, 귀의 감각접촉에서 생긴 느낌 등 6가지가 있다. 정서적 특색에 의해서 느낌은 감각장소와 대상에 따라 즐거운 것, 괴로운 것, 중립적인 것으로 나누어진다. ⑦느낌을 조건으로 갈애가 일어난다: 형색〈소리…법〉에 대한 갈애 등 6가지 갈애가 있다. 이들 각각은 다시 감각적 쾌락〈존재, 존재하지 않음〉에 대한 갈애의 3가지가 있다. 여기서 존재에 대한 갈애는 영원하다는 견해와 결합되고, 존재하지 않음에 대한 갈애는 단멸하다는 견해와 결합된다. 궁극적으로 탐욕의 마음부수 하나로 줄어든다. 비록 갈애는 그 대상에 따라 구분이 되지만 갈애 그 자체는 대상과의 감각접촉을 통해서 일어난 느낌에 의지한다. 그가 즐거운 느낌을 경험하면 그 즐거운 느낌을 맛들이며, 즐거운 느낌을 일어나는 한 그 대상을 갈망한다. 반면에 그가 괴로운 느낌을 경험하면 고통에서 벗어나려는 갈애를 가지며, 그것을 대체한 즐거운 느낌을 갈구한다. 不苦不樂受 느낌은 고요한 성질이지만 이것 역시 갈애의 대상이다. 그러므로 이런 3가지 느낌이 갈애를 일어나게 하는 조건이다. ⑧ 갈애를 조건으로 취착이 일어난다: 여기서 취착은 감각적 쾌락 〈사견, 계행과 의례의식, 자아의 교리〉에 대한 취착이다. 감각적 쾌락에 대한 취착은 갈애가 강력해진 탐욕의 마음부수이다. 나머지 3가지 취착은 사견의 마음부수들이다. 이들은 모두 갈애에 조건 지어진다. 첫 번째인 감각적 쾌락에 대한 취착에서 대상에 약하거나 초보의 탐욕을 갈애라고 말하는 반면 강렬한 탐욕은 취착이다. 나머지 3가지 경우는 사견에 조건 지어진 탐욕을 갈애라고 하고 탐욕의 영향을 받아서 받아들인 견해가 취착이다. ⑨ 취착을 조건으로 존재가 일어난다: 두 가지 존재[의지]가 있다. '업으로서 존재'와 '재생으로서 존재'이다. 감각적 쾌락에 대한 취착을 조건으로 존재를 생기게 하는 업을 행하면 그것은 업으로서의 존재이다. 그것으로부터 생긴 무더기들이 재생으로서 존재이다. 업으로서 존재는 29가지 유익한 의도나 유익하지 않은 의도, 즉 재생을 있게 하는 모든 유익한〈해로운〉 업이다. 재생으로서의 존재는 32가지 과보의 마음과 이들과 결합된 마음부수들과 업에서 생긴 물질들을 말한다. 취착은 업으로서 존재의 조건이다. 취착 때문에 중생들은 업으로 축척이 되는 행위를 한다. 취착은 재생으로서의 존재의 조건이다. 그 취착이 중생들로 하여금 업에 의해 결정되는 상태로 다시 재생의 속으로 들어가게 하기 때문이다. ⑩ 존재를 조건으로 태어남이 일어난다: 여기서 태어남은 같은 세상이나 다른 세상의 삶에서 세간적인 과보의 마음들과 그들의 마음부수들과 업에서 생긴 물질들이 일어남을 의미한다. 미래의 태어남을 일어나게 하는 가장 본질적인 조건은 유익한 업이나 유익하지 않은 업, 즉 현재의 '업으로서의 존재'에 달려있다. ⑪ 태어남을 조건으로 늙음·죽음과 근심, 탄식, 육체적 고통·정신적 고통·절망이 일어난다: 태어남이 있으면 거기에는 반드시 늙음과 죽음, 그리고 태어남과 죽음 사이에 있는 근심·탄식·육체적 고통·정신적 고통·절망 등의 괴로움이 따라오게 된다. (2) 20가지 형태, 3가지 연결, 4가지 겹: 무명과 형성들을 취함으로써 갈애와 취착과 존재가 포함된다. 마찬가지로 갈애와 취착과 존재를 취함으로써 무명과 형성들이 포함된다. 태어남과 늙음·죽음을 취함으로써 알음알이, 명색, 여섯 감각장소, 감각접촉, 느낌 5가지 결과도 포함된다. 그러므로 과거에 속하는 5가지 원인, 현재에 법에 머무는 앎이 된다. 『빠띠삼비다막가』에서도 12연기와 법에 머무는 앎에 대해서 설명을 한다.

무명은 어리석음으로서 이전의 존재가 지은 업에 관련된다. 형성들[행]은 이전의 존재가 지은 업의 쌓음이다. 갈애는 [쌓음에 의한] 갈망이다. 취착은 [갈망에 의한] 다가감이다. 존재는 [다가감에 수반된] 의도이다. 이들 다섯 법은 이전의 존재가 지은 업에 속하며, 이 세상에서 생명기능의 맺음을 위한 조건이다. 알음알이는 이 세상의 재생이다. 정신·물질은 [생명기능의 맺음에] 나타남이다. 감각장소는 [나타남에 의한] 감성이다. 감각접촉은 감성물질에 대한 접촉이다. 느낌은 [접촉에 의해] 느끼는 것이다. 이들 다섯 법은 이 세상에서 생겨난 존재에 속하며, 과거에 행해진 업을 조건으로 한다. 이 세상에서 숙성은 무명으로서 어리석음이며 감각장소와 관련된다. 형성들은 쌓음이다. 갈애는 갈망이다. 취착은 다가감이다. 존재는 의도(cetanā)이다. 이 다섯 법들은 이 [세상] 업에 의한 존재에 속하며, 미래의 재생을 위한 조건이다.

속하는 5가지 결과, 현재에 속하는 5가지 원인, 미래에 속하는 5가지 결과 등이 있다. 이처럼 20가지 모습이 있고, 3가지 연결이 있고, 4가지 겹이 있다. 여기서 3가지 연결은 과거의 원인과 현재의 결과 사이에서(行과 識), 현재의 결과와 현재의 원인 사이에서(受와 愛), 현재의 원인과 미래의 결과 사이에서(존재와 태어남) 행해진다. 4가지 겹은 주석서에서 "과거의 원인, 지금의 과보, 지금의 원인, 미래의 과보" 등이다. (3) 3가지 회전: 무명과 갈애와 취착은 오염원의 회전이고, 업으로써 존재의 한 부분과 형성들은 업의 회전이고, 재생으로써 존재의 한 부분과 나머지들은 과보의 회전에 속한다. (4) 무명과 갈애가 2가지의 뿌리이다.

알음알이는 미래의 재생이다. 정신·물질은 나타남이다. 감각장소는 감성물질(맑게 드러남)이다. 감각접촉은 접촉이다. 느낌은 느끼는 것이다. 이들 다섯 법들은 미래에 생겨날 존재와 관련되며, 이 세상에서 행해진 업을 조건으로 한다. 이들 네 겹의 삼세에 대해 셋이 연합된 20가지 모습을 연유로 바르게 생겨난 것[緣起]을 알고, 보고, 알아차리고, 꿰뚫는다. 그와 같이 아는 것에 의해서 앎이며, 꿰뚫어 아는 것에 의해서 지혜이다. 그러므로 말한다. '조건을 받아들이는 지혜로써 법에 머무는 앎이 있다.'라고.[107]

무명과 형성들[行]을 취함으로써 갈애[愛]와 취착과 존재가 포함되었다. 그와 마찬가지로 갈애와 취착과 존재를 취함으로써 무명과 형성들이 포함되었다. 이들 다섯 법은 이전의 존재가 지은 업에 속하며 이 세상에서 생명기능의 맺음을 위한 조건이다. 태어남과 늙음·죽음을 취함으로써 재생연결의 '알음알이, 정신·물질, 여섯 감각장소, 감각접촉, 느낌' 등 5가지 결과도 포함되었다. 이들 다섯 법은 이 세상에서 생겨난 존재에 속하며, 과거에 행해진 업을 조건으로 한다. 이 세상에서의 숙성됨은 무명으로써 어리석음이며 감각장소와 관련된다. 형성들은 쌓음이다. 갈애는 갈망이다. 취착은 다가감이다. 존재는 의도(의지)이다. 이 다섯 법들은 이 [세상에서] 업에 의한 존재에 속하며, 미래의 재생을 위한 조건이다. 알음알이는 미래의 재생이다. 정신·물질[名色]은 나타남이다. 감각장소는 감성물질(맑게 드러남)이다. 감각접촉은 접촉이다. 느낌은 느끼는

---

[107] 임승택 역(2021), 『빠띠삼비다막가 역주』, 가산불교문화연구원, p.147.

것이다. 이들 다섯 법들은 미래에 생겨날 존재에 관련되며, 이 세상에서 행해진 업을 조건으로 한다. 그러므로 과거에 속하는 5가지 원인이 있고, 현재에 속하는 5가지 결과가 있고, 현재에 속하는 5가지 원인이 있고, 미래에 속하는 5가지 결과 등의 4가지 겹에 의해서 셋의 연합인 삼세의 20가지 모습을 연유로 바르게 생겨난 법[괴로움이 연기된 법]을 아는 것으로서 앎이며, 꿰뚫어 아는 것으로 지혜이다. 이렇게 조건을 받아들이는 지혜로서 삼세의 법에 머무는 앎이다.

5. 12연기의 최상의 앎과 사성제의 바른 깨달음

1) 여섯 감각장소의 일어남과 사라짐과 정신·물질

12연기를 11가지 '이것에 조건성'의 연기 구조로서 문지기의 확립(satipaṭṭhāna)을 할 때 여섯 감각장소의 일어남과 사라짐을 알음알이와 정신·물질과의 '이것에 조건성'과 재생연결식에서 꿰뚫어 알아 청정범행을 완성한다.

> 4가지 성스러운 진리를 깨닫지 못하고 꿰뚫지 못하였기 때문에, 나와 그대들은 이처럼 긴 세월을 치달리고 윤회하였다.[108]

부처님이 보살이었을 때 "도대체 어디서 늙음·죽음이라는 이 괴로움으로부터 벗어남을 꿰뚫어 알 것인가?"라고 말씀하였듯이,

---

[108] SN56:21 Kotigaamasutta. (이와 별개로 '정신·물질은 오취온을 가리킨다.')

'늙음·죽음'이라는 연기된 괴로움(법)을 벗어나는 구도求道로써 중도의 깨달음을 팔정도로 말씀하셨던 것이다. 고통과 쾌락의 양변은 모두 감각접촉과의 '이것에 조건성(idappaccayatā)'으로부터 생겨난 '원인을 가진 법'들이다.[109] 또한 '태어남을 조건으로 늙음·죽음이 생긴다.'라고, 태어남으로부터 바르게 생긴 늙음·죽음의 '원인을 가진 법'을 연기緣起라고 밝혔다. 12연기에서 알음알이를 조건으로 생긴 정신·물질이 있다. 알음알이와 정신·물질과의 '이것에 조건성'을 '여리작의(yonisomānasikāra)'[110]에서 꿰뚫어 알아야 한다. 사대에서 파생하고 심장을 토대로 변형하는 특징으로서 감성물질과 이러한 감성물질에 의지하며 대상에 기우는 특징으로서 정신들을 합쳐서 구분한 정신·물질을 알음알이하면서 여섯 감각장소〔육입〕가 생겨나므로 나쁜 길인 괴로움의 무더기가 발생한다.

　MN111 『Anupadasutta』에서 사리뿟따가 초선의 법들을 차례대로 닦아 '구차제정'까지의 법들을 결정할 때, 초선의 16가지 법들을 차례대로 결정한다는 것은[111] 대상을 취할 때 일어나는 욕계 정신들인 개념이라는 대상을 알음알이하는 것이 아니고 개념을 대상에

---

109 S12:19 Bālapanditasutta, "이 몸과 밖으로 정신·물질의 쌍이 일어나는 연유로 감각접촉 하고, 여섯 감각장소 중 하나에 닿아 즐거움과 괴로움을 경험한다."
110 "무상〈괴로움, 무아〉이라고, 더러운 것을 부정不淨이라고 진리에 순응하여 마음이 굴러가 전개되고 관심을 가지고 작의하는 여리작의如理作意"(MA. i .64)
111 대림스님 역(2012), 앞의 책, 4권, pp.77-79, "초선에는 일으킨 생각과 지속적 고찰, 희열, 행복, 심일경, 감각접촉, 느낌, 인식, 의도, 마음〔識〕, 열의, 결심, 정진, 문지기, 평온, 작의 등의 법들이 있고 이 법들을 차례대로 결정지었다."

취할 때 일어나는 모든 법들의 알음알이를 의미한다. 그래서 형색을 대상에 취할 때 느낌, 인식, 형성들, 알음알이 등으로서 기우는 특징인 정신(nāma)들을 식별한다. 먼저 알음알이〈느낌, 감각접촉〉의 시작으로 알음알이와 심찰라에서 함께하는 법들, 즉 '감각접촉이 5번째인 법들〔느낌, 인식, 의도, 알음알이, 감각접촉, 작의〕'과 함께하는 모든 정신들을 철저하게 식별해야 한다.[112] 즉, 아나빠나 사띠로부터 사선정까지 닦아 출정해서 6문[門]과 42부위〔相〕[113]의 모든 물질들을 식별한다. 눈 감성물질을 '구체적 물질〔10원소〕'의 투명물질에 식별한 후에 '감각접촉이 5번째인 법들'의 정신들을 식별하고 마친다. 이렇게 조사할 때 '감각접촉이 5번째인 법들은 무엇을 의지하여 일어나는가?'라고 하며, 이 정신들은 '토대(vatthu)'[114] 물질을 의지하여 일어난다고 '이것에 조건성〔緣起〕'에서 안다. 토대 물질은 '물질의

---

[112] 알음알이를 시작으로 정신을 식별하는 방법을 체계적으로 이해하면 나머지 두 가지 느낌과 감각접촉의 방법에서도 어려움이 없다. 우선 수행자는 바왕가에 의하여 분리가 되는 여러 인식과정들에서 알음알이들의 일어남만을 식별한다. 의문[意門]인식에서는 의문전향과 7번의 속행과 2번의 등록이 순서대로 일어난다. 알음알이들만을 식별하는 데 능숙해졌다면 계속 동일한 심찰라에 알음알이와 함께 일어나는 '감각접촉'을 동시에 식별한다. 〔이렇게 하나씩 추가하다가〕 의문전향에 12개의 정신들이 일어나는 것을 한 번에 볼 수가 있도록 식별해야 한다. 7번의 속행들에 있는 34개의 정신들과 2번의 등록에 있는 34개의 정신들을 하나씩 마음부수들을 증가시켜 가며 분명하게 식별할 수가 있을 때까지 식별한다.(2장. 사선정과 『아비담마』에서 법의 인식과정)
[113] 사대물질 32상, 땅, 물, 불, 바람, 색깔, 냄새, 맛, 영양소, 생명기능, 눈 투명요소.
[114] 토대는 눈의 토대나 심장 토대뿐만 아니라 그것들과 함께 존재하는 동일한 물질 칼라빠에서 함께 존재하거나 일어나는 사대물질과 파생 물질들도 포함.

몸(karajakāya)'이다. 토대 물질에 관한 "이 몸은 물질로 된 것이고, 사대물질로 이루어진 것이며, … 나의 이 알음알이는 여기 〔토대〕에 의지하고 여기에 묶여 있다.'라고 꿰뚫어 안다."[115]라고, 알음알이는 심장 토대와 감성물질의 토대뿐만 아니라 사대물질과 사대물질에서 파생된 24가지 물질인 토대를 의지하는 것이다. 사대물질로써 이루어진 몸으로 꿰뚫어 알아질 때가 감각접촉이 5번째인 일체의 마음들이나 혹은 '위빠사나 앎'이 명확하다.[116] 특히 정신들의 식별이 토대 물질에 의지하는 것으로 꿰뚫어 알고, 심장을 토대로 하는 눈 감성물질을 투명물질과 무상에 보는 것이 지혜의 기능(paññindriya)이다.

> 명상을 마친 뒤에 대리석 표면이 낱낱이 일어나 사라지거나 탱화에서 불보살들의 형형색색을 낱낱이 순차적으로 보듯이 정신들의 식별이 보는 눈 감성물질을 의지하여 일어난다. 즉,

---

115 DN2 『Sāmaññaphalasutta(사문과경)』.
116 아나빠나 사띠의 사선정에서 감각기능이 결여 되지 않은 상태인 마노로 만든 몸〔意成身〕에서의 '빠띠바가 니밋따'로부터 눈 투명요소가 바왕가-마노 투명요소〔심장〕에 부딪히면, 의문전향에서 12가지 정신들이 눈 감성물질을 눈 투명요소, 구체적 물질, 삼특상, 혐오스러움 등 위빠사나 앎으로 결정하는 여리작의를 의지하는 바를 (7번) 속행과 등록이 마음의 상속에서 계속 일어난다. 이처럼 위빠사나 앎에 결정하는 여리작의를 의지하는 것으로써 유익한 속행이 일어난다. 즉, 정신·물질의 그침을 식별. SN12:11 Āhārasutta(음식경) 중생은 4가지 덩어리진 음식 단식段食 → 감각접촉 촉식觸食 → 마노의 의도식〔意思食〕→ 알음알이〔識食〕를 취함. 알음알이는 정신·물질의 조건.

> 선정을 출정한 뒤 탐·진·치가 배제가 된 채로 형형색색을 낱낱이 보는 것은 원래 감각장소의 일어남과 사라짐들만을 식별한 상태이다.

이처럼 조건의 화합으로써 상호의존관계인 문지기 확립을 '정신·물질-원인-결과'라는 조건지어진 것으로 식별은 '물질, 느낌, 알음알이, 감각접촉'을 각각 강조해서 조건지어진 것들의 삼특상[무상·고·무아]이라는 '위빠사나 앎'이 되고, 이는 '몸, 느낌, 마음, 법'을 따라가는 4가지 문지기의 확립[satipaṭṭhāna, 正念]을 뜻한다.

'사마타' 사선정의 감각기능이 결여되지 않은 상태인 '마노로 만든 몸[manomayakāya, 意成身]'이라는 의문意門 인식과정에서, 의문 전향에 따른 12개 정신들은[117] 마음으로 보는 눈 감성물질을 눈투명물질과 구체적 물질[10원소]과 삼특상[무상·고·무아]과 혐오스러움 등 '위빠사나 앎'으로 결정하는 여리작의를 의지하는데, 이는 유익한 속행[선업]의 토대이다. 이들 사마타와 위빠사나[止觀] 두 전령이 사대 물질[몸] 광장 가운데 있는 성주(識)에게 "정신들은 '토대(vatthu)' 물질을 의지하여 일어난다."라는 '이것에 조건성'을 정신·물질로부터 알음알이하면서 괴로움의 발생과 괴로움의 그침 등을을 꿰뚫어 아는 앎을 전한다.

---

117 정명스님(2020), 앞의 책, p.31. "citta, phassa, saññā, vedanā, cetanā, ekaggatā, jīvitindriya, manasikāra, vitakka, vicāra, adhimokkha, 평온."

2) 감각장소에서 유익한 속행〔정신·물질〕과 철저하게 앎

알음알이를 조건으로 생겨난 정신·물질은 기우는 특징으로써 정신들이 사대물질에서 파생된 심장을 토대로 하는 감성물질에 의지하는 바를 알음알이〔識〕한다. 이렇게 정신·물질이 일어나는 연유로 알음알이 마음〔재생연결식〕이 생겨난다. 이러한 마음〔識〕은 인식과정에서 선업善業에 관련된 속행과 등록을 내포한다. 욕계의 몸에서 몸을 따라가며 대상을 볼 때 감각장소에서는 눈과 형색을 결박한 영역과 또한 마노〔意〕와 법의 영역과 같이 오문五門과 의문意門 전향이 있다. 오문 전향은 심장 토대의 마노를 의지하고, 의문 전향에 의해서 법으로의 작의를 문지기(sati)로 확립한다.

> 눈·귀·코·혀·몸이 서로 다른 대상과 서로 다른 영역을 갖고 서로 다른 영역과 서로 다른 대상을 경험한다. 마노〔意〕가 그들 눈·귀·코·혀·몸의 의지처이고, 그들 각자의 영역과 대상을 경험한다. 즉, 의문意門은 문지기 확립〔sati, 念處〕을 의미한다.[118]

색계의 사선정 이후 법에서 법을 따라가며 머물 때, 감각기능이

---

[118] MN43 Mahāvedallasutta, S48:42 Uṇṇābhabrāhmaṇasutta "5가지 감각기능은 각각 다른 대상과 영역을 가져 서로 다른 대상과 영역을 경험하지 않는다. 이들 5가지 감각기능은 마노〔意〕를 의지한다. 마노가 그들(안이비설신)의 대상과 영역을 경험한다. 바라문이여, 마노는 sati를 의지한다." 의문 인식과정의 속행이 홀로 모든 법을 알아차림(VbhA.xvi.1).

결여되지 않은 상태인 '마노로 만든 몸[意成身]'이라는 의문意門 전향에서는 정신들이 눈 감성물질을 투명물질과 구체적 물질[10원소]과 삼특상[무상·고·무아]과 혐오스러움 등 6가지 '위빠사나 앎'으로 결정하는 여리작의를 의지하는 유익한 속행으로써 의문 인식과정이 일어난다. 즉, 법으로의 작의를 문지기하였다. 반면에 선정이 없는 범부는 볼 때 안문眼門 전향에 따른 알음알이[眼識]에서 이미 다른 감각장소의 알음알이[耳識, 鼻識, 舌識, 觸識]로부터 습기에서 오염된 유익하지 않은 불선을 대상으로 속행을 하므로 마노의 감각기능[意門]에 대한 전향[의문 전향]이 완전히 배제가 된다. 또한, 욕계의 여섯 감각장소에서는 눈과 형색〈귀와 소리, 코와 냄새, 혀와 맛, 몸과 감촉〉의 오문 전향이 일어나고 마노[意]와 법에 대한 의문전향이 일어나는 등 인식과정에서의 정신들을 알음알이(식별)한다. 이처럼 2가지 문의 전향에서 법들[눈, 형색, 눈의 알음알이, 눈의 알음알이로 알아야 하는 법]을 철저히 알면 탐욕이 빛바래고 취착을 철저하게 알 수가 있다.

모든 취착을 철저하게 알기 위한 방법(parijānanatthāya)[119]을 그대에게 설하리라. 비구여, 그러면 어떤 것이 모든 취착을 철저하게

---

119 SN35:60 Pariññāsutta, "①오온(정신·물질)을 철저히 안 것 통달지(ñāta-pariññā) ②오온을 무상·괴로움이고 병이라고 조사(tīraṇa)하는 통달지 ③무너짐 등 으뜸의 도(magga)에 의해 욕탐을 제거하는 버림(pahāna)의 통달지."(SA.i.44~45) MN1『근본에 대한 법문경』에서 '유학(sekha)은 땅부터 열반까지 24가지 토대를 최상의 앎으로 안다'라고 사대물질 식별과 사성제에서 생긴 앎을 법에 바르게 안다.

알기 위한 법인가? 눈과 형색〈귀와 소리, 코와 냄새, 혀와 맛, 몸과 감촉, 마노[意]와 법〉을 조건으로 눈〈귀, 코, 혀, 몸, 마노〉의 알음알이가 일어난다. 이 셋의 화합이 감각접촉이다. 감각접촉을 조건으로 느낌이 있다. 비구여, 이렇게 보는 잘 배운 성스러운 제자는 눈〈귀, 코, 혀, 몸, 마노〉에 대해서 염오하고, 형색〈소리, 냄새, 맛, 감촉, 법〉에 대해서도 염오하고, 눈〈귀, 코, 혀, 몸, 마노〉의 알음알이에 대해서도 염오하고, 눈〈귀, 코, 혀, 몸, 마노〉의 감각접촉에 대해서도 염오하고, 느낌에 대해서 염오한다. 염오하면서 탐욕이 빛바래고, 탐욕이 빛바래므로 벗어난다. 벗어나면 '나는 취착을 철저하게 알았다.'라고 꿰뚫어 안다.[120]

갈애가 일어나 여섯 내외입처의 결박이 일어나면 눈과 형색〈귀와 소리, 코와 냄새, 혀와 맛, 몸과 감촉, 마노[意]와 법〉을 조건으로 눈〈귀, 코, 혀, 몸, 마노〉의 알음알이가 일어난다. 이러한 근·경·식 3가지 화합으로써 감각접촉이 발생하고 감각접촉을 조건으로 느낌이 생긴다. 잘 배운 성스러운 제자는 눈〈귀, 코, 혀, 몸, 마노〉에 대해서 염오하고, 형색〈소리, 냄새, 맛, 감촉, 법〉에 대해서도 염오하고, 눈〈귀, 코, 혀, 몸, 마노〉의 알음알이〈감각접촉, 느낌〉에 대해서도 염오한다. 이처럼 법들을 차례대로 식별할 수가 있고 철저히 알면 탐욕이 빛바래고 취착을 철저하게 알 수가 있다.

---

[120] 각묵스님 역(2009), 『상윳따 니까야』 제4권, 초기불전연구원, pp.142-143.

3) 알음알이와 정신·물질과의 '이것에 조건성'을 붓다의 옛길에서

청정한 문지기의 사선정에서 '마노로 만든 몸'이라는 의문 인식과정에서 구한 알음알이와 정신·물질과의 '이것에 조건성〔緣起〕'의 '연기관'으로부터 우리는 '괴로움의 발생'에서 '괴로움의 그침'으로 꿰뚫어 아는 최상의 앎[121]을 팔정도에서 밝힐 수가 있다. 사성제까지를 '이것에 조건성'의 연기에서 밝힌다. 즉, 『초전법륜경』에서 "중도는 팔정도이다."라고, 고통과 쾌락의 양변이 감각접촉과의 같은 범주로써 조건의 화합이라는 '이것에 조건성〔연기〕'을 충족하고 양변을 '원인을 가진 법'이라는 연기관으로 꿰뚫어 아는 '가운데에서 한 걸음씩 나아가며 사성제까지를 닦는 중도(majjhimā paṭipadā)'를 팔정도에서 완성하는 것이다. 따라서 본서는 괴로움에 대한 번뇌〔漏〕가 그치고 열반에 인도하는 등 청정범행으로서 팔정도가 '깨달음에 이르는 길(maggo bodhāya)'이라는 것을 '붓다의 옛길'로서 입증한다.

무엇이 정신·물질이고, 정신·물질의 일어남〈그침, 그침에 인도

---

121 DN14 Mahāpadānasutta(대전기경), "위빳시 보살에게 이런 생각이 들었다. 나는 '깨달음에 이르는 길'을 증득하였다. 즉, 정신·물질이 그치기 때문에 알음알이가 그치고, 알음알이가 그치기 때문에 정신·물질이 그치고, 정신·물질이 그치기 때문에 여섯 감각장소가 그치고, … 태어남이 그치기 때문에 늙음·죽음과 근심·탄식·고통·불만족·절망이 그친다. 이와 같이 괴로움의 무더기가 그친다. 위빳시 보살에게 '그침, 그침'이라는 전에 들어 보지 못한 법들에 대한 안목이 생겼다. 앎이 생겼다. 지혜가 생겼다. 밝음이 생겼다. 광명이 생겼다. … 오취온을 일어나고 사라짐으로 관찰하며 머물렀다."

하는 도 닦음〉인가? 느낌, 인식, 의도, 감각접촉, 작의를 정신이라 하고, 사대물질과 사대물질에서 파생된 물질들을 물질이라고 한 다. 이런 정신과 물질을 일러 정신·물질이라고 한다. 알음알이가 일어나므로 정신·물질이 일어난다. 알음알이가 그치므로 정신· 물질이 그친다. 성스러운 팔정도가 정신·물질의 그침으로 인도하 는 도 닦음이다.[122]

눈, 귀, 코, 혀, 몸[身] 등의 감성물질들은 심장 토대의 마노[意]를 의지하고, 마노에 의해서 감성물질을 법으로 경험한다. 마노라는 심장의 토대물질에 의지하는 감성물질이 있음을 아는 알음알이[識] 가 곧 정신이다. 즉, 눈〈귀, 코, 혀, 몸, 마노〉의 감각장소에 대한 신·구·의[身口意] 형성들[行]이 생겨나고, 이러한 형성들로부터 감성물질을 법으로 작의하는 마노에 대한 알음알이가 생겨난 것이 다. 무엇이 정신·물질이고, 정신·물질의 일어남이고, 또한 그침인 가? '느낌, 인식, 의도, 감각접촉, 작의' 등은 정신이고, 사대물질과 사대물질에서 파생된 물질들은 물질이다. 눈, 귀, 코, 혀, 몸 등의 감성물질에 의지하는 바로서 생겨난 '느낌, 인식, 의도, 감각접촉, 작의'의 정신을 합쳐 구분한 것이 '정신·물질'이다. 즉, 알음알이를 조건으로 해서 대상을 향해서 기우는 특징의 정신들이 생겨나고 또한 그 정신들이 사대 물질에서 파생된 변형하는 특징의 감성 물질을 의지하고 있음을 아는 등 정신·물질로부터 생긴 알음알이

---

122 대림스님 역(2012), 『맛지마 니까야』 1권, pp. 289-323, MN9 Sammādiṭ-thisutta.

〔재생연결식〕가 있다. 그러한 정신·물질의 특징을 조건으로 해서 여섯 감각장소〔六入〕의 일어남을 알음알이한다. 여섯 감각장소를 조건으로 해서 감각접촉이, 감각접촉〈느낌, 갈애, 취착, 존재〉을 조건으로 해서 느낌〈갈애, 취착, 존재, 태어남〉이, 태어남을 조건으로 해서 늙음·죽음과 근심·탄식·고통·불만족·절망 등 괴로움 무더기의 발생〔苦集〕을 밝힌다. 또한 '위빠사나 앎'이라는 여리작의를 통해서 정신·물질에 대한 알음알이가 그치기 때문에 정신·물질이 그치고, 정신·물질이 그침을 조건으로 해서 여섯 감각장소〔六入〕가 그친다. 여섯 감각장소의 그침을 조건으로 해서 감각접촉이 그치고, 감각접촉〈느낌, 갈애, 취착, 존재〉의 그침을 조건으로 해서 느낌〈갈애, 취착, 존재, 태어남〉의 그침이, 태어남의 그침을 조건으로 해서 늙음·죽음과 근심·탄식·고통·불만족·절망 등 괴로움 무더기의 그침〔苦滅〕을 밝히는 연기관이다.

나에게 이런 생각이 들었다. '무엇이 있을 때 늙음·죽음이 있으며 무엇을 조건으로 늙음·죽음이 있는가?'라고. 비구여, 그때 나는 마침내 '태어남이 있을 때 늙음·죽음이 있으며, 태어남을 조건으로 하여 늙음·죽음이 있다.'라고 〔'이것에 조건성'의 연기를〕여리작의하며 지혜롭게(yonisomanasikārāahu paññāya) 꿰뚫었다. '무엇이 있을 때 태어남〈존재, 취착, 갈애, 느낌, 감각접촉, 여섯 감각장소〉이 있으며 무엇을 조건으로 하여 태어남〈존재, 취착, 갈애, 느낌, 감각접촉, 여섯 감각장소〉이 있는가? 무엇이 있을 때 정신·물질이 있으며 무엇을 조건으로 하여 정신·물질이 있는가?'라고. 비구여, 그때 나는 ('이것에 조건성'의) '여리작의'를 통해서 마침내 '알음알이가 있을 때 정신·물질이 있으며 알음알이를 조건으로 하여 정신·물질이 있다.'라고 지혜롭게 꿰뚫었다. … '무엇이 있을 때 알음알이가 있으며 무엇을 조건으로 하여 알음알이가 있는가?'라고. 비구여, 그때 나는 '여리작의'를 통해서 마침내 '정신·물질이 있을 때 알음알이가 있으며, 정신·물질을 조건으로 하여 알음알이가 있다.'라고, 지혜롭게 꿰뚫었다. … '이 알음알이(재생연결식)는 정신·물질에 다시 되돌아오고 더 이상 넘어가지 않는다. 이렇게 하여 태어나고 늙고 죽고 죽어서는 다시 태어난다. 즉 정신·물질을 조건으로 하여 알음알이가, 알음알이를 조건으로 정신·물질이, 정신·물질〈여섯 감각장소, 감각접촉, 느낌, 갈애, 취착, 존재〉을 조건으로 여섯 감각장소〈감각접촉, 느낌, 갈애, 취착, 존재, 태어남〉가, 태어남을 조건으로 늙음·죽음과 근심·탄식·고통·불만족·절망이 발생한다. 이와 같이 전체 괴로움의 무더기가 일어난다. 비구여, 나에게 '일어남(samudayo), 일어남'이라는, 전에 들어보지 못한 법들에 대한 눈(cakkhu)이 생겼다. 앎(ñāṇa)이 생겼다. 지혜(paññā)가 생겼다. 밝음(vijjā)이 생겼다. 광명(āloka)이 생겼다.[123] … '무엇이 없을 때 늙음·죽음이 없으며 무엇이 그치기 때문에 늙음·죽음이 그치는가?'라고. 비구

---

[123] 임승택 역(2021), 『빠띠삼비다막가 역주』, 가산불교문화연구원, pp.772-777, "'눈이 생겼다'는 것은 봄(見), '앎이 생겼다'는 것은 알게 됨, '지혜가 생겼다'는 것은 알아차림, '밝음이 생겼다'는 것은 꿰뚫는다, '광명이 생겼다'는 것은 비춘다는 의미. 눈〈앎, 지혜, 밝음, 광명〉 5가지 법은 법에 대한 분석적 통찰의 의지처이다."

여, 그때 나는 여리작의를 통해서 마침내 '태어남이 없을 때 늙음·죽음이 없으며 태어남이 그치기 때문에 늙음·죽음이 그친다.'라고 지혜롭게 꿰뚫었다. … '무엇이 없을 때 태어남〈존재, 취착, 갈애, 느낌, 감각접촉, 여섯 감각장소〉가 없으며 … 무엇이 없을 때 정신·물질이 없으며 무엇이 그치기 때문에 정신·물질이 그치는가?'라고. 비구여, 그때 나는 〔'이것에 조건성'의〕 '여리작의'를 통해서 마침내 '알음알이가 없을 때 정신·물질이 없으며 알음알이가 그치기 때문에 정신·물질이 그친다.'라고 지혜롭게 꿰뚫었다. … '무엇이 없을 때 알음알이가 없으며 무엇이 그치기 때문에 알음알이가 그치는가?'라고. 비구여, 그때 나는 〔'위빠사나 앎'으로〕 여리작의를 통해서 마침내 '정신·물질이 없을 때 알음알이가 없으며 정신·물질이 그치기 때문에 알음알이가 그친다.'라고 지혜롭게 꿰뚫었다. 비구여, 그러자 나에게 이런 생각이 들었다. '나는 참으로 깨달음에 이르는 도〔maggo bodhāya, 팔정도〕를 성취하였다. 즉, 정신·물질이 그치기 때문에 알음알이가 그치고, 알음알이가 그치기 때문에 정신·물질이 그치고, 정신·물질〈여섯 감각장소, 감각접촉, 느낌, 갈애, 취착, 존재〉이 그치기 때문에 여섯 감각장소〈감각접촉, 느낌, 갈애, 취착, 존재, 태어남〉가 그치고, 태어남이 그치기 때문에 늙음·죽음과 근심·탄식·고통·불만족·절망이 그친다. 이와 같이 전체 괴로움의 무더기가 그친다. 비구여, 나에게 '그침(nirodho), 그침'이라는, 전에 들어보지 못한 법들에 대한 눈이 생겼다. 앎이 생겼다. 지혜가 생겼다. 밝음이 생겼다. 광명이 생겼다. … 그와 같이 나는 예전의 원만히 깨달은 부처님이 다니던 옛 길과 옛 거리를 보았다.[124]

이처럼 12연기에서 11가지 조건의 화합이라는 '이것에 조건성[緣起]'의 문지기 확립[satipaṭṭhāna, 念處]으로부터 갖춘 괴로움의 발생이 최상의 앎(abhiññā)이다. "그 최상의 앎을 나는 비구와 비구니와 청신사와 청신녀에게 설하였다. 비구여, 이렇게 하여 청정범행은 잘 유지되고, 번창하고, 널리 펼쳐 많은 사람들이 따르고, 대중적이어서 신과 인간들 사이에서 잘 설명되었다."라고 말씀한다. 정신·물질의 일어남이 마음[識]의 일어남이다.[125] 특히 정신·물질의 그침으로 인도하는 도 닦음의 '팔정도'[126]라는 청정범행에서 "괴로움 무더기

---

[124] SN12:65 Nagarasutta(도시경), "그렇다면 비구여, 전생에 올바로 원만히 깨달은 부처님들이 거닐던 그 옛 길과 옛 거리는 무엇인가? 그것은 바로 팔정도이다. 바른 견해, 바른 사유, 바른 언어, 바른 생활, 바른 생계, 바른 정진, 바른 문지기, 바른 선정이다. 이것이 비구여, 과거의 원만히 깨달은 부처님들이 거닐던 그 옛 길과 옛 거리이다. 나는 그 길[팔정도]을 따라갔다. 그 길을 따라가서 나는 늙음·죽음⟨태어남, 존재, 취착, 갈애, 느낌, 감각접촉, 여섯 감각장소, 정신·물질, 알음알이, 형성들, 무명⟩에 대해 바르게 깨달았고 늙음·죽음⟨태어남, 존재, 취착, 갈애, 느낌, 감각접촉, 여섯 감각장소, 정신·물질, 알음알이, 형성들, 무명⟩의 발생에 대해 바르게 깨달았고, 늙음·죽음⟨태어남, 존재, 취착, 갈애, 느낌, 감각접촉, 여섯 감각장소, 정신·물질, 알음알이, 형성들, 무명⟩의 그침에 대해 바르게 깨달았고, 늙음·죽음⟨태어남, 존재, 취착, 갈애, 느낌, 감각접촉, 여섯 감각장소, 정신·물질, 알음알이, 형성들, 무명⟩의 그침에 이르는 길에 대해 바르게 깨달았다."라고 사성제에 대한 최상의 앎(abhiññā)을 밝힘.
[125] SN47:42 Samudayasutta, "정신·물질(명색)의 일어남이 바로 마음[識]의 일어남이며, 작의가 일어남이 법의 일어남이고 작의가 그침이 법의 그침이다."
[126] MN9 Sammādiṭṭhisutta, "무엇이 정신·물질⟨정신·물질의 일어남, 정신·물질의 그침⟩이고, 정신·물질의 그침에 인도하는 도 닦음인가? … 이 성스러운

의 발생[苦集]"과 "괴로움 무더기의 그침[苦滅]"을 밝혀야 한다. 즉, '무엇이 있을 때 정신·물질이 있으며 무엇을 조건으로 하여 정신·물질이 있는가?' 혹은 '무엇이 있을 때 알음알이가 있으며 무엇을 조건으로 알음알이가 있는가?' 혹은 '무엇이 없을 때 알음알이가 없으며 무엇을 조건으로 알음알이가 그치는가?'라고 12연기에서는 알음알이와 정신·물질과의 '이것에 조건성[緣起]'에서 재생연결식이 있다. 알음알이와 정신·물질과의 '상호의존관계'라는 '이것에 조건성'에 의해서 '괴로움 무더기의 발생'에 대한 앎을 밝히게 된다. 즉, 미래에 생겨날 존재에 관련되고 이 세상에서 행해진 업을 조건으로 일어난 현재의 법들¹²⁷인 '육육六六'이라는 '아함법阿含法의 체계'에서¹²⁸ '육식, 육입(여섯 감각장소), 육촉, 육수'의 정신들을 연기구조에서 관찰한다. 12연기를 다시 말하면, 사성제에 대한 무명을 조건으로 눈〈귀, 코, 혀, 몸, 마노〉의 감각장소에 대한 신·구·의〔身口意〕 형성들〔行〕이 생겨나고, 이러한 형성들을 조건으로 해서 형성들을 아는 마음의 알음알이〔識〕가 생긴다. 다음은 알음알이를 조건으로 정신·물질이 있다. 마음이 대상을 향할 때 안으로 눈〈귀, 코, 혀, 몸, 의〉과 밖으로 형색〈소리, 냄새, 맛, 촉감, 법〉과 정신·물

　　팔정도가 정신·물질의 그침으로 인도하는 도 닦음이니,"
127　5가지 정신들인 알음알이〔識〕, 정신·물질, 여섯 감각장소, 감각접촉, 느낌.
128　고익진(1990), 「아함법상의 체계성 연구」, 동국대학교 출판부. '육육법과 12연기의 제법들이 어떠한 상호관계인가?'를 SN12:2 vibhaṅgasutta(연기 분별경)와 MN148 chachakkasutta(육육경) 6가지 감각장소에서의 '육식, 육입, 육촉, 육수' 정신들로서 앎.

질이 있다. 정신들의 식별로서 기우는 특징의 정신이 사대물질에서 파생된 심장을 토대로 하는 감성물질에 의지하는 바로서 정신·물질의 일어남을 〔마음(識)의 일어남으로〕 알음알이할 수가 있다. 그래서 "알음알이를 조건으로 정신·물질이 있으며, 정신·물질을 조건으로 알음알이가 있다."라고 한다. 이처럼 알음알이와 정신·물질과의 '상호의존관계'를 '재생연결식〔識〕'으로 꿰뚫어 안다. 따라서 "이 알음알이는 정신·물질에 다시 되돌아오고 더 이상 넘어가지 않는다."라고 지혜롭게 꿰뚫는다. 알음알이는 정신·물질에 다시 되돌아오고 더 이상 넘어가지 않아, 태어나고 늙음·죽음〔윤회〕이 이 '재생연결식'으로부터 다시 일어난다. 또한 눈〈귀, 코, 혀, 몸〔身〕〉의 감성물질은 '심장 토대'의 마노〔意〕를 의지하고, 마노에 의해서 감각장소에서 어느 하나의 감성물질을 법으로 작의하는 것을 알음알이한다.[129] 즉, 정신·물질의 일어남을 조건으로 여섯 감각장소(육입)에 대한 알음알이가 생겨난 것이다. 이상과 같이 정신·물질을 조건으로 알음알이가 생기고, 알음알이를 조건으로 정신·물질이 생기고, 정신·물질〈여섯 감각장소, 감각접촉, 느낌, 갈애, 취착, 존재, 태어남〉을 조건으로 여섯 감각장소(육입)〈감각접촉, 느낌, 갈애, 취착, 존재, 태어남, 늙음·죽음과 근심·탄식·고통·불만족·절망〉가 발생한다. 이처럼 괴로움의 무더기가 일어난다. 그래서 "'일어남

---

[129] S48:42 Uṇṇābhabrāhmaṇasutta "5가지 감각기능은 각각 다른 대상과 영역을 가져 서로 다른 대상과 영역을 경험하지 않는다. 5가지 감각기능은 마노〔意〕를 의지한다. 마노가 그들(안이비설신)의 대상과 영역을 경험한다. 마노는 sati를 의지한다."

(samudayo)! 일어남!'이라고, 전에 들어보지 못한 법들에 대한 안목의 눈〔眼〕이 생겼다. 앎〔知〕이 생겼다. 지혜〔慧〕가 생겼다. 밝음〔明〕이 생겼다. 광명〔光〕이 생겼다."라고, 11가지 '이것에 조건성〔緣起〕'인 12연기에서 괴로움(dukkha)이라는 법의 발생〔집성제〕을 최상의 앎(abhiññā)으로 밝혔다.

다음은 '태어남이 없을 때 늙음·죽음이 없으며, 태어남이 그치기 때문에 늙음·죽음이 그친다.'라고, 태어남이라는 원인이 그치므로 늙음·죽음이 그치는 '이것에 조건성(緣起)'으로써 '원인을 가진 법(늙음·죽음)'을 여리작의(yonisomānasikāra)로 지혜롭게 꿰뚫는다. 즉, '무엇이 없을 때 정신·물질이 없으며 무엇을 조건으로 하여 정신·물질이 그치는가?' 혹은 '무엇이 없을 때 알음알이가 없으며 무엇을 조건으로 하여 알음알이가 그치는가?'라고 말한다. 알음알이〔識〕가 그치면 정신·물질이 그친다.[130] 알음알이와 정신·물질과의 '이것에 조건성'[131]을 지혜롭게 꿰뚫어 알아 괴로움 무더기의 그침을 12연기에서 전개할 수가 있다. 색계에서의 정신·물질이다. 사선정에서 출정한 뒤 욕계의 간섭이 배제가 되고 감각기능이 결여되지 않은 상태인 '마노로 만든 몸〔意成身〕'이라는 의문意門 인식과정

---

[130] Stn1036-1037, 도피안 품 2. 학인 아지따 질문 "정신·물질은 어떠한 경우에 그칩니까? 아지따여, 알음알이가 없어지면, 그것이 그친다."
[131] 색계의 의문 인식과정에서, 의문 전향의 12개 정신들이 눈 투명물질을 눈 투명물질과 삼특상과 혐오스러움 등 '위빠사나 앎'으로 결정하는 여리작의(yonisomānasikāra)를 의지하는 바의 속행과 등록이 일어난다. 즉, 정신의 몸〔名身〕이 '위빠사나 앎'이라는 속행을 가진 물질의 몸〔色身〕을 의지하는 것으로서 정신·물질의 그침이 일어남을 알음알이한다.

에서, 의문 전향의 정신들이 눈 감성물질을 투명물질과 구체적 물질[10원소]과 삼특상[무상·고·무아]과 혐오스러움 등 '위빠사나 앎'으로 결정하는 여리작의를 의지하는 것으로써 유익한 속행[善業]의 마음이 상속에서 일어난다. 유익한 속행[善業]의 상속으로부터 '정신·물질의 그침이 일어남'을 알음알이한 것이다. 즉, 눈 감성물질을 '위빠사나 앎'의 혐오스러움으로 여리작의하면서 '정신·물질의 일어남'에 대한 알음알이가 그친다. 이와 같이 정신·물질이 그치므로 알음알이가 그치고, 알음알이가 그치므로 정신·물질이 그치고, 정신·물질〈여섯 감각장소, … 존재〉이 그치는 조건으로 해서 여섯 감각장소〈감각접촉, … 태어남〉가 그치고, 태어남이 그치는 조건으로 늙음·죽음과 근심·탄식·고통·불만족·절망이 그친다. 이처럼 '괴로움 무더기의 일어남'이 그친다. 그래서 "'그침(nirodho)! 그침!'이라는 전에 들어보지 못한 법들에 대한 안목이 생겼다. 앎이 생겼다. 지혜가 생겼다. 밝음이 생겼다. 광명이 생겼다."라고, 11가지 '이것에 조건성[緣起]'인 12연기에서 괴로움(dukkha)이라는 법의 그침[멸성제]을 최상의 앎(abhiññā)으로 밝혔다.

다음은 이러한 '괴로움의 그침'에 대한 바른 수관[正受觀]의 정도正道를 바른 앎[正知]과 바른 해탈[正解脫]로서 갖추고 '괴로움의 그침으로 이르는 도 닦음[도성제]'을 성취한다.

4) 여섯 감각장소에서의 팔정도와 사성제의 바른 깨달음

괴로움의 그침에 인도하는 도[道聖帝]를 팔정도라고 말씀한다.

비구들이여, 그러면 무엇이 괴로움의 그침으로 인도하는 도 닦음의 성스러운 진리[道聖帝]인가? 그것은 바로 여덟 가지 구성요소를 가진 성스러운 도[八支聖道]이다.[132]

---

[132] DN22「대념처경」, "무엇이 괴로움의 일어남의 성스러운 진리인가? 그것은 갈애이니, 다시 태어나게 하고, 기쁨과 욕망을 수반하며 여기저기에서 항상 쾌락을 찾는다. 즉, 감각적 욕망〈존재, 존재하지 않는 것〉에 대한 갈애이다. 무엇이 괴로움의 그침의 성스러운 진리인가? 그것은 바로 갈애의 남김없이 사라짐과 그침, 버림, 놓아버림, 벗어남, 집착 없음이다. 그러면 이 갈애는 어디서 없어지고 어디서 일어나〈그치〉는가? 그것은 바로 세상에서 즐겁고 기분 좋은 것이 있으면 거기서 일어나고 자리잡는다.〈없어지고 거기서 그친다. 그러면 세상에서 어떤 것이 즐겁고 기분 좋은 것인가? 눈〈귀, 코, 혀, 몸, 마노〉은 세상에서 즐겁고 기분 좋은 것이다. 갈애는 여기서 일어나고 자리잡는다.〈없어지고 여기서 그친다.〉 형상〈소리, 냄새, 맛, 감촉, 법〉은 세상에서 즐겁고 기분 좋은 것이다. 갈애는 여기서 일어나고 자리잡는다.〈없어지고 여기서 그친다.〉 눈〈귀, 코, 혀, 몸, 마노〉의 알음알이는 세상에서 즐겁고 기분 좋은 것이다. 갈애는 여기서 일어나고 자리잡는다.〈없어지고 여기서 그친다.〉 눈〈귀, 코, 혀, 몸, 마노〉의 감각접촉은 세상에서 즐겁고 기분 좋은 것이다. 갈애는 여기서 일어나고 자리잡는다.〈없어지고 여기서 그친다.〉 눈〈귀, 코, 혀, 몸, 마노〉의 감각접촉에서 생긴 느낌은 세상에서 즐겁고 기분 좋은 것이다. 갈애는 여기서 일어나고 자리잡는다.〈없어지고 여기서 그친다.〉 눈〈귀, 코, 혀, 몸, 마노〉의 인식은 세상에서 즐겁고 기분 좋은 것이다. 갈애는 여기서 일어나고 자리잡는다.〈없어지고 여기서 그친다.〉 눈〈귀, 코, 혀, 몸, 마노〉의 의도는 세상에서 즐겁고 기분 좋은 것이다. 갈애는 여기서 일어나고 자리잡는다.〈없어지고 여기서 그친다.〉 눈〈귀, 코, 혀, 몸, 마노〉의 갈애는 세상에서 즐겁고 기분 좋은 것이다. 갈애는 일어나고 자리잡는다.〈없어지고 여기서 그친다.〉 눈〈귀, 코, 혀, 몸, 마노〉의 일으킨 생각은 세상에서 즐겁고 기분 좋은 것이다. 갈애는 여기서 일어나고 자리잡는다.〈없어지고 여기서 그친다.〉 눈〈귀, 코, 혀, 몸, 마노〉의 지속적인 고찰은 세상에서

장부 DN22 『대념처경』에서는 괴로움의 일어남에 대해서 여섯 감각장소(saḷāyatana)에서의 '갈애(tanhā)'가 원인이라고 말한다. 12연기 구조에서는 '형상, 소리, 냄새, 맛, 촉감, 법'에 대한 갈애를 조건으로 '감각적 욕망에 대한 취착'이 생기고, 그 취착을 조건으로 '감각적 욕망의 존재〔욕계〕'가 생기고, 그 존재를 조건으로 태어남이 생겨나고, 태어남을 조건으로 '늙음·죽음과 근심·탄식·고통·불만족·절망의 일어남〔집성제〕'이 발생하는 등 갈애가 다시 태어나게 하고 기쁨과 욕망을 수반하며 여기저기 감각장소에서의 쾌락을 찾게 한 것이다. 이처럼 감각 장소에 대한 갈애는 '괴로움의 일어남'을 발생시키는 원인이다. 반면에 '감각 장소에 대한 갈애의 남김없이 사라짐과 그침, 버림, 놓아버림, 벗어남, 집착이 없음'으로부터 '괴로움의 그침〔멸성제〕'을 발생시키는 것이다. 이때 '괴로움의 그침에 이르는 길'이라는 도성제道聖帝가 팔정도의 청정범행에서 성취된다.

DN22 『대념처경』에서 "여섯 안팎의 감각장소에서 법에서 법을 따라 관찰하며〔法隨觀〕머문다. … 여기 비구는 눈을 안다. 형상을 안다. 이 둘을 조건으로 일어난 결박도 안다. 전에 없던 결박이 어떻게 해서 일어나는지를 알고 일어난 결박을 어떻게 하면 제거하는지를 알며, 어떻게 하면 제거한 결박이 앞으로 다시 일어나지 않는지를 안다."라고 여섯 안팎의 감각장소와 여러 가지 법들을 말한다. 여섯 감각장소로부터 '세계에서 즐겁고 기분 좋은 것'이라는

즐겁고 기분 좋은 것이다. 갈애는 여기서 일어나고 자리잡는다. 〈없어지고 여기서 그친다.〉 이를 괴로움의 일어남〈그침〉의 성스러운 진리라 한다."

갈애가 있는 이유로 인해서 여섯 안팎의 감각장소로서 내외입처를 결박하고, 여섯 감각장소의 문〔門, 오문과 의문〕과 알음알이〔육식〕와 근·경·식 삼사화합의 감각접촉, 느낌, 인식, 의도, 갈애 등 물질과 정신들을 법으로 일어나게 한다. 즉, 갈애가 여섯 감각장소에서 여러 가지 법들을 일어나게 만든다.

그러므로 갈애가 일어나거나 갈애의 일어남에 대해 영향을 줄 수가 있는 법들이라는 '안으로 여섯 감각장소〔안·이·비·설·신·의〕, 밖으로 여섯 감각장소〔색·성·향·미·촉·법〕', '안·이·비·설·신·의'에서의 알음알이와 감각접촉, 이 감각접촉에서 생긴 느낌, '안·이·비·설·신·의'에서의 인식과 의도〔行〕와 갈애와 일으킨 생각〔尋〕과 지속적 고찰〔伺〕 등에서 갈애를 남김없이 놓아버림을 하는 청정범행을 팔정도로부터 구한다. 즉, 바른 삼매〔사선정〕로부터 알음알이와 정신·물질과의 '이것에 조건성'을 지혜롭게 꿰뚫어 알게 된 후에 '괴로움 무더기의 일어남'을 발생시키는 여섯 안팎의 감각장소〔안·이·비·설·신·의, 색·성·향·미·촉·법〕와 이들 감각장소에 관련된 법들〔알음알이, 감각접촉, 느낌, 인식, 의도, 갈애, 일으킨 생각, 지속적 고찰〕 등에서 갈애를 남김없이 놓아버림을 해야 한다. 이렇게 팔정도에서 '괴로움의 그침에 이르는 길〔도성제〕'을 행한다. 이와 같이 '괴로움의 그침에 이르는 길〔도성제〕'에 관한 바른 앎(sammāñāṇa)을 가진 자에게 괴로움의 벗어남에 대한 바른 해탈(sammāvimutti)이 생긴다. 이처럼 유학(sekha)의 도 닦음은 8가지 구성요소〔팔정도〕를 구족하고, 아라한(arahā)은 '바른 앎과 바른 해탈'을 더한 10가지 구성요소를 구족한 것이다.

거기서 바른 견해가 먼저다. 비구여, 그러면 어떻게 바른 견해가 먼저 오는가? 비구여, 바른 견해를 가진 자에게 바른 사유가 생긴다. 바른 사유를 가진 자에게 바른 말이 생긴다. 바른 말을 하는 자에게 바른 행위[정업]가 생긴다. 바른 행위를 가진 자에게 바른 생활[정명]이 생긴다. 바른 생활을 가진 자에게 바른 정진이 생긴다. 바른 정진을 가진 자에게 바른 문지기가 생긴다. 바른 문지기를 가진 자에게 바른 삼매가 생긴다. 바른 삼매를 가진 자에게 바른 앎(sammāñāṇa)이 생긴다. 바른 앎을 가진 자에게 바른 해탈(sammāvimutti)이 생긴다. 비구여, 이처럼 유학의 도 닦음은 8가지 구성요소를 구족하고, 아라한은 10가지 구성요소를 구족한다.[133]

이와 같이 '괴로움의 그침에 이르는 길[도성제]'이라는 팔정도에서 여섯 감각장소에 관한 갈애를 남김없이 놓아버림을 하고, 사성제에 대한 '바른 앎과 바른 해탈'을 구족한 아라한의 길이 열반이다.

초선정 → 사선정(심청정) → 사대물질 명상(견청정) → 意成身과 여섯 감각장소[六門] 인식과정 → 숙명통과 천안통(의심을 극복한 청정) → (연기)개념의 원인을 정신·물질로부터 앎(도와 도 아님의 청정) → 일어남과 사라짐(오온에 대한 삼법인으로 도 닦음에 대한 앎과 봄) → 바른 앎과 바른 해탈(知見 청정) → 사성제 → 누진통

---

[133] MN117 Mahācattārīsakasutta. 아라한과[無學]의 10가지 dasaṅga(十支).

원인을 가진 늙음·죽음(법)을 11가지의 연기된 법으로서 '괴로움'
으로 안목하는 바른 견해의 앎, 알음알이와 정신·물질과의 '이것에
조건성[연기]'의 재생연결식으로부터 11가지의 연기된 법이 연유하
는 것을 '괴로움의 일어남'으로 바른 견해하는 앎, 정신·물질로
구분한 의문 인식과정에서 '위빠사나 앎'에 결정하는 여리작의로부
터 11가지의 연기된 법이 그치는 것을 '괴로움의 그침'으로 바른
견해하는 앎, 11가지의 연기된 법이 그치는 괴로움의 그침에 이르는
길[도성제]의 실천을 여섯 감각장소에서 '갈애의 놓아버림'으로 바
른 견해하는 앎 등 44개의 앎으로서 밝음[vijjā, 明]에 도달한다.

괴로움에 대한 앎, 괴로움의 일어남에 대한 앎, 괴로움의 그침에
대한 앎, 괴로움의 그침에 인도하는 닦음에 대한 앎이라는 것을
밝음[vijjā, 明]이라 부르고, 이런 방식으로 밝음에 도달한다.[134]

5) 삼명통의 앎으로서 괴로움을 벗어나 열반에 인도한다

"이 세상은 고통으로 가득하구나! 태어나 늙고 죽고 죽어서 다시
태어난다. … 어디서 늙음·죽음이라는 괴로움으로부터 벗어남을
꿰뚫어 알 것인가?"라고 부처님은 청정범행을 구도하셨다. 태어나
늙음·죽음이라는 괴로움에 대한 벗어남을 ① 전생의 기억[135]에 대한

---

134 SN56:42 Papātasutta, DN22 Mahāsatipaṭṭhānasutta.

135 DN14 Mahāpadānasutta(대전기경), "위빳시 보살은 도솔천에서 몸을 버리고 문지기하는 것과 분명한 알아차림(sato sampajāno)하며 어머니의 태에 들어 갔다."

앎[숙명통]과 ②중생들의 삶과 죽음에 대한 앎[천안통]과 ③괴로움에 대한 번뇌(āsava)의 그침에 대한 앎[漏盡通] 등의 3가지 밝음(vijjā)으로부터 열반을 구하셨다. 즉, 숙명통과 천안통이라는 앎에서 밝음[明]과 감각적 욕망〈존재, 무명〉에 대한 흐름[漏, 괴로움에 대한 번뇌]이 그친 앎[누진통] 등에서 밝음을 청정범행으로 비추고[光] 무명이 다한 열반을 구하셨다.

마음이 집중되고, 청정하고, 깨끗하고, 흠이 없고, 오염원이 사라지고, 부드럽고, 활발발하고, 안정되고, 흔들림이 없는 상태에 이르렀을 때, 전생을 기억하는 앎[숙명통]으로 마음을 향하게 하고 기울게 한다. …〈반복〉… 중생들의 죽음과 다시 태어남에 대한 앎[천안통]에 마음을 향하게 하고 기울게 한다. …〈반복〉… 모든 번뇌를 소멸하는 앎[누진통]으로 마음을 향하게 한다. '이것이 괴로움〈괴로움의 일어남, 괴로움의 그침, 괴로움의 그침에 이르는 길〉이다.'라고 나는 있는 그대로 알았다. '이것이 번뇌〈번뇌의 일어남, 번뇌의 그침, 번뇌의 그침에 이르는 길〉이다.'라고 있는 그대로 알았다. 이와 같이 알고 이와 같이 보자, 감각적 욕망〈존재, 무명〉에 의한 번뇌에서 마음이 해탈했다. 해탈되었을 때에 나에게 '해탈되었다.'는 앎(知)이 일어났다. '태어남은 다했고 청정범행은 이루어졌다. … 이것이 내가 밤의 삼경에 도달한 3번째의 앎이다. … 무명이 사라지자 밝음[明]이 생겨났고 어둠이 사라지고 빛[光] 이 생겨났다.[136]

---

136 전재성 역(2009), 『맛지마 니까야』, 한국빠알리성전협회, 제1품 근본법문

이상과 같이 '이것에 조건성'의 연기로써 사성제까지를 닦는 연기관의 중도를 완전하게 깨달았기 때문에, 그러한 깨달은 보림으로서 괴로움이라는 연기된 법에 대한 안목과 사성제에 대한 바른 견해의 앎과 6요소에서 탐·진·치에 대한 고요함과 12연기에서 최상의 앎과 3가지 밝음[삼명통]으로부터 태어나 늙음·죽음[연기]이라는 괴로움을 벗어나는 사성제라는 바른 깨달음 등을 이전의 부처님들처럼 원만히 '깨달음에 이르는 도(maggo bodhāya)'에서 성취하셨던 것이다. 다시 말하면 여섯 감각장소에서의 청정범행으로부터 완성한 것이다. 법에 관한 앎에서 모든 멸진滅盡을 깨달은 스승은 제자 모두가 알게 하고 가르치고 천명하였다.[137] 그리고 부처님은 "계와 삼매와 지혜와 위없는 해탈에서 명성을 가진 고따마는 이 법들을 깨달았노라. 괴로움을 끝냈고 혜안을 가졌고, 모두를 멸진한 깨달은 스승은 법을 최상의 앎에서 안 뒤에 이제 그 법을 비구들에게 설하노라."[138]라고 전하셨다.

M004 두려움과 공포에 대한 경(MN4 Bhayabheravasutta, DN2 Sāmaññaphalasutta).

[137] SN46:30 Udāyisutta, "빈집에 가서 취착의 다섯 무더기[五取蘊]가 솟아오르고 떨어지는 것에서 '이것이 괴로움, 괴로움의 일어남〈그침〉, 괴로움의 그침에 인도하는 도 닦음이다.'고 있는 그대로 최상의 앎에 알았습니다. 세존이여, 저는 법을 관통하고 도를 증득하였습니다. '태어남은 다했다. 청정범행은 성취되었다.'고 꿰뚫어 압니다."

[138] DN16 Mahāparinibbānasutta(대반열반경), AN7:66 sattasūriyasutta.

제4장 주요 경전 독송과 예불

1. 주요 경전 독송

1) 초전법륜경

이와 같이 나는 들었다. 한때 세존께서 바라나시에서 이시빠따나의 녹야원에 머무셨다.

거기서 세존께서는 오비구를 불러서 말씀하셨다.

비구들이여, 출가자가 가까이하지 않아야 할 두 가지 극단이 있다. 무엇이 둘인가? 그것은 저열하고 촌스럽고 범속하고 성스럽지 못하고 이익을 주지 못하는 감각적 욕망들에 대한 쾌락의 탐닉에 몰두하는 것과, 괴롭고 성스럽지 못하고 이익을 주지 못하는 자기 학대에 몰두하는 것이다.

비구들이여, 이러한 두 가지 극단을 따라가지 않고 여래는 중도를 완전하게 깨달았나니, 이 중도는 안목을 만들고 앎을 만들며, 고요함과 최상의 지혜와 바른 깨달음과 열반으로 인도한다.

비구들이여, 그러면 어떤 것이 여래가 완전하게 깨달았으며, 안목을 만들고 앎을 만들며, 고요함과 최상의 지혜와 바른 깨달음과 열반으로 인도하는 중도인가?

그것은 바로 여덟 가지 구성요소를 가진 성스러운 도〔八正道〕이니, 바른 견해, 바른 사유, 바른 말, 바른 행위, 바른 생계, 바른 정진, 바른 문지기, 바른 삼매이다.

비구들이여, 이것이 바로 여래가 완전하게 깨달았으며, 안목을 만들고 앎을 만들며, 고요함과 최상의 지혜와 바른 깨달음과 열반으로 인도하는 중도이다.

비구들이여, 이것이 괴로움의 성스러운 진리이다. 태어남도 괴로움이다. 늙음도 괴로움이다. 병도 괴로움이다. 죽음도 괴로움이다. 〔근심·탄식·육체적 고통·정신적 고통·절망도 괴로움이다.〕 싫어하는 대상들과 만나는 것도 괴로움이다. 좋아하는 대상들과 헤어지는 것도 괴로움이다. 원하는 것을 얻지 못하는 것도 괴로움이다. 요컨대 취착의 대상이 되는 다섯 가지 무더기〔五取蘊〕 자체가 괴로움이다.

비구들이여, 이것이 괴로움의 일어남의 성스러운 진리〔集聖諦〕이다. 그것은 바로 갈애이니, 다시 태어남을 가져오고 즐김과 탐욕이 함께하며 여기저기서 즐기는 것이다. 즉 감각적 욕망에 대한 갈애〔欲愛〕, 존재에 대한 갈애〔有愛〕, 존재하지 않음에 대한 갈애〔無有愛〕가 그것이다.

비구들이여, 이것이 괴로움의 그침의 성스러운 진리〔滅聖諦〕이다. 그것은 바로 그러한 갈애가 남김없이 빛바래어 그침, 버림, 놓아버림, 벗어남, 집착 없음이다.

비구들이여, 이것이 괴로움의 그침으로 인도하는 도 닦음의 성스러운 진리〔道聖諦〕이다. 그것은 바로 여덟 가지 구성요소를 가진 성스러운 도〔八正道〕이니, 즉 바른 견해〔正見〕, 바른 사유〔正思惟〕, 바른 말〔正語〕, 바른 행위〔正業〕, 바른 생계〔正命〕, 바른 정진〔正精進〕, 바른 문지기〔正念〕, 바른 삼매〔正定〕이다.

비구들이여, 나에게는 '이것이 괴로움의 진리이다.'라는 전에 들어보지 못한 법들에 대한 눈〔眼〕이 생겼다. 앎〔知〕이 생겼다. 지혜〔慧〕가 생겼다. 밝음〔明〕이 생겼다. 광명〔光〕이 생겼다. '이 괴로움의 진리는 철저하게 알아져야 한다.'라는 전에 들어보지 못한 법들에 대한 눈〔眼〕이 생겼다. 앎〔知〕이 생겼다. 지혜〔慧〕가 생겼다. 밝음〔明〕이 생겼다. 광명〔光〕이 생겼다. '이 괴로움의 진리는 철저하게 알아졌다.'라는 전에 들어보지 못한 법들에 대한 눈〔眼〕이 생겼다. 앎〔知〕이 생겼다. 지혜〔慧〕가 생겼다. 밝음〔明〕이 생겼다. 광명〔光〕이 생겼다.

비구들이여, '나에게는 이것이 괴로움의 일어남의 진리이다.'라는 전에 들어보지 못한 법들에 대한 눈〔眼〕이 생겼다. 앎〔知〕이 생겼다. 지혜〔慧〕가 생겼다. 밝음〔明〕이 생겼다. 광명〔光〕이 생겼다. 이 괴로움의 일어남의 진리는 버려져야 한다는 전에 들어보지 못한 법들에 대한 눈〔眼〕이 생겼다. 앎〔知〕이 생겼다. 지혜〔慧〕가 생겼다. 밝음〔明〕이 생겼다. 광명〔光〕이 생겼다.

비구들이여, '나에게는 이것이 괴로움의 그침의 진리이다.'라는 전에 들어보지 못한 법들에 대한 눈〔眼〕이 생겼다. 앎〔知〕이 생겼다. 지혜〔慧〕가 생겼다. 밝음〔明〕이 생겼다. 광명〔光〕이 생겼다. 이 괴로움의 그침의 진리는 실현되어야 한다는 전에 들어보지 못한 법들에 대한 눈〔眼〕이 생겼다. 앎〔知〕이 생겼다. 지혜〔慧〕가 생겼다. 밝음〔明〕이 생겼다. 광명〔光〕이 생겼다. 이 괴로움의 그침의 진리는 실현되었다 라는 전에 들어보지 못한 법들에 대한 눈〔眼〕이 생겼다. 앎〔知〕이 생겼다. 지혜〔慧〕가 생겼다. 밝음〔明〕이 생겼다. 광명〔光〕이 생겼다.

비구들이여, '나에게는 이것이 괴로움의 그침으로 인도하는 도 닦음의 진리이다.'라는, 전에 들어보지 못한 법들에 대한 눈〔眼〕이 생겼다. 앎〔知〕이 생겼다. 지혜〔慧〕가 생겼다. 밝음〔明〕이 생겼다. 광명〔光〕이 생겼다. 이 괴로움의 그침으로 인도하는 도 닦음의 진리는 닦아져야 한다는, 전에 들어보지 못한 법들에 대한 눈〔眼〕이 생겼다. 앎〔知〕이 생겼다. 지혜〔慧〕가 생겼다. 밝음〔明〕이 생겼다. 광명〔光〕이 생겼다.

비구들이여, 내가 이와 같이 세 가지 양상과 열두 가지 형태를 갖추어서 네 가지 성스러운 진리를 있는 그대로 알고 보는 것이 지극히 청정하게 되지 못하였다면 나는 위없는 바른 깨달음을 실현하였다고 신과 마라와 범천을 포함한 세상에서 사문, 바라문과 신과 사람을 포함한 무리 가운데에서 스스로 천명하지 않았을 것이다.

비구들이여, 그러나 내가 이와 같이 세 가지 양상과 열두 가지 형태를 갖추어서 네 가지 성스러운 진리를 있는 그대로 알고 보는 것이 지극히 청정하게 되었기 때문에 나는 위없는 바른 깨달음을 실현했다고 신과 마라와 범천을 포함한 세상에서, 사문·바라문과 신과 사람을 포함한 무리 가운데에서 스스로 천명하였다. 그리고 나에게는 나의 해탈은 확고부동하다. 이것이 나의 마지막 태어남이며, 이제 더 이상의 다시 태어남은 없다 라는 앎과 봄[知見]이 일어났다.

세존께서는 이렇게 말씀하였다. 오비구는 마음이 흡족해져서 세존의 말씀을 크게 기뻐하였다. 이 상세한 설명이 설해졌을 때 꼰단냐 존자에게는 '일어나는 법은 그 무엇이건 모두 그치기 마련인 법이다.'라는 티 없고 때가 없는 법의 눈이 생겼다. 이와 같이 세존께서 법륜을 굴리셨을 때 땅의 신들이 외쳤다.

'세존께서는 바라나시에 있는 이시빠따나의 녹야원에서 이러한 위없는 법륜을 굴리셨나니 어떤 사문도, 바라문도, 신도, 마라도, 범천도 이 세상의 그 누구도 이것을 멈추게 할 수 없도다.'라고. 땅의 신들의 소리를 듣고 사대왕천의 신들이 외쳤다. '세존께서는 바라나시에 있는 이시빠따나의 녹야원에서 이러한 위없는 법륜을 굴리셨나니, 어떤 사문도 바라문도 신도 마라도 범천도 이 세상의 그 누구도 이것을 멈추게 할 수 없도다.'라고. 사대왕천의 신들의 소리를 듣고 삼십삼천의 신들이 … 야마천의 신들이 … 도솔천의 신들이 … 화락천의 신들이 … 타화자재천의 신들이 … 범신천의 신들이 외쳤다.

'세존께서는 바라나시에 있는 이시빠따나의 녹야원에서 이러한 위없는 법륜을 굴리셨나니, 어떤 사문도 바라문도 신도 마라도 범천의 이 세상의 그 누구도 이것을 멈추게 할 수 없도다.'라고. 이처럼 그 찰나, 그 짧은 시간, 그 순간에 범천의 세상에 이르기까지 그 소리는 퍼져나갔다. 그리고 이만 개의 세계는 흔들렸고, 강하게 흔들렸고 요동쳤으며, 측량할 수 없이 광휘로운 빛이 나타났나니 그것은 신들의 광채를 능가하였다.

그때 세존께서는 감흥어를 읊으셨다.

'참으로 꼰단냐는 완전하게 알았구나. 참으로 꼰단냐는 완전하게 알았구나.'라고. 이렇게 해서 꼰단냐 존자는 안냐 꼰단냐라는 이름을 가지게 되었다.

2) 대념처경 - 네 가지 성스러운 진리〔四聖諦〕

여기 비구는 네 가지 성스러운 진리〔四聖諦〕의 법에서 법을 관찰하며〔法隨觀〕머문다. 비구들이여, 어떻게 비구가 네 가지 성스러운 진리의 법에서 법을 관찰하며 머무는가?

여기 비구는 '이것이 괴로움이다'라고 있는 그대로 꿰뚫어 안다. '이것이 괴로움의 일어남이다'라고 있는 그대로 꿰뚫어 안다.

'이것이 괴로움의 그침이다'라고 있는 그대로 꿰뚫어 안다. '이것이 괴로움의 그침으로 인도하는 닦음(paṭipadā)이다'라고 있는 그대로 꿰뚫어 안다.

괴로움의 성스러운 진리〔苦聖諦〕

비구들이여, 그러면 괴로움의 성스러운 진리란 무엇인가? 태어남도 괴로움이다. 늙음도 괴로움이다. 병듦도 괴로움이다. 죽음도 괴로움이다. 근심·탄식·고통·불만족(싫어하는 마음)·절망도 괴로움이다. 원하는 것을 얻지 못하는 것도 괴로움이다. 요컨대 다섯 가지 취착하는 무더기〔五取蘊〕들 자체가 괴로움이다.

그러면 비구들이여, 태어남이란 무엇인가?

이런저런 중생들이 이런저런 중생들의 무리로부터 태어나고, 출생하고, 도래하고, 생기고, 오온이 나타나고, 감각기관을 획득하는 것. 비구들이여, 이것을 태어남이라고 한다.

그러면 비구들이여, 늙음이란 무엇인가?

이런저런 중생들이 이런저런 중생들의 무리 가운데서 나이가 들고, 노쇠하고, 이빨이 부서지고, 머리털이 희어지고, 피부가 쭈글쭈글해지고, 수명이 감소하고, 여러 감각기관이 무너진다. 비구들이여, 이것을 늙음이라고 한다.

그러면 비구들이여, 죽음이란 무엇인가?

이런저런 중생들이 이런저런 중생들의 무리로부터 종말되고, 제거되고, 부서지고, 사라지고, 사망하고, 죽고, 서거하고, 오온이 부서지고, 시체를 안치하고, 생명기능〔命根〕이 끊어지고. 비구들이여, 이것을 죽음이라고 한다.

그러면 비구들이여, 근심이란 무엇인가?

비구들이여, 이런저런 불행을 만나고 이런저런 괴로운 것에 많은 중생들이 겪는 슬픔, 슬퍼함, 슬퍼짐, 내면의 슬픔, 내면의 서글픔. 비구들이여, 이것을 근심이라고 한다.

그러면 비구들이여, 탄식이란 무엇인가?

비구들이여, 이런저런 불행을 만나고 이런저런 괴로운 것에 맞닿은 중생들이 겪는 한탄, 비탄, 한탄함, 비탄함, 한탄스러움, 비탄스러움. 비구들이여, 이것을 탄식이라고 한다.

그러면 비구들이여, 고통(dukkha)이란 무엇인가?

비구들이여, 몸의 고통, 몸의 불편함, 몸에 맞닿아 생긴 고통스럽고 불편한 느낌. 비구들이여, 이것을 고통이라고 한다.

그러면 비구들이여, 불만족이란 무엇인가?

비구들이여, 마음의 고통, 마음의 불편함, 마음에 맞닿아 생긴 고통스럽고 불편한 느낌. 비구여, 이것을 불만족이라고 한다.

그러면 비구들이여, 절망이란 무엇인가?

비구들이여, 이런저런 불행을 만나고 이런저런 괴로운 일에 맞닿은 중생들이 겪는 실망, 절망, 실망함, 절망함. 비구들이여, 이것을 절망이라고 한다.

그러면 비구들이여, 싫어하는 것과 만나야 하는 괴로움〔怨憎會苦〕이란 무엇인가? 여기에서 마음에 들지 않고, 원하지 않고,

즐겁지 않은 형상·소리·냄새·맛·촉감·법과, 또한 이익이 없는 쾌락, 유익하지 않은 쾌락, 골치 아픈 쾌락, 평안을 주지 않는 쾌락, 이런 것들과 함께 만나는 것, 모이는 것, 함께한다는 것, 결합하는 것, 비구들이여, 이것을 싫어하는 것과 만나야 하는 괴로움이라고 말한다.

그러면 비구들이여, 좋아하는 것과 헤어져야 하는 괴로움〔愛別離苦〕이란 무엇인가? 여기에서 마음에 들고 또 즐거운 형상·소리·냄새·맛·촉감·법과, 또한 이익이 있는 쾌락, 선한 쾌락, 편안한 쾌락, 수행안온을 주는 쾌락, 어머니, 아버지, 형제, 자매, 친구, 동료, 친척 혈육 등의 이런 것들과 함께 만나지 못하는 것, 모이지 못하는 것, 함께하지 못하는 것, 결합하지 못하는 것, 비구들이여, 이것을 좋아하는 것과 헤어져야 하는 괴로움이라고 말한다.

그러면 비구들이여, 원하는 것을 얻지 못하는 괴로움〔求不得苦〕이란 무엇인가? 반드시 태어나기 마련인 중생들은 이렇게 소망한다. '아! 다시 태어나는 법이 없기를! 더 이상 태어남이 나에게 오지 않기를!'이라고. 그러나 이것은 원함으로 얻어지지 않는다. 이것이 원하는 것을 얻지 못하는 괴로움이다. 반드시 늙기 마련인 중생들은 … , 반드시 병들기 마련인 중생들은 … , 반드시 죽기 마련인 중생들은 … , 반드시 근심, 탄식, 고통, 불만족, 절망하는 존재인 중생들은 이렇게 소망한다. '아! 근심, 탄식, 고통, 근심, 절망하는 법이 없기를! 더 이상 근심, 탄식, 고통, 슬픔, 절망이 나에게 오지 않기를!'이라고. 그러나 이것은 원함으로 얻어지지 않는다. 이것이 원하는 것을 얻지 못하는 괴로움이다.

그러면 비구들이여, 그러면 요컨대 다섯 가지 취착하는 무더기들의 괴로움〔五陰盛苦〕이란 무엇인가? 그것은 바로 취착하는 물질의 무더기〔色取蘊〕, 취착하는 느낌의 무더기〔受取蘊〕, 취착하는 인식의 무더기〔想取蘊〕, 취착하는 상카라들의 무더기〔行取蘊〕, 취착하는 알음알이의 무더기〔識取蘊〕이다. 비구들이여, '요컨대 다섯 가지 취착하는 무더기는 괴로움이다.'라고 말한다. 비구들이여, 이것을 괴로움의 성스러운 진리라고 부른다.

괴로움 일어남의 성스러운 진리〔集聖諦〕

그러면 비구들이여, 무엇이 괴로움 일어남의 성스러운 진리인가? 그것은 갈애이니, 다시 태어나게 하고, 기쁨과 욕망을 수반하며 여기저기에서 항상 쾌락을 찾는 것이다. 즉, 감각적 욕망에 대한 갈애, 존재에 대한 갈애, 존재하지 않는 것에 대한 갈애이다.

그러면 비구들이여, 이 갈애는 어디서 일어나서 어디서 자리 잡는가? 그것은 바로 세상에서 즐겁고 기분 좋은 것이 있으면 거기서 일어나고 거기서 자리 잡는다.

그러면 비구들이여, 어떤 것이 세상에서 즐겁고 기분 좋은 것인가? 눈은 세상에서 즐겁고 기분 좋은 것이다.

귀는 … 코는 … 혀는 … 몸은 … 마노〔意〕는 세상에서 즐겁고 기분 좋은 것이다. 갈애는 여기서 일어나고 여기서 자리 잡는다.

형상은 … 소리는 … 냄새는 … 맛은 … 감촉은 … 마노의 대상인 법法은 세상에서 즐겁고 기분 좋은 것이다. 갈애는 여기서 일어나고 여기서 자리 잡는다.

눈의 알음알이는 … 귀의 알음알이는 … 코의 알음알이는 … 혀의 알음알이는 … 몸의 알음알이는 … 마노의 알음알이〔意識〕는 세상에서 즐겁고 기분 좋은 것이다. 갈애는 여기서 일어나고 여기서 자리 잡는다. 눈의 감각접촉〔觸〕은 … 귀의 감각접촉은 … 코의 감각접촉은 … 혀의 감각접촉은 … 몸의 감각접촉은 … 마노의 감각접촉은 세상에서 즐겁고 기분 좋은 것이다. 갈애는 여기서 일어나고 여기서 자리 잡는다.

눈의 감각접촉에서 생긴 느낌은 … 귀의 감각접촉에서 생긴 느낌은 … 코의 감각접촉에서 생긴 느낌은 … 혀의 감각접촉에서 생긴 느낌은 … 몸의 감각접촉에서 생긴 느낌은 … 마노의 감각접촉에서 생긴 느낌은 세상에서 즐겁고 기분 좋은 것이다. 갈애는 여기서 일어나고 여기서 자리 잡는다.

눈의 인식은 … 귀의 인식은 … 코의 인식은 … 혀의 인식은 … 몸의 인식은 … 마노의 인식은 세상에서 즐겁고 기분 좋은 것이다. 갈애는 여기서 일어나고 여기서 자리 잡는다.

눈의 의도〔行〕는 … 귀의 의도는 … 코의 의도는 … 혀의 의도는 … 몸의 의도는 … 마노의 의도는 세상에서 즐겁고 기분 좋은 것이다. 갈애는 여기서 일어나고 여기서 자리 잡는다.

눈의 갈애는 … 귀의 갈애는 … 코의 갈애는 … 혀의 갈애는

… 몸의 갈애는 … 마노의 갈애는 세상에서 즐겁고 기분 좋은 것이다. 갈애는 여기서 일어나고 여기서 자리 잡는다.

눈의 일으킨 생각[尋]은 … 귀의 일으킨 생각은 … 코의 일으킨 생각은 … 혀의 일으킨 생각은 … 몸의 일으킨 생각은 … 마노의 일으킨 생각은 세상에서 즐겁고 기분 좋은 것이다. 갈애는 여기서 일어나고 여기서 자리 잡는다.

눈의 지속적인 고찰[伺]은 … 귀의 지속적인 고찰은 … 코의 지속적인 고찰은 … 혀의 지속적인 고찰은 … 몸의 지속적인 고찰은 … 마노의 지속적인 고찰은 세상에서 즐겁고 기분 좋은 것이다. 갈애는 여기서 일어나고 여기서 자리 잡는다. 이를 일러 비구여, 괴로움의 일어남의 성스러운 진리라 한다.

괴로움 그침의 성스러운 진리[滅聖諦]
비구들이여, 그러면 무엇이 괴로움 그침의 성스러운 진리인가? 그것은 바로 갈애의 남김없이 사라짐과 그침, 버림, 놓아버림, 벗어남, 집착 없음이다. 그러면 비구들이여, 이 갈애는 어디서 없어지고 어디서 그치는가? 그것은 바로 세상에서 즐겁고 기분 좋은 것이 있으면 거기서 없어지고 거기서 그친다.

그러면 비구들이여, 세상에서 어떤 것이 즐겁고 기분 좋은 것인가? 눈은 세상에서 즐겁고 기분 좋은 것이다. 귀는 … 코는 … 혀는 … 몸은 … 마노는 세상에서 즐겁고 기분 좋은 것이다. 갈애는 여기서 없어지고 여기서 그친다. 형상은 … 소리는 …

냄새는 … 맛은 … 감촉은 … 법은 세상에서 즐겁고 기분 좋은 것이다. 갈애는 여기서 없어지고 여기서 그친다.

눈의 알음알이는 … 귀의 알음알이는 … 코의 알음알이는 … 혀의 알음알이는 … 몸의 알음알이는 … 마노의 알음알이는 세상에서 즐겁고 기분 좋은 것이다. 갈애는 여기서 없어지고 여기서 그친다. 눈의 감각접촉은 … 귀의 감각접촉은 … 코의 감각접촉은 … 혀의 감각접촉은 … 몸의 감각접촉은 … 마노의 감각접촉은 세상에서 즐겁고 기분 좋은 것이다. 갈애는 여기서 없어지고 여기서 그친다. 눈의 감각접촉에서 생긴 느낌은 … 귀의 감각접촉에서 생긴 느낌은 … 코의 감각접촉에서 생긴 느낌은 … 혀의 감각접촉에서 생긴 느낌은 … 몸의 감각접촉에서 생긴 느낌은 … 마노의 감각접촉에서 생긴 느낌은 세상에서 즐겁고 기분 좋은 것이다. 갈애는 여기서 없어지고 여기서 그친다.

눈의 인식은 … 귀의 인식은 … 코의 인식은 … 혀의 인식은 … 몸의 인식은 … 마노의 인식은 세상에서 즐겁고 기분 좋은 것이다. 갈애는 여기서 없어지고 여기서 그친다.

눈의 의도는 … 귀의 의도는 … 코의 의도는 … 혀의 의도는 … 몸의 의도는 … 마노의 의도는 세상에서 즐겁고 기분 좋은 것이다. 갈애는 여기서 없어지고 여기서 그친다.

눈의 갈애는 … 귀의 갈애는 … 코의 갈애는 … 혀의 갈애는 … 몸의 갈애는 … 마노의 갈애는 세상에서 즐겁고 기분 좋은 것이다. 갈애는 여기서 없어지고 여기서 그친다.

눈의 일으킨 생각〔尋〕은 … 귀의 일으킨 생각은 … 코의 일으킨 생각은 … 혀의 일으킨 생각은 … 몸의 일으킨 생각은 … 마노의 일으킨 생각은 세상에서 즐겁고 기분 좋은 것이다. 갈애는 여기서 없어지고 여기서 그친다.

눈의 지속적인 고찰〔伺〕은 … 귀의 지속적인 고찰은 … 코의 지속적인 고찰은 … 혀의 지속적인 고찰은 … 몸의 지속적인 고찰은 … 마노의 지속적인 고찰은 세상에서 즐겁고 기분 좋은 것이다. 갈애는 여기서 없어지고 여기서 그친다. 비구들이여, 이를 일러 괴로움의 그침의 성스러운 진리라 한다.

도 닦음의 성스러운 진리〔道聖諦〕

비구들이여, 그러면 무엇이 괴로움의 그침으로 인도하는 도 닦음의 성스러운 진리인가?

그것은 바로 여덟 가지 구성요소를 가진 성스러운 도〔八支聖道〕이니, 즉 바른 견해〔正見〕, 바른 사유〔正思惟〕, 바른 말〔正語〕, 바른 행위〔正業〕, 바른 생계〔正命〕, 바른 정진〔正精進〕, 바른 문지기〔正念〕, 바른 삼매〔正定〕이다.

그러면 비구들이여, 무엇이 바른 견해〔正見〕인가? 비구들이여, 괴로움에 대한 바른 견해, 괴로움의 일어남에 대한 바른 견해, 괴로움의 그침에 대한 바른 견해, 괴로움의 그침으로 인도하는 길에 대한 바른 견해. 비구들이여, 이것을 일러 바른 견해라 한다.

비구들이여, 그러면 무엇이 바른 사유〔正思惟〕인가?

욕심이 없는〔出離〕 생각, 악의(byāpāda)가 없는 생각, 해함이 없는 생각. 이를 일러 바른 사유라 한다.

비구들이여, 그러면 무엇이 바른 말〔正語〕인가? 거짓말을 멀리하는 것, 험담을 멀리하는 것, 거친 말을 멀리하는 것, 잡담을 멀리하는 것. 비구들이여, 이것을 일러 바른 말이라 한다.

비구들이여, 그러면 무엇이 바른 행위〔正業〕인가?

살생을 멀리하는 것, 도둑질을 멀리하는 것, 삿된 음행을 멀리하는 것, 비구들이여, 이것을 일러 바른 행위라 한다.

비구들이여, 그러면 무엇이 바른 생계〔正命〕인가?

여기에서 비구들이여, 성스러운 제자가 잘못된 생활 방식을 버리고 올바른 생활 방식을 영위하는 것. 비구들이여, 이것을 일러 바른 생계라 한다.

비구들이여, 그러면 무엇이 바른 정진〔正精進〕인가?

여기에서 비구들이여, 비구는 아직 일어나지 않은 악행이나 선하지 않는 법〔不善法〕은 일어나지 않도록 의욕을 생기게 하고, 정진하고 힘을 내고 마음을 다잡고 애를 쓴다. 이미 일어난 악행이나 선하지 않는 법을 버리기 위해 의욕을 생기게 하고, 정진하고 힘을 내고 마음을 다잡고 애를 쓴다.

아직 일어나지 않은 선한 법들을 일어나도록 의욕을 생기게 하고 정진하고, 힘을 내고 마음을 다잡고 애를 쓴다. 이미 일어난 선한 법들을 지속시키고 사라지지 않게 하고, 증장시키고, 충만하게 하고, 개발하게 하고, 성취하게 하기 위해서 의욕을 생기게 하고, 정진하고 힘을 내고 마음을 다잡고 애를 쓴다. 비구들이여, 이것을 일러 바른 정진이라 한다.

비구들이여, 그러면 무엇이 바른 문지기〔正念〕인가?

비구들이여, 여기 비구는 몸에서 몸을 관찰하며〔身隨觀〕머문다. 세상에 대한 욕심과 싫어하는 마음(domanassa)을 버리면서 근면하게 분명히 알아차리고 문지기하며 머문다. 느낌들에서 … 마음에서 … 법들에서 법을 관찰하며〔法隨觀〕머문다. 세상에 대한 욕심과 싫어하는 마음을 버리면서 근면하게 꿰뚫어 알아차림하고 문지기하며 머문다. 비구들이여, 이를 일러 바른 문지기라 한다.

비구들이여, 그러면 무엇이 바른 삼매〔正定〕인가? 비구들이여, 여기 비구는 감각적 욕망을 완전히 떨쳐버리고 유익하지 않은 법〔不善法〕들을 떨쳐버린 뒤, 일으킨 생각〔尋〕과 지속적인 고찰〔伺〕이 있고 떨쳐버렸음에서 생겼으며, 희열〔喜, pīti〕과 행복〔樂, sukha〕이 있는 초선初禪을 구족하여 머문다.

일으킨 생각〔尋〕과 지속적인 고찰〔伺〕을 가라앉혔기 때문에 자기 내면의 것이고, 확신이 있으며, 마음의 단일한 상태이고, 일으킨 생각과 지속적인 고찰이 없고, 삼매에서 생긴 희열과 행복이 있는 제2선을 구족하여 머문다.

희열이 사라졌기 때문에 평온하게 머물고, 문지기하고 알아차리며 몸으로 행복을 경험하나니 이것 때문에 성자들이 그를 두고 '평온하게 문지기하며 행복하게 머문다'라고 일컫는 제3선을 구족하여 머문다.

즐거움도 버리고 괴로움도 버렸고, 아울러 그 이전에 이미 기쁨과 슬픔이 사라졌기 때문에 괴롭지도 즐겁지도 않으며, 평온으로 인해 문지기의 청정함이 있는 제4선을 구족하여 머문다. 비구들이여, 이를 일러 바른 삼매라 한다.

이와 같이 안으로 법에서 법을 관찰하며(法隨觀) 머문다. 혹은 밖으로 법에서 법을 관찰하며 머문다. 혹은 안팎으로 법에서 법을 관찰하며 머문다. 혹은 법에서 일어나는 현상을 관찰하며 머문다. 혹은 법에서 사라지는 현상을 관찰하며 머문다. 혹은 법에서 일어나기도 하고 사라지기도 하는 현상을 관찰하며 머문다. 혹은 그는 '법이 있구나'라고 문지기를 잘 확립하나니 지혜만이 있고 문지기만이 현전할 때까지! 이제 그는 [갈애와 사견에] 의지하지 않고 머문다. 그는 세상에 대해서 아무것도 움켜쥐지 않는다. 비구들이여, 이와 같이 비구는 네 가지 성스러운 진리의 법에서 법을 관찰하면서 머문다.

비구들이여, 누구든지 이 네 가지 문지기의 확립(四念處)을 이와 같이 칠 년을 닦는 사람은 두 가지 결과 중의 하나를 기대할 수 있다. 지금 여기서 구경지究竟智를 얻거나, 취착의 자취가 남아 있으면 다시는 돌아오지 않는 경지(不還果)를 기대할 수 있다. 비구여, 칠 년은 그만두고 누구든지 이 네 가지 문지기의 확립을 이와 같이 육 년을 닦는 사람은 … 오 년을 … 사 년을

… 삼 년을 … 이 년을 … 일 년은 그만두고 누구든지 이 네 가지 문지기의 확립을 이와 같이 일곱 달을 닦는 사람은 두 가지 결과 중의 하나를 기대할 수 있다. 지금 여기서 구경지를 얻거나, 취착의 자취가 남아 있으면 다시는 돌아오지 않는 경지를 기대할 수 있다. 일곱 달은 그만두고 누구든지 여섯 달을 … 다섯 달을 … 네 달을 … 세 달을 … 두 달을 … 한 달을 … 반달을 … 반달은 그만두고 누구든지 네 가지 문지기의 확립을 이와 같이 칠 일을 닦는 사람은 두 가지 결과 중의 하나를 기대할 수 있다. 지금 여기서 구경지를 얻거나, 취착의 자취가 남아 있으면 다시 돌아오지 않는 경지를 기대할 수 있다.

'비구들이여, 이 도는 유일한 길이니 중생들을 청정하게 하고 근심과 탄식을 다 건너고, 육체적 고통과 정신적 고통을 사라지게 하고 옳은 방법을 터득하고 열반을 실현하기 위한 유일한 길이니 그것은 다름 아닌 네 가지 문지기의 확립〔四念處〕이다.'라고 설한 것은 이것을 반연하여 설하였다.

세존께서는 이와 같이 설하셨다. 그 비구들은 마음이 흡족해져서 세존의 설법을 기뻐하였다.

3) 12연기의 분별경(SN12:2 vibhaṅgasutta)

이와 같이 나는 들었다. 한때 세존께서 사왓티의 제따와나 아나따삔디까 승원에 계셨다. 그때 세존께서 '비구들이여'라고 비구들을 부르셨다. 비구들은 '세존이시여'라고 대답했다. '비구들이여, 그대들에게 연기를 자세히 분별하여 설하겠다. 그것을 잘 듣고 숙고해라. 설법하리라.' 그러자 '세존이시여, 그렇게 하겠습니다.'라고 비구들은 세존께 대답했다.

세존께서는 이와 같이 말씀하셨다.

그러면 비구들이여, 늙음과 죽음이란 무엇인가? 이런저런 중생들이 이런저런 중생들의 무리 가운데서 나이가 들고, 노쇠하고, 이빨이 부서지고, 머리털이 희어지고, 피부가 쭈글쭈글해지고, 수명이 감소하고 여러 감각기관이 무너진다. 이것을 비구들이여, 늙음이라고 한다. 이런저런 중생들이 이런저런 중생들의 무리로부터 멸망하고, 제거되고, 부서지고, 사라지고, 죽고, 서거하고, 오온이 부서지고, 시체를 안치하고, 명근命根이 끊어지는 것, 이것을 비구들이여, 죽음이라고 한다.

그러면 비구들이여, 태어남은 무엇인가? 이런저런 중생들이 이런저런 중생들의 무리로부터 태어나고, 출생하고, 도래하고, 생기고, 오온이 나타나고, 감각기관을 획득하는 것, 그것을 비구들이여, 태어남이라고 한다. 그러면 비구들이여, 존재란 무엇인가? 비구여, 세 가지 존재가 있으니 감각적 욕망의 욕계, 물질 존재의 색계, 물질 존재가 없는 무색계〔無色有〕이다.

그러면 비구들이여, 취착이란 무엇인가? 비구들이여, 네 가지 취착이 있으니, 감각적 욕망에 대한 취착, 견해에 대한 취착, 계율과 의식에 대한 취착, 자아의 교리에 대한 취착이 그것이다.

그러면 비구들이여, 갈애란 무엇인가? 비구들이여, 여섯 가지 갈애가 있으니, 형상에 대한 갈애, 소리에 대한 갈애, 냄새에 대한 갈애, 맛에 대한 갈애, 감촉에 대한 갈애, 법에 대한 갈애가 그것이다.

그러면 비구들이여, 느낌이란 무엇인가? 비구들이여, 여섯 가지 느낌이 있으니, 눈의 접촉에 의해 생기는 느낌, 귀의 접촉에 의해 생기는 느낌, 코의 접촉에 의해 생기는 느낌, 혀의 접촉에 의해 생기는 느낌, 몸의 접촉에 의해 생기는 느낌, 마노〔意〕의 접촉에 의해 생기는 느낌이 그것이다.

그러면 비구들이여, 감각접촉이란 무엇인가? 비구들이여, 여섯 가지 감각접촉이 있으니, 눈에 의한 감각접촉, 귀에 의한 감각접촉, 코에 의한 감각접촉, 혀에 의한 접감각촉, 몸에 의한 감각접촉, 마노에 의한 감각접촉이 그것이다. 그러면 비구들이여, 여섯 감각장소〔육입〕이란 무엇인가? 눈이라는 감각장소, 귀라는 감각장소, 코라는 감각장소, 혀라는 감각장소, 몸이라는 감각장소, 마노〔意〕라는 감각장소가 그것이다.

그러면 비구들이여, 정신과 물질이란 무엇인가? 여기서 비구들이여, 느낌〔受〕과 인식〔想〕과 의도〔思〕와 감각접촉〔觸〕과 작의作意를 정신이라고 한다. 그리고 비구여, 네 가지 근본물질과 네 가지 근본물질로부터 파생된 물질을 합쳐 물질이라고 한다.

그러면 비구들이여, 알음알이 식識이란 무엇인가? 비구들이여, 여섯 가지 식이 있으니, 안식眼識, 이식耳識, 비식鼻識, 설식舌

識, 신식身識, 의식意識이 그것이다.

그러면 비구들이여, 형성들〔行〕이란 무엇인가? 3가지 형성이 있으니 몸의 형성〔身行〕과 언어의 형성〔vacīsaṅkhāro, 語行〕과 마음의 형성〔cittasaṅkhāro, 心行〕이 그것이다.

그러면 비구들이여, 무명無明이란 무엇인가? 괴로움에 대한 무지, 괴로움의 원인에 대한 무지, 괴로움의 그침에 대한 무지, 괴로움의 그침으로 이끄는 길〔道〕에 대한 무지가 그것이다.

이와 같이 비구들이여, 무명無明을 조건으로 상카라(형성, 行)가 있다. 상카라를 조건으로 알음알이〔識〕가, 알음알이를 조건으로 정신과 물질이, 정신과 물질을 조건으로 여섯 감각 장소〔六入〕가, 여섯 감각장소를 조건으로 감각접촉〔觸〕이, 감각접촉을 조건으로 느낌〔受〕이, 느낌을 조건으로 갈애〔愛〕가, 갈애를 조건으로 취착〔取〕이, 취착을 조건으로 존재〔有〕가, 존재를 조건으로 태어남〔生〕이, 태어남을 조건으로 늙음과 죽음〔老死〕, 근심〔愁〕, 탄식〔悲〕, 고통〔苦〕, 불만족〔憂〕, 절망〔惱〕이 있다. 이와 같이 모든 괴로움의 무더기〔苦蘊〕가 일어난다.

그러나 비구들이여, 무명이 남김없이 사라져 그침을 조건으로 상카라가 그친다. 상카라가 그침을 조건으로 알음알이가, 알음알이가 그침을 조건으로 정신과 물질이, 정신과 물질이 그침을 조건으로 여섯 감각장소가, 여섯 감각장소가 그침을 조건으로 감각접촉이, 감각접촉이 그침을 조건으로 느낌이, 느낌이 멸함을 조건으로 갈애가, 갈애가 그침을 조건으로 취착이, 취착이 그침을 조건으로 존재가, 존재가 그침을 조건으로 늙음과 죽음, 근심, 탄식, 고통, 불만족, 절망이 그친다. 이와 같이 모든 괴로움의 무더기가 그친다.

4) 무아상경(SN22:59 anattalakkhaṇasutta)

한때 부처님께서 바라나시국의 이시빠따나 미가다야 숲에서 머무르셨습니다. 그때 부처님께서는 빤짜왁가 비구들을 "비구들이여!"하고 부르셨습니다. "네, 부처님." 하고 그들이 부처님께 대답했습니다. 부처님께서는 이렇게 말씀하셨습니다.

"비구들이여, 물질[色]은 내가 아닙니다.

비구들이여, 만일 물질이 나라면 이 물질이 아프지 않아야 할 것입니다. 나의 물질이 이렇게 되어라, 나의 물질이 이렇게 되지 말거라 라고 물질에서 원하는 것을 얻을 수 있을 것입니다. 비구들이여, 물질이 내가 아니기 때문에 아프게 됩니다. 나의 물질이 이렇게 되어라, 나의 물질이 이렇게 되지 말거라 라고 물질에서 원하는 것을 얻을 수도 없습니다.

느낌[受]은 내가 아닙니다.

비구들이여, 만일 느낌이 나라면 이 느낌이 아프지 않아야 할 것입니다. 나의 느낌이 이렇게 되어라, 나의 느낌이 이렇게 되지 말거라 라고 느낌에서 원하는 것을 얻을 수 있을 것입니다. 비구들이여, 느낌이 내가 아니기 때문에 아프게 됩니다. 나의 느낌이 이렇게 되어라, 나의 느낌이 이렇게 되지 말거라 라고 느낌에서 원하는 것을 얻을 수도 없습니다.

인식〔想〕은 내가 아닙니다.

비구들이여, 만일 인식이 나라면 이 인식이 아프지 않아야 할 것입니다. 나의 인식이 이렇게 되어라, 나의 인식이 이렇게 되지 말거라 라고 인식에서 원하는 것을 얻을 수 있을 것입니다. 비구들이여, 인식이 내가 아니기 때문에 아프게 됩니다. 나의 인식이 이렇게 되어라 라고 인식에서 원하는 것을 얻을 수도 없습니다.

비구들이여, 상카라〔형성, 行〕는 내가 아닙니다.

비구들이여, 만일 상카라가 나라면 이 상카라는 아프지 않아야 할 것입니다. 나의 상카라야 이렇게 되어라, 나의 상카라야 이렇게 되지 말거라 라고 상카라에서 원하는 것을 얻을 수 있을 것입니다. 비구들이여, 상카라가 내가 아니기 때문에 아프게 됩니다. 나의 상카라야 이렇게 되어라, 나의 상카라야 이렇게 되지 말거라 라고 상카라에서 원하는 것을 얻을 수도 없습니다.

알음알이〔識〕는 내가 아닙니다.

비구들이여, 만일 알음알이가 나라면 이 알음알이가 아프지 않아야 할 것입니다. 나의 알음알이가 이렇게 되어라, 나의 알음알이가 이렇게 되지 말거라 라고 알음알이에서 원하는 것을 얻을 수 있을 것입니다. 비구들이여, 알음알이는 내가 아니기 때문에 아프게 됩니다. 나의 알음알이는 이렇게 되어라, 나의 알음알이는 이렇게 되지 말거라고 알음알이에서 원하는 것을 얻을 수도 없습니다.

"비구들이여, 그것을 어찌 생각합니까? 물질은 영원합니까, 영원하지 않습니까?" "영원하지 않습니다, 부처님."

"영원하지 않은 물질은 즐거움(sukha)입니까? 괴로움(dukkha)입니까?" "괴로움입니다, 부처님."

"영원하지 않고, 괴로움이며, 변화하는 특성을 가진 물질을 '이 물질은 나의 것이다. 이 물질이 나이다. 이 물질이 나의 자아이다.'라고 보는 것은 적절합니까?" "적절하지 않습니다, 부처님."

"느낌은 영원합니까? 영원하지 않습니까?" "영원하지 않습니다, 부처님."

"영원하지 않은 느낌은 즐거움입니까? 괴로움입니까?" "괴로움입니다, 부처님."

"영원하지 않고, 괴로움이며, 변화하는 특성을 가진 느낌을 '이 느낌은 나의 것이다. 이 느낌이 나이다. 이 느낌은 나의 자아이다.'라고 보는 것은 적절합니까?" "적절하지 않습니다, 부처님."

"인식은 영원합니까? 영원하지 않습니까?" "영원하지 않습니다, 부처님."

"영원하지 않은 인식은 즐거움입니까? 괴로움입니까?" "괴로움입니다, 부처님."

"영원하지 않고, 괴로움이며, 변화하는 특성을 가진 인식을 '이 인식은 나의 것이다. 이 인식이 나이다. 이 인식이 나의 자아이다.'라고 보는 것은 적절합니까?" "적절하지 않습니다, 부처님."

"상카라(行)는 영원합니까? 영원하지 않습니까?" "영원하지 않습니다, 부처님."

"영원하지 않은 상카라는 즐거움입니까? 괴로움입니까?" "괴로움입니다, 부처님."

"영원하지 않고, 괴로움이며, 변화하는 특성을 가진 상카라는 '이 상카라는 나의 것이다. 이 상카라는 나이다. 이 상카라는 나의 자아이다.'라고 보는 것은 적절합니까?" "적절하지 않습니다, 부처님."

"알음알이는 영원합니까? 영원하지 않습니까?" "영원하지 않습니다, 부처님."

"영원하지 않은 알음알이는 즐거움입니까? 괴로움입니까?" "괴로움입니다, 부처님."

"영원하지 않고, 괴로움이며, 변화하는 특성을 가진 알음알이는 '이 알음알이는 나의 것이다. 이 알음알이는 나이다. 이 알음알이는 나의 자아이다.'라고 보는 것은 적절합니까?" "적절하지 않습니다, 부처님."

"비구들이여, 그렇기에 과거이거나 현재이거나 미래이거나, 안이거나 밖이거나, 거친 것이거나 미세한 것이거나, 저열한 것이거나 수승한 것이거나, 멀리 있는 것이거나 가까이 있는 것이거나 모든 물질〈느낌, 인식, 상카라, 알음알이〉을 '이 물질〈느낌, 인식, 상카라, 알음알이〉은 나의 것이 아니다. 이 물질〈느낌, 인식, 상카라, 알음알이〉은 내가 아니다. 이 물질〈느낌, 인식, 상카라, 알음알이〉은 나의 자아가 아니다.'라고 이렇게 있는 그대로 바른 지혜로써 보아야 합니다.

비구들이여, 이렇게 보는 견문이 있는 성스러운 제자는 물질에도 염오합니다. 느낌도 염오합니다. 인식도 염오합니다. 상카라도 염오합니다. 알음알이도 염오합니다. 염오하기에 갈애가 없습니다. 갈애가 없기에 번뇌로부터 자유롭습니다. 번뇌로부터 자유롭기에 번뇌에서 해방되었다고 아는 지혜가 생깁니다. 다시 태어남이 다했습니다. 고귀한 수행을 마쳤습니다. 해야 할 일을 다 했습니다. 이 도道는 일을 위하여 다른 할 일은 더 이상 없다고 분명하게 알게 됩니다."

부처님께서 이렇게 말씀하셨습니다. 빤짜왁기 비구들은 부처님께서 말씀하신 가르침을 만족하며 매우 환희에 차서 받아들였습니다. 게송에 섞이지 않은 이 법문을 설하였을 때, 빤짜왁기 비구들의 마음은 집착하지 않아 번뇌에서 벗어났습니다.

5) 삿짜까 긴 경(MN36 Mahāsaccakasutta)

한때 부처님께서 웨살리에서 큰 숲의 중각강당에서 머무르셨다.

그때 세존께서는 오전에 옷매무새를 가다듬고 발우와 가사를 수하시고 웨살리로 탁발을 가셨다. 그때 니간타의 후예 삿짜까가 웨살리에서 산책을 나와 경행을 하다가 큰 숲의 중각강당으로 왔다. 아난다 존자가 니간타의 후예 삿짜까가 멀리서 오는 것을 보았다. 그를 보고 아난다 존자는 세존께 말씀드렸다.

"세존이시여, 니간타의 후예 삿짜까가 오고 있습니다. 이 사람은 논객이고 스스로 학문이 깊은 자라 말하며 많은 사람들에게 성자로 인정되고 있습니다. 그러나 세존이시여, 이 사람은 부처님을 비방하려 하고 법을 비방하려 하고 승가를 비방하려 합니다. 세존이시여, 그러니 세존께서 연민히 여기시어 잠시 앉아계시면 좋겠습니다."

세존께서는 마련된 자리에 앉으셨다. 그러자 니간타의 후예 삿짜까가 세존께 다가가서 세존과 환담을 나누었다. 유쾌하고 기억할 만한 이야기로 서로 담소를 하고서 한 곁에 앉았다. 한 곁에 앉아서 니간타의 후예 삿짜까는 세존께 이렇게 말씀드렸다.

"고따마 존자시여, 어떤 사문·바라문들은 몸을 닦는 수행에만 몰두하며 머물고 마음을 닦는 수행에는 몰두하지 않습니다. 고따마 존자시여, 그들은 몸에서 일어난 몸의 괴로운 느낌을 경험하게 됩니다. 고따마 존자시여, 전에 어떤 사람이 몸의 괴로운 느낌을 경험할 때 허벅지가 마비되고 심장이 딱딱하게 굳고 입에서는 뜨거운 피가 나오고 미치고 정신이상을 일으키게 되었습니다. 고따마 존자시여, 그의 마음은 몸에 종속되고 몸의 지배하에 놓입니다. 그것은 무슨 이유입니까? 마음을 닦지 않았기 때문입니다. 고따마 존자시여, 반면에 어떤 사문·바라문들은 마음을 닦는 수행에만 몰두하며 머물고 몸을 닦는 수행에는 몰두하지 않습니다. 고따마 존자시여, 그들은 마음과 마음부수에서 일어난 괴로운 느낌을 경험합니다. 고따마 존자시여, 전에 어떤 사람이 정신적인 괴로운 느낌을 경험할 때 허벅지가 마비되고 심장이 딱딱하게 굳고 입에서는 뜨거운 피가 나오고 미치고 정신이상을 일으키게 되었습니다. 고따마 존자시여, 그의 몸은 마음에 종속되고 마음의 지배하에 놓입니다. 그것은 무슨 이유입니까? 몸을 닦지 않았기 때문입니다. 고따마 존자시여, 그래서 저게 이런 생각이 들었습니다. '지금 고따마 존자의 제자들은 마음을 닦는 수행에만 몰두하여 머물지 몸을 닦는 수행에는 몰두하지 않는다.'라고."

"악기웻사나여, 그러면 그대는 어떤 것이 몸을 닦는 것이라고 들었는가?"

"예를 들면 난다 왓차, 끼사 상낏짜, 막칼리 고살라가 있습니다. 고따마 존자시여, 그들은 나체수행자이고, 관습을 거부하며 살고, 손에 〔받아〕 핥아서 먹고, 〔음식을 주려고〕 오라 하면 가지 않고, 서라 하면 서지 않으며, 가져온 음식을 받지 않고, 〔내 몫에〕 지칭된 것을 받지 않으며, 초청에 응하지 않고, 그릇에서 떠 주는 음식〈항아리에서 퍼주는 것, 문지방을 넘어와서 주는 것, 막대기를 넘어와서 주는 것, 절굿공이를 넘어와서 주는 것〉을 받지 않으며, 두 사람이 먹고 있을 때〈임신부에게, 젖 먹이는 여자에게, 남자에게 안겨 있는 여자에게, 〔보시〕 널리 알린 그 음식, 개가 옆에서 보고 있을 때, 파리떼가 날아다닐 때, 생선과 고기〉 받지 않고, 곡차, 과일주, 발효주를 마시지 않습니다. 그들은 한 집만 가서 음식을 받고 한 입의 음식만 먹고, 두 집만 가서 음식을 받고 두 입의 음식만 먹고 … 일곱 집만 가서 음식을 받고 일곱 입의 음식만 먹고, 한 닷띠의 음식만 구걸하고, 두 닷띠의 음식만 구걸하고, … 일곱 닷띠의 음식만 구걸하며, 하루에 한 번만, 이틀에 한 번만 … 이런 식으로 보름에 한 번만 음식을 먹으며 삽니다."

"악기웻사나여, 그런데 그들은 정말 그것으로 삶을 영위하는가?"

"아닙니다, 고따마 존자시여. 어떤 때는 아주 좋은 딱딱한 음식을 먹고, 아주 좋은 부드러운 음식을 먹고, 아주 좋은 것을 맛보고, 아주 좋은 것을 마십니다. 그래서 〔다시〕 그들의 몸은 원기로 충만하고 튼튼하고 살찌게 됩니다."

"악기웻사나여, 그들은 처음에는 버리고 나중에 다시 취한다. 그래서 이와 같이 몸이 살찌기도 하고 여위기도 한다. 악기웻사나여, 그런데 그대는 어떤 것이 마음을 닦는 것이라고 들었는가?"

니간타의 후예 삿짜까는 마음을 닦는 수행에 대해 세존의 질문을 받았으나 대답하지 못했다. 그러자 세존께서는 니간타의 후에 삿짜까에게 이렇게 말씀하셨다.

"악기웻사나여, 그대가 처음에 말한 몸을 닦는 수행은 성자의 율에서는 몸을 닦는 법다운 수행이 아니다. 악기웻사나여, 그대는 몸을 닦는 수행에 대해서도 모르는데 어찌 다시 마음을 닦는 수행을 알겠는가? 이제 어떻게 해서 그가 몸을 닦지 않은 사람, 마음을 닦지 않은 사람, 몸을 닦은 사람, 마음을 닦은 사람이 되는지 그것에 대해 잘 듣고 작의하라. 이제 나는 설하리라."

"그러겠습니다, 존자시여."라고, 니간타의 후예 삿짜까는 세존께 대답했다. 세존께서는 이렇게 말씀하셨다.

"악기웻사나여, 어떻게 사람이 몸을 닦지 않고 마음을 닦지 않은 자가 되는가? 악기웻사나여, 여기 배우지 못한 범부에게 즐거운 느낌이 일어난다. 그가 그 즐거운 느낌을 경험하면 그 즐거운 느낌을 갈망하고 그 즐거운 느낌이 지속되길 갈망한다. 그런 그에게 이제 그 즐거운 느낌이 그친다. 즐거운 느낌이 그치고 다시 괴로운 느낌이 일어난다. 그가 그 괴로운 느낌에 닿을 적에 근심하고 상심하고 슬퍼하고 가슴을 치고 울부짖고 광란한다.

악기웻사나여, 그에게 일어난 그 즐거운 느낌은 마음을 제압하면서 머무나니, 그것은 몸을 닦지 않았기 때문이고, 그에게 일어난 그 괴로운 느낌은 마음을 제압하면서 머무나니, 그것은 마음을 닦지 않았기 때문이다.

악기웻사나여, 이와 같이 양 측면 모두, 즉 일어난 즐거운 느낌이 그의 마음을 제압하여 머물고, 일어난 괴로운 느낌이 그의 마음을 제압하여 머문다. 악기웻사나여, 이와 같은 것이 몸을 닦지 않은 것이고 마음을 닦지 않은 것이다.

악기웻사나여, 어떻게 몸을 닦고 마음을 닦은 것이 되는가? 악기웻사나여, 여기 [법을] 잘 배운 성스러운 제자에게 즐거운 느낌이 일어난다. 그는 그 즐거운 느낌을 경험하더라도 그 즐거운 느낌을 갈망하지 않고 그 즐거운 느낌이 지속되길 갈망하지 않는다. 그런 그에게 이제 그 즐거운 느낌이 그친다. 즐거운 느낌이 그치고 다시 괴로운 느낌이 일어난다. 그는 그 괴로운 느낌을 경험하더라도 근심하지 않고 괴로워하지 않고 탄식하지 않고 가슴을 치지 않고 울부짖지 않고 광란하지 않는다. 악기웻사나여, 그에게 일어난 그 즐거운 느낌은 마음을 제압하지 않나니 그것은 몸을 닦았기 때문이고, 그에게 일어난 그 괴로운 느낌은 마음을 제압하지 않나니 그것은 마음을 닦았기 때문이다.

악기웻사나여, 이와 같이 양 측면 모두, 즉 몸을 닦았기 때문에 일어난 즐거운 느낌이 그의 마음을 제압하지 않고, 마음을 닦았기 때문에 일어난 괴로운 느낌이 그의 마음을 제압하지 않는 사람은 누구든지 이와 같이 몸을 닦고 마음을 닦은 자이다."

"저는 '고따마 존자는 몸을 닦고 마음을 닦은 분이다.'라고 이와 같이 고따마 존자께 믿음이 생깁니다." [청정범행을 불구하고]

"악기웻사나여, 참으로 그대는 [나의] 덕을 해치고 비방하는 말을 하는구나. 그렇지만 나는 그대에게 설명하리라.

악기웻사나여, 내가 삭발을 하고 가사를 입고 집을 떠나 출가한 이후 이미 일어난 즐거운 느낌이 마음을 제압하면서 머물거나, 혹은 이미 일어난 괴로운 느낌이 마음을 제압하면서 머무는 그런 경우란 없었다."

"정말 고따마 존자는 즐거운 느낌과 일어난 즐거운 느낌이 마음을 제압하며 머문 적이 없었다는 말입니까? 정말 고따마 존자는 괴로운 느낌과 일어난 괴로운 느낌이 마음을 제압하면서 머문 적이 없었다는 말입니까?"

"악기웻사나여, 어찌 없었겠는가? 악기웻사나여, 내가 깨닫기 전, 아직 바른 깨달음을 성취하지 못한 보살이었을 때 내게 이런 생각이 들었다.—'재가의 삶이란 번잡하고 때가 낀 길이지만 출가의 삶은 열린 허공과 같다. 재가에 살면서 더할 나위 없이 완벽하고 지극히 청정하고 빛나는 청정범행을 실천하기란 쉽지 않다. 그러니 나는 이제 삭발을 하고 가사를 입고 집을 떠나 출가하리라.'라고.

악기웻사나여, 그런 나는 나중에 아직은 연소하고 젊고 머리가 검고 축복받은 젊음을 구족한 초년기에 부모님이 원치 않아 눈물을 흘리며 통곡하심에도 불구하고 삭발을 하고 가사를 입고 집을 떠나 출가했다. 그런 나는 이와 같이 출가하여 무엇이 유익함(善)인가를 구하고 위없는 평화로운 경지를 찾아 알라라 깔라마를 만나러 갔다. 가서는 알라라 깔라마에게 이렇게 말했다.

'알라라 깔라마여, 이 법과 율에서 청정범행을 닦고자 합니다.'

악기웻사나여, 이렇게 말하자 알라라 깔라마는 내게 이렇게 말했다. ㅡ'존자는 머무십시오. 이 법에 현명한 사람이라면 오래지 않아 자기 스승과 동등한 것을 스스로 최상의 앎으로 알고 실현하고 증득하여 머물 수 있는 그런 법입니다.'라고.

악기웻사나여, 그런 나는 오래지 않아 즉시에 그 법을 증득했다. 악기웻사나여, 그런 나는 입술을 두드리며 말하자마자 앎의 말과 확신에 찬 말을 했다. 그래서 나는 '나는 알고 본다.'라고 선언했고 다른 사람들도 그렇게 말했다. 악기웻사나여, 그런 내게 이런 생각이 들었다. ㅡ'알라라 깔라마는 단순히 믿음만으로 「나는 이 법을 스스로 최상의 앎으로 알고 실현하고 증득하여 머문다.」라고 선언하는 것이 아니라, 참으로 알라라 깔라마는 이 법을 알고 보면서 머문다.'라고.

악기웻사나여, 그러자 나는 알라라 깔라마를 만나러 가서 이렇게 말했다. '깔라마 존자여, 어떻게 이 법을 스스로 최상의 앎으로 알고 실현하고 증득하여 머문다고 선언하십니까?'

이렇게 말하자 알라라 깔라마는 무소유처에 대해 설명해주었다. 악기웻사나여, 그런 내게 이런 생각이 들었다. ㅡ'알라라 깔라마에게만 믿음〈정진, 문지기, 삼매, 지혜〉이 있는 것이 아니라 나에게도 믿음〈정진, 문지기, 삼매, 지혜〉이 있다. 알라라 깔라마에게만 정진이 있는 것이 아니라 나에게도 정진이 있다. 참으로 나는 알라라 깔라마가 스스로 최상의 앎으로 알고 실현하고 증득하여 머문다고 선언하는 그 법을 실현하기 위해 정진하리라.'라고.

악기웻사나여, 그런 나는 오래지 않아 즉시에 그 법을 스스로 최상의 앎으로 알고 실현하고 증득하여 머물렀다. 그러자 나는 알라라 깔라마를 만나러 가서 그에게 이렇게 말했다. -'깔라마 존자시여, 당신은 이렇게 「나는 이 법을 스스로 최상의 지혜로 알고 실현하고 증득했다.」라고 선언하십니까?'라고.

'존자여, 나는 이렇게 이 법을 스스로 최상의 앎으로 알고 실현하고 증득했다고 선언합니다.' '깔라마 존자여, 나도 이렇게 이 법을 스스로 최상의 앎으로 알고 실현하고 증득했다고 선언합니다.' '존자여, 존자와 같은 분이 우리의 동료 수행자가 되는 것은 참으로 우리에게 이득이고 큰 축복입니다. 이처럼 내가 스스로 최상의 앎으로 알고 실현하고 증득하여 선언한 그 법을 존자도 스스로 최상의 앎으로 알고 실현하고 증득하여 머뭅니다. 그리고 존자가 스스로 최상의 앎으로 알고 실현하고 증득하여 머무는 법을 나도 스스로 최상의 앎으로 알고 실현하고 선언합니다. 이처럼 내가 아는 그 법을 존자가 알고, 존자가 아는 그 법을 내가 압니다. 이와 같이 나처럼 존자도 그렇고 존자처럼 나도 그러합니다. 오십시오, 존자여. 우리 둘이 함께 머물면서 이 무리를 지도해 나갑시다.'

악기웻사나여, 이와 같이 나의 스승이었던 알라라 깔라마는 제자인 나를 자신과 동등한 위치에 놓고 나를 크게 공경했다.

그런 내게 이런 생각이 들었다. — '이 법은 염오로 인도하지 못하고, 탐욕의 빛바램으로 인도하지 못하고, 소멸로 인도하지 못하고, 고요함으로 인도하지 못하고, 최상의 앎으로 인도하지 못하고, 바른 깨달음으로 인도하지 못하고, 열반으로 인도하지 못한다. 그것은 단지 무소유처에 다시 태어나게 할 뿐이다.'라고.

악기웻사나여, 그런 나는 그 법에 만족하지 않고 그 법을 염오하면서 떠나갔다. 악기웻사나여, 그런 나는 유익한 것을 구하고 위없는 평화로운 경지를 찾아 웃다까 라마뿟따를 만나러 갔다.

가서는 웃다까 라마뿟따에게 이렇게 말했다.

'웃다까 라마뿟따여, 이 법과 율에서 청정범행을 닦고자 합니다.'

이렇게 말하자 웃다까 라마뿟따는 나에게 이렇게 말했다. — '존자는 머무십시오. 이 법에 현명한 사람이라면 오래지 않아 자기 스승과 동등한 것을 스스로 최상의 앎으로 알고 실현하고 증득하여 머물 수 있는 그런 법입니다.'라고.

악기웻사나여, 그런 나는 오래지 않아 즉시에 그 법을 증득했다.

악기웻사나여, 그런 나는 입술을 두드리며 말하자마자 앎의 말과 확신에 찬 말을 했다. 그래서 나는 '나는 알고 본다.'라고 선언했고 다른 사람들도 그렇게 말했다. 악기웻사나여, 그런 내게 이런 생각이 들었다. — '라마는 단순히 믿음만으로 「나는 이 법을 스스로 최상의 앎으로 알고 실현하고 증득하여 머문다.」

라고 선언하는 것이 아니라, 참으로 라마는 이 법을 알고 보면서 머문다.'라고.

악기웻사나여, 그러자 나는 웃다까 라마뿟따를 만나러 가서 이렇게 말했다. '라마뿟따 존자시여, 어떻게 이 법을 스스로 최상의 앎으로 알고 실현하고 증득하여 머문다고 선언하십니까?'

이렇게 말하자 웃다까 라마뿟따는 비상비비상처에 대해 설명해주었다. 악기웻사나여, 그런 내게 이런 생각이 들었다. ―'라마에게만 믿음〈정진, 문지기, 삼매, 지혜〉이 있는 것이 아니라 나에게도 믿음〈정진, 문지기, 삼매, 지혜〉이 있다. 참으로 나는 라마가 스스로 최상의 앎으로 알고 실현하고 증득하여 머문다고 선언하는 그 법을 실현하기 위해 정진하리라.'라고.

악기웻사나여, 그런 나는 오래지 않아 즉시에 그 법을 스스로 최상의 앎으로 알고 실현하고 증득하여 머물렀다. 악기웻사나여, 그러자 나는 웃다까 라마뿟따를 만나러 가서 이렇게 말했다. ―'존자여, 라마는 이렇게 「나는 이 법을 스스로 최상의 앎으로 알고 실현하고 증득했다.」라고 선언하셨습니까?'라고.

'존자여, 라마는 이렇게 이 법을 스스로 최상의 앎으로 알고 실현하고 증득했다고 선언하셨습니다.' '라마뿟따 존자여, 나도 이렇게 이 법을 스스로 최상의 앎으로 알고 실현하고 증득하여 머뭅니다.' '존자여, 존자와 같은 분이 우리의 동료 수행자가 되는 것은 참으로 우리에 이익이고 큰 축복입니다. 이처럼 라마가 스스로 최상의 앎으로 알고 실현하고 증득하여 선언한 그 법을 존자도 스스로 최상의 앎으로 알고 실현하고 증득하여 머뭅니다. 그리고 존자가 스스로 최상의 앎으로 알고 실현하고 증득하여 머무는 그 법을 라마도 스스로 최상의 앎으로 알고 실현하고 증득하였다고 선언했습니다. 이처럼 라마가 알았던 그 법을 존자가 알고, 존자가 아는 그 법을 라마가 알았습니다. 이와 같이 라마처럼 존자도 그렇고 존자처럼 라마도 그러했습니다. 오십시오, 존자여. 그대가 이 무리를 지도해 주십시오.'

비구들이여, 이와 같이 나의 동료였던 웃다까 라마뿟따는 나를 스승의 위치에 올려놓고 나를 크게 공경했다.

악기웻사나여, 그런 내게 이런 생각이 들었다. – '이 법은 염오로 인도하지 못하고, 탐욕의 빛바램으로 인도하지 못하고, 소멸로 인도하지 못하고, 고요함으로 인도하지 못하고, 최상의 앎으로 인도하지 못하고, 바른 깨달음으로 인도하지 못하고, 열반으로 인도하지 못한다. 그것은 단지 비상비비상처에 다시 태어나게 할 뿐이다.'라고.

악기웻사나여, 그런 나는 그 법에 만족하지 않고 그 법을 염오하면서 떠나갔다. 악기웻사나여, 그런 나는 유익함〔善〕을 구하고 위없는 평화로운 경지를 찾아 마가다 지방에서 차례로 유행하다가 우루웰라의 장군촌에 이르렀다. 그곳에서 아름다운 땅과 매력적인 숲과 유유히 흐르는 깨끗한 강과 아름다운 강기슭과 근처에 탁발할 수 있는 마을을 보았다. 악기웻사나여, 그런 내게 이런 생각이 들었다. – '땅은 풍요롭고 숲은 상쾌하다. 유유히 흐르는 강은 맑고, 강기슭은 아름답다. 근처에는 탁발할 수 있는 마을이 있다. 참으로 이곳은 용맹정진을 원하는 선남자들이 용맹정진하기에 적합한 곳이다.'라고.

악기웻사나여, 전에 들어본 적이 없는 세 가지 비유가 즉시 내게 떠올랐다. 예를 들면 젖은 생나무 토막이 물위에 떠있는데 그때 어떤 사람이 '불을 지피고 열을 내리라.'라고 생각하면서 부시 막대를 가지고 왔다 하자. 악기웻사나여, 이를 어떻게 생각하는가? 그 사람은 물위에 떠 있는 저 젖은 생나무 토막에다 부시 막대를 비벼 불을 지피고 열을 낼 수 있겠는가?"

"아닙니다, 고따마 존자시여. 왜냐하면 그것은 젖은 생나무 토막이고 더군다나 물속에 있기 때문입니다. 결국 그 사람은 지치고 짜증나게 될 것입니다."

"악기웻사나여, 그와 같이 어떤 사문이나 바라문들이 있어 육체적으로나 정신적으로 감각적 욕망들을 멀리 떨쳐버리지 못한 채 머물거나, 혹은 감각적 욕망에 대한 열망, 애착, 홀림, 갈증, 열병을 안으로 잘 제거하지 못하고 가라앉히지 못한 자들이 있다. 그 사문·바라문들은 비록 격렬하고 괴롭고 혹독하고 사무치고 호된 느낌을 느끼더라도 앎과 봄(知見)과 위없는 바른 깨달음을 얻을 수 없고, 비록 그런 느낌을 느끼지 않더라도 그들은 앎과 봄과 위없는 바른 깨달음을 얻을 수가 없다. 이것이 내가 전에 들어본 적이 없는 즉시에 떠오른 첫 번째 비유이다.

악기웻사나여, 참으로 전에 들어본 적이 없는 두 번째 비유가 즉시 내게 떠올랐다. 예를 들면 젖은 생나무 토막이 물에서 멀리 떨어진 땅바닥에 놓여 있는데 그때 어떤 사람이 '불을 지피고 열을 내리라.'라고 생각하면서 부시 막대를 가지고 왔다 하자.

악기웻사나여, 이를 어떻게 생각하는가? 그 사람은 물에서 멀리 떨어진 땅바닥에 놓여 있는 저 젖은 생나무 토막에다 부시 막대를 비벼 불을 지피고 열을 낼 수 있겠는가?"

"아닙니다, 고따마 존자시여. 왜냐하면 그것은 물에서 멀리 떨어진 땅바닥에 놓여 있기는 하나 젖은 생나무 토막이기 때문입니다. 결국 그 사람은 지치고 짜증나게 될 것입니다."

"악기웻사나여, 그와 같이 어떤 사문이나 바라문들이 있어 육체적으로나 정신적으로 감각적 욕망들을 멀리 떨쳐버리지 못한 채 머물거나, 혹은 감각적 욕망에 대한 열망, 애착, 홀림, 갈증, 열병을 안으로 잘 제거하지 못하고 가라앉히지 못한 자들이 있다. 그 사문·바라문들은 비록 격렬하고 괴롭고 혹독하고 사무치고 호된 느낌을 느끼더라도 앎과 봄과 위없는 바른 깨달음을 얻을 수 없고, 비록 그런 느낌을 느끼지 않더라도 그들은 앎과 봄과 위없는 바른 깨달음을 얻을 수가 없다. 악기웻사나여, 이것이 내가 전에 들어본 적이 없는 즉시에 떠오른 두 번째 비유이다.

악기웻사나여, 참으로 전에 들어본 적이 없는 세 번째 비유가 즉시 내게 떠올랐다. 예를 들면 물기 없는 마른 장작이 물에서 멀리 떨어진 땅바닥에 놓여 있는데, 그때 어떤 사람이 '불을 지피고 열을 내리라.'라고 생각하고 부시 막대를 가지고 왔다

하자.

"악기웻사나여, 이를 어떻게 생각하는가? 그 사람은 물에서 멀리 떨어진 땅바닥에 놓여 있는 저 물기 없는 마른 장작에다 부시 막대를 비벼 불을 지피고 열을 낼 수 있겠는가?"

"그렇습니다, 고따마 존자시여. 그것은 왜냐하면 그 장작이 마르고 물기가 없으며 게다가 물에서 멀리 떨어진 땅바닥에 놓여 있기 때문입니다."

"악기웻사나여, 그와 같이 어떤 사문이나 바라문들이 있어 육체적으로나 정신적으로 감각적 욕망들을 멀리 떨쳐버리고서 머물고, 혹은 감각적 욕망에 대한 열망, 애착, 홀림, 갈증, 열병을 안으로 잘 제거하고 가라앉힌 자들이 있다. 그 사문·바라문들은 비록 격렬하고 괴롭고 혹독하고 사무치고 호된 느낌을 느끼더라도 앎과 봄과 위없는 바른 깨달음을 얻을 수 있고, 비록 그런 느낌을 느끼지 않더라도 그들은 앎과 봄과 위없는 바른 깨달음을 얻을 수 있다. 이것이 내가 전에 들어본 적이 없는 즉시에 떠오른 세 번째 비유이다.

악기웻사나여, 이들이 내가 전에 들어본 적이 없는 즉시에 떠 오른 세 가지 비유이다.

악기웻사나여, 그런 내게 이런 생각이 들었다. —'나는 아랫니에다 윗니를 얹고 혀를 입천장에 대고 마음으로 마음을 제압하고 압박하고 항복시키리라.'라고. 그래서 나는 아랫니에다 윗니를 얹고 혀를 입천장에 대고 마음으로 마음을 제압하고 압박하고 항복시켰다. 내가 그렇게 아랫니에다 윗니를 얹고 혀를 입천장에 대고 마음으로 마음을 제압하고 압박하고 항복시키자 겨드랑이에서 땀이 흘렀다. 악기웻사나여, 마치 힘센 사람이 허약한 사람의 머리통을 잡거나 어깨를 붙잡아 제압하고 압박하고 항복시키듯이 아랫니에다 윗니를 얹고 ……

악기웻사나여, 비록 내가 불굴의 정진이 생겼고 나태하지 않았고 문지기(sati)가 확립되어 잊어버림이 없었지만 고통스러운 용맹정진으로 인해 나의 몸이 극도로 긴장되었고 안정되지 않았다.

악기웻사나여, 내게 비록 이러한 괴로운 느낌이 일어났지만 그것이 내 마음을 제압하지는 못했다.

악기웻사나여, 그런 내게 이런 생각이 들었다.-'나는 숨을 쉬지 않는 선정을 닦으리라.'라고. 악기웻사나여, 그런 나는 입과 코로 들숨과 날숨을 멈추었다. 그렇게 내가 입과 코로 들숨과 날숨을 멈추자 귓구멍에서 바람이 나오면서 굉음이 났다. 마치 대장장이가 풀무를 불면 굉음이 나듯이 내가 입과 코로 들숨과 날숨을 멈추자 귓구멍에서 바람이 나오면서 굉음이 났다. 비록 내게는 불굴의 정진이 생겼고 나태하지 않았고 문지기가 확립되어 잊어버림이 없었지만 고통스러운 용맹정진으로 인해 나의 몸이 극도로 긴장되었고 안정되지 않았다. 내게 비록 이러한 괴로운 느낌이 일어났지만 그것이 내 마음을 제압하지는 못했다.

악기웻사나여, 그런 내게 이런 생각이 들었다.-'나는 숨을 쉬지 않는 선정을 닦으리라.'라고. 악기웻사나여, 그런 나는 입과 코로 들숨과 날숨을 멈추었다. 그렇게 내가 입과 코로 들숨과 날숨을 멈추자 거센 바람이 머리를 내리쳤다. 마치 힘센 사람이 예리한 칼로 머리를 쪼개듯이 내가 입과 코와 귀로 들숨과 날숨을 멈추자 거센 바람이 머리를 내리쳤다. ……

악기웻사나여, 그런 내게 이런 생각이 들었다. – '나는 숨을 쉬지 않는 선정을 닦으리라.'라고. 악기웻사나여, 그런 나는 입과 코로 들숨과 날숨을 멈추었다. 그렇게 내가 입과 코와 귀로 들숨과 날숨을 멈추자 머리에 심한 두통이 생겼다. 마치 힘센 사람이 단단한 가죽 끈으로 머리에 머리띠를 동여맨 것처럼 그와 같이 내가 입과 코와 귀로 들숨과 날숨을 멈추자 머리에 심한 두통이 생겼다. …… 그렇게 내가 입과 코로 들숨과 날숨을 멈추자 거센 바람이 배를 도려내었다. 마치 능숙한 백정이나 백정의 도제가 예리한 도살용 칼로 배를 도려내듯이 내가 입과 코와 귀로 들숨과 날숨을 멈추자 거센 바람이 배를 도려내었다. ……

악기웻사나여, 그런 내게 이런 생각이 들었다. – '나는 숨을 쉬지 않는 선정을 닦으리라.'라고. 악기웻사나여, 그런 나는 입과 코로 들숨과 날숨을 멈추었다. 그렇게 내가 입과 코로 들숨과 날숨을 멈추자 몸에 큰 불이 붙었다. 마치 힘센 두 사람이 힘없는 사람의 양팔을 잡고 숯불 구덩이 위에서 지지고 태우듯이 내가 입과 코와 귀로 들숨과 날숨을 멈추자 몸에 큰 불이 붙었다.

악기웻사나여, 비록 내게는 불굴의 정진이 생겼고 나태하지 않았고 문지기가 확립되어 잊어버림이 없었지만 고통스러운 용맹정진으로 인해 나의 몸이 극도로 긴장되었고 안정되지 않았다. 악기웻사나여, 내게 비록 이러한 괴로운 느낌이 일어났지만 그것이 내 마음을 제압하지는 못했다.

악기웻사나여, 그러자 신들이 나를 보고 이렇게 말했다.—'사문 고따마는 죽었다.'라고. 다른 신들은 이렇게 말했다.—'사문 고따마는 죽지 않았다. 그렇지만 그는 죽어가고 있다.'라고. 다른 신들은 이렇게 말했다.—'사문 고따마는 죽은 것도 아니고, 죽어가는 것도 아니다. 사문 고따마는 아라한이다. 아라한은 이처럼 머문다.'라고.

악기웻사나여, 그런 내게 이런 생각이 들었다.—'나는 모든 음식을 끊고 수행하리라.'라고. 그러자 신들이 다가와서 이렇게 말했다.—'존경하는 분이시여, 당신이 모든 음식을 끊어버리고 수행하시는 것은 안 됩니다. 존경하는 분이시여, 만약 당신이 모든 음식을 끊어버리고 수행을 하시면 우리는 당신께 하늘 음식을 당신의 털구멍으로 공급해드릴 것입니다. 그것으로 당신은 연명할 수 있을 것입니다.'라고. 악기웻사나여, 그런 내게 이런 생각이 들었다.—'만약 내가 완전한 단식을 공포했는데도 이 신들이 내게 하늘 음식을 털구멍으로 공급해주고 내가 또 그것으로 연명한다면 나는 거짓말을 하는 것이 된다.'라고.

악기웻사나여, 그런 나는 그 신들에게 '필요 없소'라고 거절

했다.

　악기웻사나여, 그런 내게 이런 생각이 들었다. -'나는 아주 적은 양의 음식을 먹으리라. 녹두죽이건 대두죽이건 완두콩죽이건 검은콩죽이건 그것을 한 움큼씩만 먹으리라.'라고.

　악기웻사나여, 그런 나는 아주 적은 양의 음식을 먹었나니, 녹두죽이건 대두죽이건 완두콩죽이건 검은콩죽이건 그것을 한 움큼씩만 먹었다. 내가 그렇게 아주 적은 양의 음식을 먹자 내 몸은 극도로 여위어갔다. 그렇게 적은 음식 때문에 나의 사지는 마치 아시띠까 넝쿨의 마디나 깔라 풀의 마디와 같았고, 나의 엉덩이는 마치 낙타의 발처럼 되었고, 나의 등뼈는 줄로 엮어둔 구슬처럼 되었고, 나의 갈빗대들은 오래된 집의 서까래가 허물어지고 부서지듯이 허물어지고 부서졌다. 그렇게 적은 음식 때문에 내 동공 안에서 눈동자의 빛은 마치 깊은 우물에서 물빛이 깊고 멀리 들어가 보이듯이 깊고 멀리 들어가 보였고, 나의 머리 가죽은 익지 않은 쓴 호리병박이 바람과 햇빛에 시들듯이 시들었고, 나의 뱃가죽이 등뼈에 달라붙어 내가 뱃가죽을 만져야지 하면 등뼈가 잡혔고, 등뼈를 만져야지 하면 뱃가죽이 잡혔다. 그렇게 적은 음식 때문에 내가 대변이나 소변을 보려고 하면 머리가 땅에 고꾸라졌고, 몸을 편안하게 하려고 손으로 사지를 문지르면 뿌리가 썩은 털들이 몸에서 우수수 떨어져나갔다.

　악기웻사나여, 어떤 사람들은 나를 보고서 이렇게 말했다. -'사문 고따마는 검다.' 혹은 '사문 고따마는 검은 것이 아니라 푸르다.' 혹은 '사문 고따마는 검지도 푸르지도 않고 황금색 피부를 가졌다.'라고.

악기웻사나여. 그렇게 적은 음식 때문에 나의 깨끗하고 맑은 피부색이 파괴 되어 갔다. 악기웻사나여, 그런 내게 이런 생각이 들었다. -'과거〈미래, 현재〉의 사문들이나 바라문들이 어떠한 격렬하고 괴롭고 혹독하고 사무치고 호된 느낌을 경험했다 하더라도 이것이 가장 지독한 것이고 이보다 더한 것은 없다. 그러나 나는 이런 극심한 고행으로도 인간의 법을 초월했고 성자들에게 적합한 앎과 봄(ñāṇadassa)의 특별함을 증득하지 못했다. 깨달음을 위한 길(maggo bodhāyā)이 없을까?'라고.

악기웻사나여, 그런 내게 이런 생각이 들었다. -'아버지가 삭까족의 농경제 의식을 거행하실 때 나는 시원한 잠부 나무 그늘에 앉아서 감각적 욕망을 완전히 떨쳐버리고 유익하지 않은 법들을 떨쳐버린 뒤 일으킨 생각과 지속적 고찰이 있고, 떨쳐버렸음에서 생긴 희열과 행복이 있는 초선初禪을 구족하여 머물렀던 적이 있었는데, 혹시 그것이 깨달음을 위한 길이 되지 않을까?' 악기웻사나여, 그런 내게 그 기억을 따라서 이런 알음알이가 일어났다. -'이것이 깨달음을 위한 길이다.'라고.

악기웻사나여, 그런 내게 이런 생각이 들었다. -'이 행복은 감각적 욕망과도 상관없고 유익하지 않은 법들과도 상관없는데, 그것을 내가 왜 두려워하는가?'라고. 악기웻사나여, 그런 내게 이런 생각이 들었다. -'나는 감각적 욕망과도 상관없고 유익하지 않은 법들과도 상관없는 그런 행복을 두려워하지 않는다.'라고. 악기웻사나여, 그런 내게 이런 생각이 들었다. — '이렇게 극도로 야윈 몸으로 그런 행복을 얻기란 쉽지 않다. 나는 쌀밥과 보리죽 같은 덩어리진 음식을 먹으리라.'라고. 악기웻사나여, 그런 나는 쌀밥과 보리죽 같은 덩어리진 음식을 먹었다.

악기웻사나여, 그때에 다섯 비구들이 '참으로 우리의 사문 고따마가 법을 증득한다면 그것을 우리에게 알려줄 것이다.'라고 생각하면서 나를 시중들고 있었다. 그러나 내가 쌀밥과 보리죽 같은 덩어리진 음식을 먹자 그 다섯 비구들은 '사문 고따마는 호사스러운 생활을 하고 용맹정진을 포기하고 사치스러운 생활에 젖어 있다.'라고 생각하면서 나를 혐오하여 떠나가버렸다.

그런 나는 덩어리진 음식을 먹고, 감각적 욕망을 완전히 떨쳐버리고 유익하지 않은 법〔不善法〕들을 떨쳐버린 뒤 일으킨 생각과 지속적 고찰이 있고, 떨쳐버렸음에서 생긴 희열과 행복이 있는 초선初禪을 구족하여 머물렀다. 내게 비록 이러한 즐거운 느낌이 일어났지만 그것이 내 마음을 제압하지는 못했다.

그런 나는 일으킨 생각과 지속적 고찰을 가라앉혔기 때문에 더 이상 존재하지 않으며 자기 내면의 것이고, 확신이 있으며, 마음의 단일한 상태이고, 일으킨 생각과 지속적 고찰은 없고, 삼매에서 생긴 희열과 행복이 있는 이선二禪을 구족하여 머물렀다. 악기웻사나여, 내게 이러한 즐거운 느낌이 일어났지만 그것이 내 마음을 제압하지는 못했다.

그런 나는 희열이 빛바랬기 때문에 평온하게 머물렀고, 문지기하는 것을 분명히 알아차리며[正念·正知] 몸으로 행복을 경험했다. '평온한 것과 문지기하는 것에 행복하게 머문다.'라고 성자들이 묘사하는 삼선三禪을 구족하여 머물렀다. 내게 이러한 즐거운 느낌이 일어났지만 그것이 내 마음을 제압하지는 못했다.

그런 나는 행복도 버리고 괴로움도 버리고, 아울러 그 이전에 이미 기쁨과 슬픔을 소멸하였으므로 괴롭지도 즐겁지도 않으며, 평온으로 인해 문지기가 청정한 사선四禪을 구족하여 머물렀다. 악기웻사나여, 내게 비록 이러한 즐거운 느낌이 일어났지만 그것이 내 마음을 제압하지는 못했다.

그런 나는 이와 같이 마음이 집중되고, 청정하고, 깨끗하고, 흠이 없고, 오염원이 사라지고, 부드럽고, 활발발하고, 안정되고, 흔들림이 없는 상태에 이르렀을 때 전생을 기억하는 앎[宿命通]으로 마음을 향하게 했다. 그런 나는 한량없는 전생의 갖가지 삶들을 기억했다. 즉, 한 생, 두 생, 세 생, 네 생, 다섯 생, 열 생, 스무 생, 서른 생, 마흔 생, 쉰 생, 백 생, 천 생, 십만 생, 세계가 수축하는 여러 겁, 세계가 팽창하는 여러 겁, 세계가 수축하고 팽창하는 여러 겁을 기억했다. '어느 곳에서 이런 이름을 가졌고, 이런 종족이었고, 이런 용모를 가졌고, 이런 음식을 먹었고, 이런 행복과 고통을 경험했고, 이런 수명의 한계를 가졌고, 그곳에서 죽어 다른 어떤 곳에 다시 태어나 그곳에서는 이런 이름을 가졌고, 이런 종족이었고, 이런 용모를 가졌고,

이런 음식을 먹었고, 이런 행복과 고통을 경험했고, 이런 수명의 한계를 가졌고, 그곳에서 죽어 다시 여기 태어났다.'라고. 이처럼 한량없는 전생의 갖가지 모습들을 그 특색과 더불어 상세하게 기억해냈다. 악기웻사나여, 이것이 내가 밤의 초경初更에 증득한 첫 번째 밝음〔vijjā, 明知〕이다.

마치 방일하지 않고 열심히, 스스로 독려하며 머무는 자에게 무명이 제거되고 명지가 일어나고 어둠이 제거되고 광명이 일어나듯이, 내게도 무명이 제거되고 밝음이 일어났고 어둠이 제거되고 광명이 일어났다. 악기웻사나여, 내게 비록 이러한 즐거운 느낌이 일어났지만 그것이 내 마음을 제압하지는 못했다.

그런 나는 이와 같이 마음이 집중되고, 청정하고, 깨끗하고, 흠이 없고, 오염원이 사라지고, 부드럽고, 활발발하고, 안정되고, 흔들림이 없는 상태에 이르렀을 때 중생들의 죽음과 다시 태어남의 앎〔天眼通〕으로 마음을 향하게 했다. 그런 나는 청정하고 인간을 넘어선 신성한 눈〔天眼〕으로 중생들이 죽고 태어나고, 천박하고 고상하고, 잘생기고 못생기고, 좋은 곳〔善處〕에 가고 나쁜 곳〔惡處〕에 가는 것을 보고, 중생들이 지은 바 그 업에 따라 가는 것을 꿰뚫어 알았다. '이들은 몸으로 못된 짓을 골고루 하고 말로 못된 짓을 골고루 하고 또 마음으로 못된 짓을 골고루 하고, 성자들을 비방하고, 아주 나쁜 견해를 지니고 업業을 지었다. 이들은 몸이 무너져 죽은 뒤 처참한 곳, 불행한 곳, 파멸처, 지옥에 태어났다. 그러나 이들은 몸으로 좋은 일을 골고루 하고 말로 좋은 일을 골고루 하고 마음으로 좋은 일을 골고루 하고 성자들을 비방하지 않고 바른 견해를 지니고 업業을 지었다. 이들은 몸이 무너져 죽은 뒤 좋은 곳, 천상세계에 태어났다.'라고. 이처럼 나는 청정하고 인간을 넘어선 신성한 눈으로 중생들이 죽고 태어나고, 천박하고 고상하고, 잘생기고 못생기고, 좋은 곳에 가고 나쁜 곳에 가는 것을 보고, 중생들이 지은 바 그 업에 따라 가는 것을 꿰뚫어 알았다. 악기웻사나여, 이것이 내가 밤의 이경(二更)에 증득한 두 번째 밝음이다.

마치 방일하지 않고 열심히, 스스로 독려하며 머무는 자에게 무명이 제거되고 밝음(明知)이 일어나고 어둠이 제거되고 광명이 일어나듯이, 내게도 무명이 제거되고 밝음이 일어났고 어둠이 제거되고 광명이 일어났다. 악기웻사나여, 내게 비록 이러한 즐거운 느낌이 일어났지만 그것이 내 마음을 제압하지는 못했다.

그런 나는 이와 같이 마음이 집중되고, 청정하고, 깨끗하고, 흠이 없고, 오염원이 사라지고, 부드럽고, 활발발하고, 안정되고, 흔들림이 없는 상태에 이르렀을 때 모든 번뇌를 소멸하는 앎(漏盡通)으로 마음을 향하게 했다. 그런 나는 '이것이 괴로움이다.'라고 있는 그대로 꿰뚫어 알았고, '이것이 괴로움의 일어남이다.'라고 있는 그대로 꿰뚫어 알았고, '이것이 괴로움의 그침이다.'라고 있는 그대로 꿰뚫어 알았고, '이것이 괴로움의 그침으로 인도하는 도 닦음이다.'라고 있는 그대로 꿰뚫어 알았다.

'이것이 번뇌다.'라고 있는 그대로 꿰뚫어 알았고, '이것이 번뇌의 일어남이다.'라고 있는 그대로 꿰뚫어 알았고, '이것이 번뇌의 그침이다.'라고 있는 그대로 꿰뚫어 알았고, '이것이 번뇌의 그침으로 인도하는 도 닦음이다.'라고 있는 그대로 꿰뚫어 알았다. 내가 이와 같이 알고 이와 같이 볼 때 나는 감각적 욕망에 기인한 번뇌에서 마음이 해탈했다. 존재에 기인한 번뇌에서도 마음이 해탈했다. 무명에 기인한 번뇌에서도 마음이 해탈했다. 해탈했을 때 해탈했다는 앎이 생겼다. '태어남은 다했다. 청정범행은 성취되었다. 할 일을 다해 마쳤다. 다시는 어떤 존재로도 돌아오지 않을 것이다.'라고 꿰뚫어 알았다. 악기웻사나여, 이것이 밤의 삼경三更에 내가 증득한 세 번째 밝음(明知)이다.

마치 방일하지 않고 열심히, 스스로 독려하며 머무는 자에게 무명이 제거되고 밝음이 일어나고 어둠이 제거되고 광명이 일어나듯이, 내게도 무명이 제거되고 명지가 일어났고 어둠이 제거되고 광명이 일어났다. 악기웻사나여, 내게 비록 이러한 즐거운 느낌이 일어났지만 그것이 내 마음을 제압하지는 못했다.

악기사웻나여, 나는 수백의 대중들에게 법을 설한 것을 기억한다. 아마 그 사람들은 제각기 나에 대해 이렇게 생각할 것이다. ─ '사문 고따마는 오직 나를 위해 법을 설하신다.'라고.

악기웻사나여, 그러나 그렇게 여겨서는 안 된다. 여래는 그들을 깨우치기 위해서 공평하게 그들에게 법을 설할 뿐이다. 악기웻사나여, 설법을 마치고 나면 나는 항상 머무는 이전의 삼매의 표상에 안으로 마음을 확립하고 고요하게 하고 전일하게 하고 집중한다."

"그것에 관해선 고따마 존자를 믿을 수 있습니다. 왜냐하면 그분은 아라한이시고 정등각자이시기 때문입니다. 그런데 고따마 존자께서는 낮에 낮잠 주무신 것을 기억하십니까?"

"악기웻사나여, 나는 여름의 마지막 달에 공양을 마치고 탁발에서 돌아와서 가사를 네 겹으로 접어서 깔고 오른쪽 옆구리로 누워서 문지기하는 것을 분명하게 알아차리면서〔正念·正知〕 잠을 잤던 것을 기억한다."

"고따마 존자시여, 어떤 사문·바라문들은 이것을 두고 미혹에 빠져 머무는 것이라고 말합니다."

"악기웻사나여, 이런 것을 두고 미혹하다거나 미혹하지 않다고 하는 것이 아니다. 악기웻사나여, 어떻게 미혹한 사람이 되고 미혹하지 않은 사람이 되는지 그것을 이제 듣고 작의하라. 나는 설하리라."

"그러겠습니다, 존자시여."라고 니간타의 후예 삿짜까는 세존께 대답했다. 세존께서는 이렇게 말씀하셨다.

"악기웻사나여, 누구든지 그가 번뇌들의 오염으로 인해 다시 태어남을 가져오고 두렵고 괴로운 과보를 가져오고 미래의 태어남과 늙음과 죽음을 초래하는 번뇌들을 제거하지 못했다면〈제거했다면〉, 그를 나는 미혹한 사람〈미혹하지 않은 사람〉이라고 부른다. 번뇌를 제거하지 못했기 때문에 미혹한〈번뇌를 제거했기 때문에 미혹하지 않은〉 사람이 된다. 여래는 번뇌들의 오염으로 인해 다시 태어남을 가져오고 두렵고 괴로운 과보를 가져오고 미래의 태어남과 늙음과 죽음을 초래하는 번뇌들을 모두 제거하고 그 뿌리를 자르고 줄기만 남은 야자수처럼 만들고 멸절시켜 미래에 다시는 일어나지 않게끔 했다. 악기웻사나여, 예를 들면 야자수가 그 윗부분이 잘리면 다시 자랄 수가 없듯이, 여래는 번뇌들의 오염으로 인해 다시 태어남을 가져오고 두렵고 괴로운 과보를 가져오고 미래의 태어남과 늙음과 죽음을 초래하는 번뇌를 모두 제거하고 그 뿌리를 자르고 줄기만 남은 야자수처럼 만들고 멸절시켜 미래에 다시는 일어나지 않게끔 했다."

 이렇게 말씀하셨을 때 니간타의 후예 삿짜까는 세존께 이렇게 말씀드렸다. ㅡ"경이롭습니다, 고따마 존자시여. 놀랍습니다, 고따마 존자시여. 고따마 존자께서는 이와 같이 거듭되는 무례한 말과 비방하는 조의 말투로 대응해도 피부색이 깨끗하고 안색이 밝아서 참으로 아라한·정등각자에게 어울립니다. 고따마 존자시여, 전에 저는 뿌라나 깟사빠와 논쟁을 벌였던 것을 기억합니다. 그는 논쟁을 시작하더니 엉뚱한 말로 받아넘기고 회피하고 화를 내고 분노하고 불만을 드러내었습니다. 그러나 고따마 존자께서는 이와 같이 거듭되는 무례한 말과 비방하는 조의 말투로 대응해도 피부색이 깨끗하고 안색이 밝아서 참으로 아라한·정등각자에게 어울립니다. 고따마 존자시여, 전에 저는 막칼리 고살라와 … 아지따 께사깜발라와 … 빠꾸다 깟짜야나와 … 산자야 벨랏티뿟따와 … 니간타 나따따와 논쟁을 벌였던 것을 기억합니다. 그는 논쟁을 시작하더니 엉뚱한 말로 받아넘기고 회피하고 화를 내고 분노하고 불만을 드러내었습니다. 그러나 고따마 존자서는 이와 같이 거듭되는 무례한 말과 비방하는 조의 말투로 대응해도 피부색이 깨끗하고 안색이 밝아서 참으로 아라한·정등각자에게 어울립니다. 고따마 존자시여, 저는 이제 가봐야 할 것 같습니다. 바쁘고 해야 할 일이 많습니다."

"악기웻사나여, 지금이 적당한 시간이라면 그렇게 하라."

그러자 니간타의 후예 삿짜까는 세존의 설법을 크게 기뻐하고 감사드리면서 자리를 떠났다.

2. 예 불

1) 서경序經

온 세상, 모든 세계의 천신들이시여,
이 자리에 오셔서 위대하신 성자의
천상으로 태어나게 하고
대 자유를 얻을 수 있는
숭고한 가르침을 들으소서.
천인들이시여,
이제 부처님의 가르침을 들을 시간입니다. (3번)

1. Samanatā cakkavāḷesu, atrāgacchantu devatā Saddhammaṁ munirājassa, suṇantu saggamokkhadaṁ. Dhammassavanakālo ayam bhadantā. (3×) [May deities of the entire universe assemble here and listen to the sublime Dhamma of the Great Sage which can bring about the heavenly states and freedom (Nibbana). Sirs, now is the time to listen to the Dhamma]

Namo tassa bhagavato arahato sammāsambudhassa.
나모 땃사 바가와또 아라하또 삼마 삼붓다사 (3번)
〔아라한이시며, 정등각자이신 그분 세존께 귀의합니다.(3)〕

수많은 삶 (부처님 오도송)

Anekajātisaṁsāraṁ, sandhāvissaṁ anibbisaṁ;
Gahakāraṁ gavesanto, dukkhā jāti punappunaṁ.
Gahakāraka diṭṭhosi, puna gehaṁ na kāhasi;
Sabbā te phāsukā bhaggā, gahakūtaṁ visaṅkhataṁ
Visaṅkhāragataṁ cittaṁ, taṇhānaṁ khayamajjhagā.[3]

수많은 생을 나는 윤회 속에서 방황하였네.
집 짓는 자여!
나는 너를 찾고자 하였지만 찾지 못했네.
괴로움은 태어남! 다시 태어나고 태어나는 것.
나는 너를 보았네. 너는 더 이상 집을 짓지 못하리라.
너의 모든 서까래는 부러졌도다.
너의 대들보는 흩어졌도다.
내 마음은 조건 지어지지 않음을 얻었도다.
갈애를 쳐부수었도다.
〔집=몸, 집짓는 자=갈애, 서까래=오염원, 대들보=무명〕

삼귀의

붓당 사라남 갓차미
담마 사라낭 갓차미
상강 사라낭 갓차미
(불·법·승단에 귀의합니다.)

2) 자애경(Karaṇīyamettā sutta, Mettā sutta)

자애경의 힘으로 영들은 무서운 형상을 드러내지 않는다. 밤낮으로 이 가르침에 헌신하는 사람은 잠을 잘 이루고, 잠을 잘 때 악몽에 시달리지 않는다. 이제 우리 이 보호경을 독송합시다.

1. 완전한 고요가 특징인 닙바나에 이르려면, 수행자는 계·정·혜를 닦고, 올바르고 정직해야 하며, 순종하고 온화하며 교만하지 않는다.

2. 작은 것에 만족하고 분주하지 않으며, 간소한 생활과 고요한 감관, 신중한 태도와 겸손함을 지니며 가까운 이들에게 집착하지 않는다.

3. 현명한 이들에게 비난받을 만한 사소한 허물도 일삼지 않는다. 이 세상 모든 존재들이 평화롭고 행복하기를!

4. 살아 있는 생명이면 약하거나 강하거나, 길거나 짧거나, 크거나 작거나, 부드럽거나 거칠거나

5. 볼 수 있는 것이거나 볼 수 없는 것이거나, 가까이 있는 것이거나 멀리 있는 것이거나, 태어난 것이거나 태어날 것이거나, 이 세상 모든 존재들이 평화롭고 행복하기를!

6. 어느 누구든 다른 이를 속이지 아니하고, 어디서든 다른 이를 경멸하지 않으며, 원한과 미움으로, 몸으로 입으로 다른 이의 고통을 바라지 않는다.

7. 어머니가 오직 하나뿐인 자식을 자신의 목숨보다 소중히 보호하듯, 이 세상의 모든 존재를 향하여 한없는 자애의 마음을 닦아야 한다.

8. 온 세상의 위로, 아래로, 옆으로 원한도 적의도 넘어선 무한한 자애를 널리 펼쳐라.

9. 걷거나, 서거나, 앉거나, 눕거나 깨어 있는 동안 언제 어디서나 자애의 마음을 닦아가는 삶을 고귀한 삶이라 부처님 설하셨네.

10. 계행과 지혜를 지니는 수행자는 삿된 견해에 매이지 않으며, 감각적 욕망을 다스릴 수 있기에 다시는 입태 하여 윤회하지 않으리.

3) 깨달음의 요인경(Bojjhaṅga sutta)

끝없이 윤회하는 동안의 모든 고통을 없애주며, 마왕의 군대를 물리쳐주는, 일곱 가지 깨달음의 요인이 있으니 이들을 깨달은, 최상의 사람들은 모두 삼계를 벗어나서 생로병사, 그리고 위험이

전혀 없는 열반에 이르렀다.

오, 선한 이들이여, 이러한 등의 공덕을 갖춘, 무수한 이익을 가져다주는 약과 진언과 같은 효력을 지닌 깨달음의 요인경을 독송하리라.

일곱 가지 깨달음의 요인이 있으니, 즉 문지기〔念覺支〕, 택법〔擇法覺支〕, 정진〔精進覺支〕, 희열〔喜覺支〕, 경안〔經安覺支〕, 선정〔定覺支〕, 그리고 평온〔捨覺支〕이다.

스승이시고, 모든 것을 보시고, 성인이시며, 바르게 보시는 이, 부처님께서 이들을 계속해서 수행하고 발전시키면 사성제를 깨닫고 열반을 증득할 것이다. 이러한 진실한 말로써 항상 행복하기를!

한때 세존께서 목련존자와 가섭존자가 병에 걸려 고통스러워 하는 것을 보시고, 이 일곱 가지 깨달음의 요인을 설하셨나니, 그들은 기뻐하며 받아 지녔고, 바로 그 자리에서 병으로부터 회복하였다. 이러한 진실한 말로써 항상 행복하기를!

한때 법왕이신 부처님도 병에 걸려 고통스러워 하셨는데 쭌다존자에게 그것을 경건하게 독송하도록 시키셨고, 마음이 기쁘게 되어, 병이 사라져 그 자리에서 일어나셨으니, 이러한 진실한 말로써 항상 행복하기를!

성스러운 도의 지혜〔聖道〕로써 빼어버린 번뇌들이 다시 일어나지 않듯이, 세 성인들의 병을 빼어버려 다시는 병이 없게 하였으니, 이러한 진실한 말로써 항상 행복하기를!

4) 회향게

나쁜 징조와 흉조들, 불쾌한 새의 소리들, 불길한 행성들과 악몽들, 이러한 것들이 부처님의 위신력으로 없어지기를.
나쁜 징조와 흉조들, 불쾌한 새의 소리들, 불길한 행성들과 악몽들, 이러한 것들이 부처님의 위신력으로 없어지기를.
나쁜 징조와 흉조들, 불쾌한 새의 소리들, 불길한 행성들과 악몽들, 이러한 것들이 부처님의 위신력으로 없어지기를.

그분 세존께서는 아라한이시며, 바르게 깨달으신 분이시며, 영지와 실천을 구족하신 분이며, 피안으로 잘 가신 분이시며, 세상을 잘 아는 분이시며, 가장 높은 분이시며, 사람을 잘 길들이는 분이시며, 신과 인간의 스승이시며 부처님 세존이시다.

법은 세존에 의하여 잘 설해졌고 스스로 보아 알 수 있고 시간이 걸리지 않고 와서 보라는 것이고 향상으로 인도하고 지자들이 각자 알아야 하는 것이다.

세존의 제자들의 승가는 도를 잘 닦고,
세존의 제자들의 승가는 바르게 도를 닦고,
세존의 제자들의 승가는 참되게 도를 닦고,
세존의 제자들의 승가는 합당하게 도를 닦으니,

곧 4쌍의 성인들〔四雙〕이요, 여덟 단계에 있는 분〔八輩〕들이시다.

이러한 세존의 제자들의 승가는 공양받아 마땅하고, 선사받아 마땅하고, 보시를 받아 마땅하고, 세상의 위없는 복밭이시다.

모든 행복이 함께하기를,
모든 천인들이 보호하기를,
모든 부처님들의 위신력으로 모든 존재들이 항상 행복하기를.
(3번)

주요 참고 문헌

각묵스님 역(2006), 『디까 니까야』, 초기불전연구원
각묵스님 역(2009), 『상윳따 니까야』, 초기불전연구원
대림스님 역(2012), 『맛지마 니까야』, 초기불전연구원.
대림스님(2003), 『들숨 날숨으로 공부짓는 마음챙김』, 초기불전연구원
대림스님 역(2006), 『앙굿따라니까야』, 초기불전연구원
대림스님 역(2004), 『청정도론』, 초기불전연구원
대림스님·각묵스님 역(2013), 『니까야 강독』 1권, 초기불전연구원
대림스님·각묵스님 역(2021), 『아비담마 길라잡이』, 초기불전연구원
무념스님 역(2003), 사마타와 위빠사나, (인터넷 배포판)
성철스님(1993), 『백일법문』 상, 장경각
임승택 역(2021), 『빠띠삼비다막가 역주』, 가산불교문화연구원
전재성 역(2004), 『숫타니파타』, 한국빠알리성전협회
전재성 역(2009), 『맛지마 니까야』, 한국빠알리성전협회
정명스님(2008), 『구름을 헤치고 나온 달처럼』, 불교정신문화원
정명스님(2020), 『사마타·루빠 명상 매뉴얼』, 비움과소통
정명스님(2022), 『열반으로 가는 도 닦음 1』, 푸른향기
정명스님(2023), 『열반으로 가는 도 닦음 2』, 푸른향기
차은숙 역(2020), 『칸니명상』, 운주사
틱낫한(유충 역, 2013), 『중도란 무엇인가』, 도서출판 사군자
김근중(2017), 「니까야 Majjha의 이해와 초기불교 수행체계에서의 Majjha의 구현」, 『불교학연구』 52호, 불교학연구회
김홍미(2014), 「붓다의 사성제 정각과 십이연기」, 『불교학연구』 38호, 불교학연구회
임승택(2005), 「vittaka(尋) 개념의 수행론적 의의에 대한 고찰」, 『불교학연구』 12호, 불교학연구

김근중

김근중 교수는 '페이스북'과 '다음카페'에서 '붓다명상'으로 활동하며 불교 명상을 수행하고 있다. 포교사단에서는 포교사로, 대학에서는 정신건강과 상담심리의 사회복지학 학자로서 관련 불교학회에서 부처님의 교법을 연구 및 발표하며 전법 활동하고 있다.

붓다의 호흡 명상

초판 1쇄 인쇄 2025년 6월 17일 | **초판 1쇄 발행** 2025년 6월 24일
엮은이 김근중 | **펴낸이** 김시열
펴낸곳 도서출판 운주사

(02832) 서울시 성북구 동소문로 67-1 성심빌딩 3층
전화 (02) 926-8361 | 팩스 0505-115-8361
ISBN 978-89-5746-874-6 93220   값 23,000원
http://cafe.daum.net/unjubooks 〈다음카페: 도서출판 운주사〉